수자원공사 5대 사장 취임식

경영혁신운동으로 전개한 '앞서가는 수자원공사 운동', 간부들과 기념사진

나를 수공 사장으로 추천해준 박철언 장관, 염돈재 안기부차장, 박원출 차관이 축배를 들고 있는 모습

경제기획원이 주관, 25개 국영기업체 경영평가에서 수공이 최우수(1위)기관으로 선정되자 보도된 언론기사

경영평가 정상(1위)을 차지하자 본사사옥에 축하프레카드가 걸렸다.

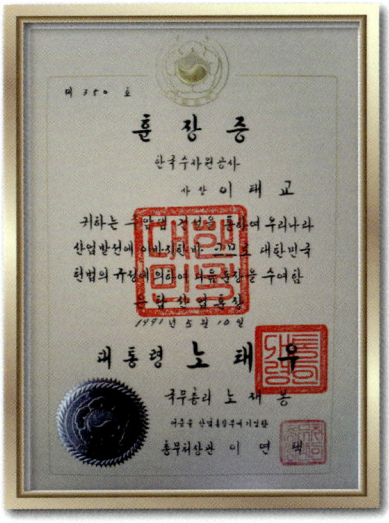
수공사장으로 국가산업발전에 기여한 공로를 인정받아 은탑산업훈장(대통령)을 수상했다.

수공사장실에서 기념사진

수자원의 사진

스페인에서 열린 세계대댐회의 한국대표로 참석, 기념사진을 남겼다.

최각규 부총리로부터 경영평가 1위 상패를 받고 있다.

노태우 대통령, 조경식 농림부장관과 함께 주암댐 준공식을 가졌다.

수공 국정감사에서 당시 오세훈 부사장을 건설위원장 오용훈으로 잘못 소개해서 폭소가 터졌다.

시드니에서 열린 세계대댐회 총회에서 우리부부가 북한대표들과 기념사진을 촬영했다.

수공사장 재직시 대전 개룡대 골프장에서 동문인 해군총장, 공군총장 그리고 동문유지들과 친선골프

수공 사장실에서

수공간부들의 자질향상을 위해 나는 수시로 간부대상 특별교육을 실시했다.

우리부부가 한국검찰의 대부 송종의 장관 부부를 논산자택으로 예방, 즐거운 시간을 보냈다.

주암댐이 준공되자 나의 경영성과를 높이 평가, 중앙일보가 나를 이코노미스트 표지인물로 선정, 보도했다.

수공사장 재직 4년을 마무리하고 수공동산을 떠나며 간부들과 작별을 하고 있다. ('93. 3. 27)

얼마전 아름답게 새로히 개축한 나의 생가 전경

젊은 시절 가족과 힘께

사랑스러운 손자 태민, 태준과 함께

한양대학교에서 행정학 (부동산학)박사 학위를 받고 기념사진을 남겼다.

귀여운 외손녀 혜리, 규리 그리고 외손자 지호와 함께

경기도 광주군 도척면 추곡리에 있는 별장 '세심루' 정원에서 차남 진용과 함께

어느날 우리 5형제가 한자리에 모였다.

'70~'80년대 부동산붐일 때 나는 부동산평론가로 제법 명성을 날렸다.

대학시절 내가 창립한 '여정클럽'의 후배들이 어느날 나의 사무실을 찾아왔다.

1968년 청와대 출입기자 시절, 마닐라에서 열린 월남참전 7개국 정상회담 때 박 대통령을 수행, 마르코스 대통령 관저에서 마르코스의 장남과 기념사진, 그는 지금 필리핀 대통령이다.

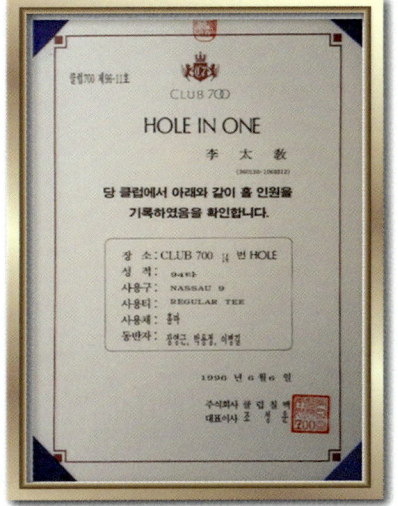

골프를 시작한지 50년, 드디어 홀인원을 기록하는 기적을 창조했다.

나의 평생의 절친 송희팔 회장과 부인 강정희 여사, 그리고 우리부부가 스톡홀름에 있는 송회장 대저택에서 기념사진

청와대 출입기자 시절 청와대 대통령집무실에서 박대통령의 국정현황에대한 설명을 듣고있다.

장충동 영빈관 후원에 있는
이병철 회장 동상 앞에서

내가 취미로 수집하고 있는 연적을 기자에게
소개하고 있는 우리부부

싱가폴에서 열린 세계부동산연맹 총회에 한국대표로 침석, 기조연설을 하고 각국대표들과 기념사진을 찍었다.

수공에서 물러난뒤 한성대교수로 재직하면서 어느 날 중국을 통해 백두산에 올라 천지에서 역사적인 기록을 남겼다.

금강산관광이 개방되자 수공후배들과 방북, 해금강에서 추억을 창조했다.

2025년 나의 구순을 맞아 서울부동산포럼 전회원들과 역대회장단들이 한강 둥둥섬에서 구순기념잔치를 베풀어 주었다.

전 한국수자원공사 사장 회고록

워토피아를 향하여
Towards Watopia

이태교 지음

솔과학

차례

서 문 20

COVER STORY
湖南벌을 촉촉히 적셔준다 58

INTERVIEW
"물의 基本法 제정 서둘러야 합니다" 73

머리말 82

【제1장】 세계로 향하는 한국수자원공사

01 국토개발의 역군 한국수자원공사 88
02 물문화 창달의 모체 91
03 수환경 변화와 수자원공사의 역할 96
04 희망찬 새해를 맞아 108
05 우리 세대의 의무 114
06 앞서가는 수공을 위한 MIND-90운동 118
07 세계로 향하는 한국수자원공사 142
08 아름다운 수공동산을 떠나며 159
09 물따라 인생따라 164
10 조직의 長이 솔선수범하여 위기 극복 176

【제2장】 세계 일류를 향하여

01 성공적인 삶 184
02 좋은 기업의 사풍 194
03 새해 새출발을 위한 간부의 역할 202
04 워토피아 창조의 주역 213
05 간부는 수자원공사의 근간 238
06 환경변화에 적응해야 생존 254
07 변화는 발전의 원동력 269
08 새시대의 간부상(幹部像) 282
09 공직자의 삶 294
10 성공의 필수조건 내조 304

【제3장】 수자원 정책과 생활

01 수자원의 개발과 관리 314
02 수자원·수질 종합관리 문제점 및 신기술개발 전략 326
03 수자원 개발과 수환경 관리 342
04 남북 수자원회담 제의하라 351
05 물 기본법 제정 서둘러야 355
06 '물도 工產品' 인식 확산돼야 363
07 물 죽기 전, 사람이 죽는다 367
08 수자원 위기, 물 절약 관리정책 시급 379

서 문

나의 꿈 나의 진로

나는 봄이 되면 복숭아꽃 살구꽃 아기 진달래가 꽃 대궐을 이루는 대구 팔공산자락에 자리한 깊은 산골 대구시 동구 평광동 당남리 외가에서 태어났다. 당시는 딸이 시집을 가서 임신하면 친정에 가서 애기를 낳는 풍습이 있었기 때문에 우리 어머니도 나를 외가에서 출산한 것이었다. 그 후 나는 아주 어린 시절을 본가인 대구시 동구 입석동, 선돌마을에서 자라다 아버지가 분가하면서 대구시에 가까운 대구 사과의 본고장 동촌으로 이사해서 유년시절을 보냈다.

대구의 교외 전원도시 동촌에서 자라면서 나는 해안국민학교를 졸업하고, 장래 과학자가 되겠다는 포부를 안고 대구공업중학교 화학과에 입학했다. 그러나 3년 간 화학공부를 하면서 나는 이과분야가 내 적성에 전혀 맞지 않다는 사실을 알게 되었다. 이후로 이과에 대한 헛된 꿈을 버리고 진로를 바꿔 인문계인 경북대학교 사범대학 부속고등학교에 진학했다. 역시 나는 문과체질이었다. 이때부터 내 장래의 꿈은 훌륭한 정치가가 되는 것이 목표가 되었고, 고1 때부터 정치가의 꿈을 실현하기 위한 준비단계로, 대중을 설득하는데 절대적 무기인 웅변에 관심을 가지게 되었다. 다행히도 고등학교 재학 중, 웅변반 동아리에서 활동하면서 대구에서 열린 각종 '고등학교 학생웅변대회'에서 여러 차례 대상(1등)을 수상했다.

대학생활의 낭만과 여정클럽

이 여세를 몰아 나는 고3 때 서울대 문리대 정치학과 진학을 목표로 시험 준비를 하고 있었다. 그런데 자유당 집권시기인 당시 백낙준 문교부장관이 연대 총장으로 부임하면서 연세대가 서울대 보다 한발 앞선 특차로 학생선발을 하게 되었다.

특차는 선택된 학생들에게만 주어지는 기회이기 때문에 나는 무조건 연세대 정치외교과 입학시험 특차에 도전, 무난히 합격했다. 입학하고 보니 정외과 입학동기생 50명 중 무려 26명이 자기 출신고교에서 전교수석을 차지했던 수재들이었다. 그래서인지 50명 중에서 김원기 국회의장과 한승수 국무총리까지 배출했다.

그러나 여기서부터 문제가 생겼다. 나는 특차시험에 합격했다는 자부심만 내세우면서 3학년 1학기까지 공부는 멀리 한 채 서울문리대 정치학과 학생들과 어울려 서클활동을 하고, 이웃에 있는 이화여대 미녀 학생들과 각종 동아리활동을 하는 등 놀기에만 열중했다. 3학년 2학기가 되어서야 겨우 정신을 차렸다.

그리고 나 자신을 반성해 보았다. 실력은 이미 바닥이 나 있었고 이

대로 가면 졸업 후 취업은 물론 장래 희망인 정치가의 꿈도 전혀 실현불가능하다는 사실을 절감하게 되었다. 그래서 선택한 궁여지책이 군대에 자원입대하는 것이었다. 육군 보병 2등병으로 강원도 휴전선 근처 최전방 7사단(당시 사단장 박정희 소장) 5연대 수색중대에 배치되었다. 호된 군 복무를 하면서 난생 처음으로 나 자신을 돌아 볼 수 있었다.

제대를 하고 3학년 2학기에 복교하면서 심기일전, 본격적으로 공부를 시작했다. 매일 아침에 도시락 2개를 싸서 종로 파고다공원 옆에 있던 종로도서관으로 출근. 죽기 살기로 공부를 했다. 이 노력이 기반이 되어 대학졸업과 동시에 곧바로 한국일보 수습기자 시험에 합격할 수 있었다. 그 시절 한국일보는 언론계에서는 잘 나가는 이른바 최첨단 신문이었다.

1960년대 당시 경영·경제학을 제외한 인문사회계열 대학출신 학생들 대부분은 졸업과 동시에 실업자 신세가 되는 것이 공식이었다. 정말 취업은 하늘의 별 따기였다. 그래서인지 내가 한국일보 수습기자 시험에 합격한 사실이 연세대 대학신문인 연세춘추에 단신기사로 소개되기도 했다.

여정클럽

대학생활 중에서 나에게 가장 보람 있었던 일은 나와 우리 정치외교학과 선후배들이 만든 서클인 '여정클럽'을 창립한 것이었다.

얼마 전 창립 60주년을 맞은 '여정클럽'은 그동안 정말 자랑스럽고 놀라운 동아리로 발전했다. 나는 '여정클럽' 창립 60주년을 기리기 위해 2016년 10월 5일, 〈여정이여 영원하라!〉라는 제목으로 여정수첩에 클럽역사를 기록으로 남겼다.

※ 그 글을 요약해서 여기에 소개한다.

단풍이 흐드러지게 물들던 1956년의 어느 가을날(10월 5일), 연희동산 양지바른 잔디밭에 10명의 남녀 학생이 한자리에 모였다.

당시 정치외교과 3학년 3명, 나를 포함한 2학년 3명, 1학년 4명이 바로 그 주인공들이다. 꿈 많은 학생들이 의기투합, 서로의 마음을 터놓고 미래를 설계하고 대학생활의 낭만을 만끽하기 위해 무언가 뜻있는 모임을 하나 만들자는 순수한 마음으로 출발, 고고의 성을 울렸던 것이 어느덧 역사적인 60주년을 맞이하게 되었다. 당시 연세대학교 정치외교학과에는 전국에서 내노라하는 수재들이 정치가 또는 외교관의 웅지를 안고 운집하였다.

그러기에 정외과 학생들은 미래에 대한 꿈을 조기 실현하기 위한 전초작업으로 삼삼오오 여러 가지 명목의 동아리들을 우후죽순처럼 창조해냈다. 남을 위하는 〈利他〉보다는 〈利己〉를 숨긴 계획적인 모임들이 적지 않았다. 정말 우리 모두를 위하는 순수하고 멋있는 서클은 만들 수 없을까?

여기에 한두 해 동안의 대학생활에서 순수성을 찾지 못해 고민하고 있던 7명의 후배들이 진정 〈영원한 우정과 향상을 위한 모임〉을 발의한 선배들의 제의에 감동, 만장일치로 〈여정〉을 창립하기로 한 것이다.

창립 이듬해인 1957년부터 회원선발기준을 정했다. 신입생 선발기준을 정치외교과 입학성적순으로 하되, '수석에서 3등까지'라는 원칙을 확립하게 되었다.

이 때문에 〈여정〉클럽은 현재 연세동산에서 엘리트집단으로 평가받기에 이르렀고 회원 들의 자부심은 말할 것도 없고 선발된 학생들은 재학생들의 부러움의 대상이 되기도 했다.

우리 〈여정〉이 오늘까지 창립 당시의 모습과 성격이 변질되지 않고 굳건히 생존, 발전하고 있는 것은 〈여정〉의 출발정신이 너무나 순수했고 아무도 우리 모임을 이용하려고 하지 않고 내몸처럼 아끼고 사랑했기 때문이다. 모르긴 하지만 한 캠퍼스, 한 학과에서 선후배가 모여 하나의 모임을 만들고 우리 〈여정〉과 같이 반백년(半百年)을 이어오는 클럽은 찾아보기 힘들 것으로 생각된다.

〈여정〉의 오늘이 있기까지 우리 여정가족들의 보이지 않는 봉사와 노력이 있었기에 오늘의 〈여정〉이 창조된 것이다. 우리 여정가족들 중에서 내가 한국수자원공사 사장을 역임했 고 맹형규 내무부장관, 국회의 김기도 의원, 이희상 동양그룹 회장, 염돈재 회우는 안기부 차장을 역임했다.

또한 1979년도에 우리의 가족이 된 천재시인 기형도 회우는 언론인으로서의 황금기에 날개를 접고 너무나 젊은 나이에 우리 곁을 떠나고 말았다.

이처럼 우리 여정회원들은 현재 외교관, 정치인, 학자, 언론인, 공직자, 법조인, 실업인 등 사회 모든 분야에서 두각을 나타내면서 조직 내에서 필수불가결한 인재로 평가를 받으면서 자신들의 직분을 모범적으로 수행하고 있다.

모임을 만들기는 쉽다. 그러나 면면히 지속되기는 지극히 어렵다. 그럼에도 불구하고 우리 <여정클럽>은 창립 반세기를 넘어 이미 3년 전 감격적인 창립 60주년을 보냈다.

창립에서 오늘까지 무려 60개 성상, 우리 <여정>은 2019년 현재 신입생 선발 46기를 맞이 했고, 총 인원 237명을 헤아리는 대가족으로 성장하였다.

내 인생의 첫 출발은 언론계, 정치부 기자

내 인생의 첫 직장인 언론계생활도 시작부터 비교적 순탄한 편이었다. 대학을 졸업하고 60년대에 언론계에서 가장 인기 있던 일간지 한국일보 수습기자 시험에 응시, 100대 1의 경쟁 을 뚫고 합격 했다. 6개월 수습과정을 마치고 입사동기 10명 중 유일하게 나 혼자 정치부기자 로 발령을 받았다.

나는 올챙이 기자로 우리나라 현대사의 격동기였던 5·16 군사혁명 당시 국가재건최고회의 출입기자로, 1965년에는 일본특파원으로, 한일국교정상화를 위한 한일회담을 도쿄현지에서 취재할 수 있는 기회를 가졌다. 언론계 생활의 마지막은 정치부기자라면 누구나 한번쯤 도전하고 싶어 했던 청와대 출입기자(중앙일보)를 끝으로 언론계를 마무리했다.

한국일보 정치부기자로 생애 첫 직장을 스타트한 나는 한국 언론계에 신화를 창조했던 장기 영 부총리를 왕초(사장)로 모시는 인연을 맺을 수 있었고, 5·16 군사혁명 때 국가재건최고회의 출입기자로, 그 후 청와대출입기자로 우리나라 역사상 가장 탁월한 지도자의 한 사람인 박정희 대통령을 가까이서 취재할 수 있었다. 그 후 삼성그룹으로 자리를 옮긴 후 우리나라 재계의 거목이었던 이병철 회장의 비서로서 일할 수 있었던 일들을 자랑스럽게 생각하고 있다. 나는 한강의 기적을 창조한 정치대통령과 삼성을 세계적 기업그룹으로 도약시킨 경제대통령(?) 두 분을 지근에서 지켜볼 수 있었던 살아있는 증인 중의 한 사람이 된 것이다.

박 대통령을 추억하면서 내가 몇 년 전 '언론인 회보'에 기고했던 기사를 여기에 옮긴다.

박정희 국가재건최고회의 의장의 예편 전야

박정희 국가재건최고회의 의장이 민정참여를 위해 강원도 철원 전방 전초기지 지포리에서 전역식을 가지기 하루 전날인 1963년 8월 29일 오후, 광화문 최고회의 기자실. 당시 최고회의 공보실장이었던 이후락 실장으로부터 나를 찾는 전화가 걸려왔다.

긴급전화의 내용은 오늘 저녁에 반도호텔에서 나와 단 둘이서 만나 자는 것이었다. 당시 박정희 의장의 민정참여 문제 등으로 정국이 소용 돌이 치고 있던 때라 나는 즉시 정치부 데스크(편용호 정치부장, 정성관 차장)에 이 사실을 보고하고 반도호텔(지금의 롯데호텔) 8층, 이 실장이 보안이 필요할 때 사용하는 비밀 안가로 달려갔다.

그 자리에서 이후락 실장은 놀랍게도 박정희 의장이 내일 읽을 전역사(轉役辭, 군인에서 민간인 신분으로)를 내 앞에 내 놓는 것이 아닌가. 이 연설문을 한번 읽어보고 오늘 저녁 장충동 공관으로 가서 박정희 의장에게 '스피치' 조언을 해주라는 주문이었다. 풋내기 기자인 나에게 는 그 역사적인 연설문 내용을 보여주는 것만으로도 놀라운 일인데 국가 원수와의 독대를 주 선하다니 나는 흥분할 수밖에 없었다.

바로 그 전 역사에는 "다시는 나와 같은 불행한 군인이 나타나지 않기를 바란다"는 역사적인 문장이 들어있었다. 연설문 전체를 한번 읽어본 후 나는 이 실장과 함께 곧바로 장충동에 있는 국가재건최고회의 의장 공관으로 달려갔다. 공관에 들어서자마자 내가 놀란 것은 나의 예상을 깬 공관 내부의 소박함과 검소함이었다. 꼭 필요한 간단한 가구, 평범한 응접세트 등 국가원수의 공관으로는 초라할 정도로 너무나 단출했다.

유난히 눈에 띈 것은 응접실 벽에 걸어놓은 대장 계급장이 달린, 박의장이 마지막으로 임을 군복과 응접세트 및 탁상에 놓인 안기부장이 직보한 보고서 뭉치 등….

얼마의 시간이 지 나자 박 의장이 가벼운 미소를 지으며 응접실에 나타났다. 이 실장은 나를 박 의장에게 소개하고 오늘 나를 동행한 이유를 설명했다. 그날 나에게 가장 인상 깊었던 것은 박 의장의 너무나 소탈하고 꾸밈없는 인간적인 모습, 바로 그것이었다.

아무리 잘봐 주어도 10년 정도 세월은 지난 것 같은 낡은 화섬바지, 시골농부들이 농사철이나 입음직한 남방셔츠에 왕골 슬리퍼를 신은 박 의장의 복장은 국가원수의 권위와는 너무나 거리가 먼 소박함 그 자체였다.

그러나 박 의장의 광채가 번뜩이는 눈매, 미소 뒤에 숨겨진 강인함, 푸른 빛깔이 감도는 면도 자국은 나를 압도하고 있었다.

연설문(전역사)을 한번 읽어보시라는 이 실장의 건의에 박 의장은 "내일 읽어보지"라고 말하고는 "이 기자도 왔으니 술이나 한잔하자"고 했다. 양주가 들어오자 박 의장은 감회어린 눈으로 벽 쪽을 가리키며 "이 기자! 저 군복이 내가 내일 마지막으로 입을 옷이야" 하면서 술을 들기 시작했다. 술이 몇 순배 돌면서 박 의장은 영욕으로 점철된 지난 날의 군인생활을 회고하고는 앞으로 펼칠 시국 전반에 대한 청사진을 설명하기 시작했다.

박 의장은 자신이 곧 입당할 민주공화당 창당과정을 설명하면서 군대처럼 질서 있고 조직적이며 현대화 된 능률적인 정당을 만들겠다는 말을 필두로, 당시 살인혐의로 구속수감되어 있던 송요찬 전 내각 수반의 각종 비리와 그의 성품 등에 대해 코멘트를 해 나갔다. 박 의장은 이 밖에 우리나라의 경제개발에 관한 청사진을 비롯해서 앞으로 국민정신개조를 위해 국민운동 등으로 펼쳐나갈 '새마을운동'에 대한 기본구상 등 그의 통치철학과 비전을 끝없이 이어갔다. 나는 술에 취해 거의 인사불성이면서도 직업의식이 발동, 박 의장의 말 한마디도 놓치지 않으려고 열심히 마음속으로 메모해 나갔다. 이렇게 얘기가 진행되다 보니 시간은 어느덧 통금 시간 자정을 지나 새벽으로 치닫고 있었다. 이 실장의 건의로 겨우 술자리를 끝내고 나는 경호실 차로 신문사로 돌아왔다.

신문사에는 새벽시간인데도 장기영 사장, 편용호 정치부장, 정성관 차장, 송효빈 기자 등이 나를 기다리고 있었다. 나는 그 자리에서 상사들에게 면담 내용을 보고하고 이 실장과 오프 더 레코드 조건으로 굳게 약속했지만, 큰 문제가 되지 않을 내용만을 골라 작은 박스 기사로 글을 남기고 하루를 마감했다.

당시 국가재건최고회의 기자실에는 당시에 내노라 하는 각 언론사의 거물급 정치부 기자들 50여명 이상이 출입하고 있었다. 한국일보사 정치부에서도 서열로 막내인 내가 그 날 밤 상상을 초월한 특종을 했으니 다음날 아침 최고회의 기자실에는 한바탕 소동이 벌어졌다.

이른바 풋내기 기자인 내가 큰일을 해냈으니 말이다. 나의 기자 생활에서 영원히 잊지 못할 대박을 터뜨린 추억의 한 토막이다.

박정희 대통령은 유사 이래 처음으로 5천 만 우리국민을 그 지긋지긋한 굶주림과 가난에서 해방 시키고 공업입국의 기틀을 마련, 재임 중에 세계가 놀라고 칭송하는 '한강의 기적'을 창조해 냈다. 연례행사로 우리를 괴롭혔던 가뭄과 홍수로부터 해방, 헐벗었던 우리강토를 금수강산으로 변모시켰다.

세계에서 유례를 찾아볼 수 없는 기적적인 성공사례이다. 강대국에 둘러싸인 우리나라의 지 정학적 약점을 카버 하고 자주국방을 실현하기 위해 70년대 초부터 극비리에 추진했던 핵개발 시도 등등….

무엇보다 일제식민통치시절 일제가 우리국민들에게 심어놓은 절망적인 엽전근성에 사로잡 혀 있던 국민들에게 '우리도 하면 된다'는 자신감을 심어 신바람을 불러 일으켰던 국가원수. 그는 진정 이 나라의 백년대계를 내다보고 그가 설정했던 비전과 선견성, 강력한 지도력, 청렴성 등 여러 가지 면에서 우리나라 역사상 가장 탁월한 지도자 중의 한 분이라는 확신이 든다(1997. 2. 1. 대한언론, 대한언론인회).

삼성그룹 회장비서실과 이병철 회장

내가 청와대 출입기자로 언론계생활 전성기 를 구가하고 있을 때인 1968년 6월 25일, 갑 자기 중앙일보 한 실세 임원의 추천으로 나는 '자의 반 타의 반'으로 삼성 그룹 이병철 회장비서실로 자리를 옮기게 되었다.

당시 삼성그룹은 한국비료밀수사건 후유증 으로 이병철 회장이 사실상 일선에서 물러나고 2세들이 경영을 맡아 그룹을 이끌어 가고 있던 시기였다. 경영을 맡은 장남 이맹희 부사장(당시 직책) 과 차남 이창희 부사장이 그룹의 심장부인 회 장비서실을 강화하기 위한 수단으로 중앙일보 에서 청와대 출입기자인 나를 비서실로 차출 했던 것이다.

나는 당시 오랜 고심 끝에 10여 년간의 언론계 생활을 마감하고 회장비서실로 자리를 옮기기로 결정했다. 젊은 시절부터 꿈꾸어 왔던 정계진출의 지름길이 될 것이라는 판단 때문이었다. 정치부기자 생활 10년 동안에 내가 절감한 진리는 정치자금의 뒷받침 없이는 누구도 소신 있는 정치를 할 수 없다는 현실을 피부로 느끼고 있었기 때문이었다.

그러나 가장 자유분방한 언론인에서 철저히 조직과 위계에 얽매이는 기업가로 변신한 나에게 아부를 천직(?)으로 해야 하는 비서로서의 새로운 삶은 정말 적응하기 어려운 일이었다.

한편 삼성그룹 회장비서실에서 근무하는 동안 지근에서 본 이병철 회장은 놀라운 근면성, 새로운 것을 경쟁자보다 한발 먼저 받아들이기 위한 학습성, 얼음보다 차가운 결단력 그리고 미래를 예측하는 선견성은 정말 무서울 정도였다.

여기에 내가 삼성비서실을 떠난 후 매일경제신문(1997. 6. 26)에 기고했던 이병철 회장에 대한 회고의 글을 소개한다.

이병철 회장의 탁월한 선견성

내가 삼성그룹 이병철 회장의 비서로 일하고 있던 1960년대 말 어느 날 택시를 탔다. 그런데 그 택시기사는 이런 저런 얘기 끝에 "이병철 회장은 금밥그릇과 금수저로 식사를 한다"고 마치 직접 본 것처럼 나에게 얘기하는 것이었다.

너무나 엉뚱한 기사의 말에 당황한 나는 그렇지 않다고 설명했으나 기사가 끝까지 자기의 주장을 굽히지 않는 바람에 결국 손을 들고 말았다. 우리나라 재계의 거목이며 부의 상징으로 한 시대를 풍미했던 이 회장의 식기와 식단이 민초들의 것과 다를 것이라는 생각이 당연할지도 모른다.

그러나 내가 본 이 회장과 그의 가족들이 사용하는 식기와 식탁의 소품들은 너무나 소박하고 평범한 것들이었다. 아침저녁 식사메뉴는 진수성찬으로 차려질 것이라는 세상의 예상과는 달리 주로 쌀밥에 선지해장국이 자주 등장하는 정도였다. 좀 색다른 것이 있다면 이 회장은 후식으로 과일과 과일즙을 많이 드시는 것이었다. 평소에 너무나 많은 생각을 해서인지 이 회장은 체인 흡연자라 불릴 정도로 담배를 즐기는 애연가였다.

이 회장은 그림과 글씨, 도자기 등 골동품과 고전문화재를 보는 놀라운 안목과 남다른 관심을 가지고 있었다. '우리문화재'가 있는 곳이라면 멀리 해외에 까지 가서 수집해 왔는데, 그가 수집해 온 문화재들이 오늘날 우리나라의 '국보의 자리'를 지키고 있는 아이템들이 한두 가지가 아니다.

이 회장의 이러한 선견지명과 열정이 없었더라면 우리의 귀중한 문화재들이 외국인의 소유가 되어 우리후손들은 영원히 이를 접해볼 기회를 상실했을지도 모른다. 그는 우리국악에도 대단한 애정을 가지고 있었다. 당시 가난에 찌들어 고생하고 있던 인간문화재급 국악인들을 불러 공연을 하게하고 후한 성금을 전달하는가 하면 당시 삼성 계열사인 동양방송 편성에 국악프로그램을 넣도록 방송 간부들에게 지시하기도 했다. 건강관리는 주로 골프와 냉온탕 목욕으로 대신했다.

　내가 회장비서실에서 근무하는 동안 가까이서 본 이 회장은 세계경제와 시대의 흐름을 파악하기 위해 끊임없이 배우는 자세로 학습하는 열공파의 한 분이었다.

　그는 타고난 초인적인 근면성에다 학습을 통해 얻은 지식과 정보를 바탕으로 10년, 50년을 미리 내다볼 줄 아는 남들이 감히 따를 수 없는 탁월한 선견성을 지닌 분이었다.

　이 회장은 신규 사업을 시작할 때는 사업에 관련된 모든 정보를 사전에 철저히 조사를 사업계획을 수십 차례 치밀하게 검증한 후 완벽하다는 결론이 났을 경우에만 착수했다. 업무상 어떤 사람을 만나기로 약속했거나 그룹에서 장차 같이 일할 사람을 채용하는 에도 그 사람에 대한 신상을 철저하게 파악하고 나서 면담하고 채용했다. 그래서 시도한 신규 사업의 결과는 거의 오차가 없는 완벽한 것이었으며 사람을 보는 눈이 범상치 않아 '용인의 달인'이라는 신화를 남기게 된 것이다.

　이 회장은, 신경영기법이나 첨단 과학 분야 등 특수한 분야를 전공, 외국에서 학위를 받고 귀국하는 인사에 관한 기사가 매스컴에 보도되면 즉각 그를 회장실 오찬에 초대해서 최신정보를 압수하곤 했다. 또한, 좋은책이나 자료가 발간되었다는 정보를 입수하면 이 회장은 즉시 해외지사를 통해 그 책과 자료들을 구입, 참모들에게 나누어주고 그 내용을 요약해서 보고하도록 했다. 이 회장은 예리한 직관력을 지닌 분이었다. 그룹의 핵심참모들이 몇 개월간 사력을 다해 준비한 신규사업계획서를 회장에게 보고하는 날, 이 회장은 스텝들의 보고를 잠시 들어보고는 "그거 안 된다"하고 결론을 내리는 경우가 적지 않았다. 당황한 참모들이 돌아와 여러 차례 회의를 거듭하면서 이를 장시간 재검토해 본 후에야 비로소 회장의 판단이 옳았다는 사실을 알고는 그는 놀라는 사례가 허다했다.

그를 가까이에서 모시면서 나 자신이 깨달은 것은 어느 분야든 정상으로 가는 길에는 우연이나 기적이 절대로 있을 수 없다는 진리였다. 정상이란 자리가 피나는 노력과 감내하기 힘든 엄청난 시련을 통해서만 얻어지는 값진 열매라는 교훈을 나에게 가르쳐준 분이 바로 이 회장이었다.

가장 최신학문인 부동산학(不動產學)과 운명적으로 인연을 맺다

나는 1970년 초 어느 날 갑자기 삼성비서실을 떠나 삼성그룹 삼성에버랜드의 기획조사실장으로 자리를 옮기게 되었다. 당시 우리재계의 대세였던 재벌그룹의 장남 승계는 불문율이었다. 그러나 삼성그룹은 장남을 제치고 3남 이건희 이사가 권력을 잡았다. 승계과정에 얽힌 놀라운 얘기들은 훗날 별도의 기록으로 남길 예정이다. 삼성그룹의 권력격변이 일어나자 장남 이맹희 부사장의 핵심참모 중 한사람이었던 나는 곧 바로 비서실에서 숙청(?)되었다. 나의 유배지는 바로 삼성에버랜드(당시 사명은 중앙개발) 기획조사실장 자리였다.

정치부기자 10년, 회장 비서실 3년을 거쳐 쫓겨 간 삼성 에버랜드에서 나는 평생 처음으로 '부동산'이란 용어와 부닥치게 되었다.

명색이 실장이라 결재를 해야 하는데 도무지 부동산에 관해서 아는 것이 있어야지….

건국 부동산학 창학 55년(2025. 5. 30)

1970년 1월 중순 에버랜드 기획조사실로 김영진씨라는 분이 찾아왔다. 그는 건국대학교 행정대학원 행정학과 부동산학 전공 전임강사라는 신분이었다. 찾아온 이유는 '부동산학과의 학생모집 건'이었다. 당시 김영진 교수가 행정대학원 행정학과에 부동산 전공코스(1970년 3월 공식출범)를 개설해 놓았으나 학생을 모으는 일이 큰 과제였다.

김 교수의 내방은 부동산에 대한 기초개념도 없어 고심하고 있던 나에게는 행운이었다. 솔직히 나는 당시 그가 소개한 '부동산학'이라는 너무나 생소한 용어에 충격을 받았다. 즉시 입학하기로 약속했다.

당시는 한국경제 발전의 상징인 경부고속도로가 개통(1971. 7. 7)되기 직전이었고 전 국민이 잘 살아 보겠다는 새마을정신으로 똘똘 뭉쳐 앞만 보고 달려가던 역동적인 시기였다. 때문에 전국의 부동산값이 꿈틀거리기 시작한 부동산 붐 초기현상이 나타나던 때라 누구나 부동산에 대한 관심이 대단했다.

1970년 3월 2일, 종로구 낙원동 정치대학(건국대학교의 과거 명칭)

캠퍼스의 낡은 교사, '건국대학교 행정대학원 행정학과 부동산전공'이라는 이름으로 한국의 부동산학이 고고지성을 울린 날이다.

부동산전공 코스는 예상외로 인기가 폭발, 석사과정 20여 명, 연구과정 20여 명이 몰려들었다.

나는 건대 행정대학원 행정학과 부동산 전공으로 4학기 때 졸업논문을 쓰고 1972년 2월 26일 드디어 부동산학 석사과정 1회 졸업생이 되었다. 나는 석사논문으로 '한국부동산업의 실태 및 마케팅에 관한 연구'라는 제목으로 제출했다. 여세를 몰아 나는 1982년 한양대 대학원 행정학과 박사과정에 입학했다.

나는 행정학 중에서 도시행정학을 전공해서 1985년 사실상 우리나라 부동산학계 최초로 부동산학 박사학위를 취득했다. 논문 제목은 '한국의 토지투기에 관한 연구'였다. 나보다 조금 앞 서 부동산민법 소유권 분야로 박사학위를 받은 동기가 있었지만 그의 논문은 민법분야이고 부 동산학의 본류와는 거리가 멀었다.

그래서 나는 명실공히 내가 우리나라 최초로 부동산학으로 박사학위를 받은 주인공이라고 자부한다. 초기 부동산학 분야는 학문으로써 체계도 제대로 적립되지 않은데다 교수 요원이 턱없이 부족했다. 이런 상황에서 나는 1972년 봄 부동산학과 석사 제1회 졸업생이라는 프리미엄 덕분에 졸업과 동시에 송두용 행정대학원장의 추천으로, 행정대학원에서 강사로서 강의를 맡게 되었다. 또한, 당시 사회적으로 부동산 붐이 지속되는 상황이라 모든 매스컴이 앞 다투어 부동산 관련 기사를 실었다.

그러다보니 신문에 등장시킬 필자나 TV에 내세울 얼굴이 필요했다. 때문인지 시간이 지날수록 나는 신문과 TV 등 매스컴에 등장하는 기회가 많아졌고 로터리클럽 등 각종 사회단체로부터 부동산투자 관련 특강요청이 쇄도했다.

그후, 나는 우리나라 토지평가사, 공인감정사, 공인중개사 제도 도입의 주역으로 활동하면서 부동산학과 부동산산업의 발전과 그 외연을 넓히기 위해 동분서주했다. 그래서 나는 우리나라에 감정평가사 제도 도입과 정착에 기여한 공로를 인정받아 지난 2008년 부동산평가 분야에서 세계에서 가장 권위있는 영국왕립감정평가사협회(RICS)가 업계로부터 존경받는 원로 회원들에게 수여하는 펠로우 회원으로 추대되었다. 동시에 우리 정부로부터는 부동산산업발전에 기여한 공로를 인정받아 부동산산업상(건설교통부 장관)을 수상했다.

토지평가사와 공인감정사

오늘날의 부동산감정평가사제도의 탄생에는 김영진 교수와 나를 중심으로 건대부동산학과 출신들이 산파역을 했다. 당시 부동산평가 전문자격제도는 당초에는 다루는 업무가 거의 같았음에도 불구하고 부처 이기주의 때문에 건설부가 주관하는 토지평가사와 재무부가 관리하던 공인 감정사로 2원화되어 있었다.

건설부가 1972년에 토지평가사제도를 출범시키자 재무부도 경쟁적으로 다음 해인 1973년에 공인 감정사 제도를 발족시켰다.

토지평가사는 당시 건설부 토지정책과 실무자들과, 여기에 김영진 교수와 내가 주역이 되어 평가사제도의 이론적 지식을 제공하고 우리의 동료들이 찬조출연을 하면서 평가제도가 출범하게 되었다.

드디어 제1회 토지평가사시험이 1972년 가을에 실시되었다. 나는 감정평가 이론 출제위원이 되었다. 김영진 교수나 내가 아니면 출제위원을 할 사람이 없는 상황이었다. 당시는 그만큼 부동산학을 전공한 인적자원이 전무한 시기였다. 그리고 출제하고 시험이 치러졌다.

1972년 가을에 대한민국 최초의 제1회 토지평가사 88명이 탄생했다. 이어서 재무부가 주관하는 공인감정사 시험이 1973년에 치러지고 공인감정사가 탄생되었다.

공인중개사 제도 출범에도 주역을 맡다

공인중개사가 탄생하는 과정에 나는 깊숙이 관여했다. 당시는 공인중개사 업무의 소관부처가 건교부가 아닌 내무부였다. 당시 내무부(현 행정자치부) 담당부서는 책임자는 차관보 이상배(전 서울시장, 전 국회의원)였다. 나는 수차례 이 차관보와 만나 많은 자문을 했다. 마지막으로 이 차관보에게 공인중개사제도가 우리나라에서 제대로 정착하기 위해서는 소수정예로 선발해야(한 회에 5천 명 정도) 한다고 주장했다. 그는 충분히 나의 주장을 이해했다. 그러나 결과적으로는 당시 곧 치러진 선거에서 여당의 표를 의식한 정치적 배려 때문에 나의 건의는 무시되고 제1회에 중개사를 무려 1만 명 이상 양산하는 결과가 되고 말았다.

1985년 공인중개사 제1회 시험에 부동산중개론 분야 출제위원으로 선임되었고, 출제했다. 나는 우리나라 부동산학과 부동산산업계에 원로로 자리매김했다. 부동산학과 부동산산업의 발전을 위한 각종 단체를 연이어 창설했다.

한국부동산분석학회 창립

1992년 어느 날, 강원대학교의 박병식 교수와 대구대학의 안정근 교수가 대전에 있는 나의 사무실(한국수자원공사 사장실)로 찾아왔다.

이들은 다짜고짜 부동산분야에 학회다운 학회가 없으니 새로운 학회를 하나 만들자고 제의하면서 나에게 주역을 맡아달라는 것이었다. 처음에는 반대했다. 그러나 이들의 사연을 들어 보니 현재 한국부동산학회는 끼리끼리 모여 이들이 우수한 신진학자들에게 문호를 닫고 있어 학계의 유능한 인재들이 참여할 방법이 없다는 것이다.

얼마 뒤 나는 이들의 강력한 요청에 한발 후퇴, 하나의 대안으로 '부동산학 스터디그룹'을 만들기로 합의했다. 약 2년의 시간이 지나자 소장학자들 중심의 스터디그룹 멤버들은 한국부동산학회에 대한 미련이나 기대를 버리고 새로운 학회를 발족시키자고 강력하게 주장했다. 그렇게 하여 결국 '한국부동산분석학회'가 탄생하게 된 것이다.

한국부동산분석학회가 회장 감투를 평화적으로 이양하는 전통 하나만 세워도 존재가치가 있을 것이라는 확신에서 출발한 것이다. 나는 초대회장 딱 한 임기를 마치고는 후배에게 회장직을 물려주었다. 너무나 당연한 일이었지만 적어도 당시 부동산학계에는 신선한 충격을 주는 사건이었다.

한국부동산분석학회는 현재 명실공히 한국부동산학을 한 차원 높은 학문으로 발전시키고 전파 하는데 중추적 역할을 담당하고 있으며 정부의 중요한 부동산정책 수립에 적극적으로 자문하는 등 부동산산업과 부동산학 분야에서 싱크탱크 역할을 하면서 부동산학을 공부하는 사람들의 사랑방 구실을 하고 있다.

한국부동산 연합회

나는 1995년 싱가포르에서 개최된 세계부동산연맹 총회에 한국대표로 참석, 기조연설을 했다. 당시 부동산업계를 대표하는 유일한 민간단체였던 한국부동산연합회(1970년 11월 13일 창립)는 세계적으로 권위 있는 국제단체인 세계부동산연맹(FIABCI, 1951년 창립, 58개 회원국, 본부 파리)에 가입한 유일한 국내기구였다.

그러나 한국부동산연합회는 1998년 외환위기를 계기로 부실단체로 전락, 세계부동산연맹에 납부해야 할 연회비마저 체납함으로써 회원에서 제명되고 말았다. 이 무렵 협회의 뜻있는 유지들이 나를 찾아와 회장을 맡아 협회를 재건해 줄 것을 요청해왔다.

그래서 내가 1999년 회장직을 수락, 체납된 회비 5,000여만 원을 파리본부에 납입하고 그해 스페인 세계총회에서 회원자격을 복원하는

데 성공했다.

그 후 한국회원들의 활발한 참여와 회장으로서 나의 지도력이 평가되었는지, 영광스럽게도 세계부동산연맹총회 이사회 부회장에 선임되었다. 나는 2002년 7월까지 한 임기 동안 재임하면서 세계부동산연맹 서울 세계총회유치신청서를 2000년 런던세계총회에 제출, 그 제안이 2004년 텍사스 휴스턴 총회에서 채택되어 2006년 5월 서울에서 세계부동산연맹 세계총회를 개최하게 된 것이다.

나의 인생의 절정기

우리나라 최초로 민간 전문경영인으로 공기업인 한국수자원공사 사장에 취임 취임과 동시에 대대적인 경영혁신에 착수했다.

나는 여기에서 나의 일생에 절정기로 가장 보람을 느꼈던 한국수자원공사 사장 시절에 대해 얘기를 하고자 한다.

동부그룹 계열회사의 최고경영자로 일하고 있던 1989년 4월 1일 나는 제6공화국 노태우 정부의 출범과 함께 민간 전문경영인으로는 최초로 국영기업체 사장으로 발탁되었다. 무엇보다 내가 기뻤던 일은 당시 우리나라 25개 국영기업체의 신임 사장들은 거의 예외 없이 군 장성출신 아니면 장관급 고위관료들이었는데 내가 유일하게 민간전문경영인으로 공기업사장에 선발되었다는 사실이었다.

한국수자원공사는 과거의 한국수자원개발공사와 산업기지개발공사를 합쳐 확대·개편한 공사로, 우리나라 산업화의 상징인 울산공업단지를 비롯하여 창원기계공업단지, 여천석유화학단지, 구미전자공업단지, 반월(안산) 신도시 등 산업공업단지와 소양강댐을 비롯한 충주, 안동, 섬진강 댐 등 전국의 다목적댐과 팔당광역상수도 등 전국광역상수도를 건설, 관리하고 전국의 생활 공업용수를 비롯한 우리나라 물 공급량의 50% 이상을 담당하고 있는 거대한 국영기업체이다.

한국수자원공사의 역대 사장들의 면면을 보면 1대 장창국 합참의장, 2대 안경모 교통부장관, 3대 이희근 공군참모총장, 4대 이상희 내무부장관, 그리고 내가 제5대 사장이었다. 이렇게 비중 있는 큰 자리에 민간기업 출신인 내가 사장으로 발탁되었다는 사실은 당시로써는 정말 파격적인 인사였다.

이런 나의 발탁배경을 항상 생각하면서 나는 사장으로 재직하는 동안 수자원공사의 발전을 위해 혼신의 힘을 다해 전력투구했다. 1989년부터 '92년까지 4년간, 3년의 '한 임기'를 마치고 연임 된 나는 우리나라 최초의 민간전문경영인을 대표해서 국영기업체 사장을 맡고 있다는 자세와 자부심으로 밤잠을 설치며 뛰고 또 뛰었다.

내가 사장취임 당시, 경제기획원이 매년 25개 공기업을 대상으로 실시하는 경영평가에서 수 자원공사는 19위, 그야말로 바닥을 맴돌고 있었다. 나는 이런 한국수자원공사를 3년 만에 25개 정부투자기관 중에서 경영평가 1위(최우수)의 공기업으로 도약시키는 경영성과를 창조해냈다. 취임 당시 민간전문경영인 출신인 나의 눈에 비친 한국수자원공사는 우리나라 공공기관이 지니고 있는 고질적인 문제점을 고스란히 가지고 있는 조직이었다.

이에 나는 무엇보다 먼저 공사분위기를 일신하지 않고는 공사의 발전과 미래는 없다고 판단했다. 그래서 먼저 사원의식개혁운동의 일환으로 '앞서 가는 한국수자원공사(나중에 MIND 90 운동)' 라는 슬로건을 내걸고 과감한 경영혁신운동을 벌이기 시작했다. 나는 회의 때마다 직원들에게 공사의 미래에 대한 꿈과 희망을 심어주는 장기비전을 제시했다. 여기에 공기업의 고질인 학연과 지연을 철저히 배제한 공정한 인사를 통해 일을 잘하는 사람이 대우받는 사풍을 진작하는데 전력투구하기 시작했다.

나는 인사혁신정책의 일환으로 직원 중에서 1년에 한 사람씩, 한 해 동안 가장 열심히 일한 직원을 '자랑스러운 수공인(水公人)'으로 선정, 두 계급 특진을 시키는 파격적인 인센티브제도를 도입했다. 결과는 놀라웠다. 야망을 품은 직원들 중에는 퇴근을 미루고 밤늦게까지 일하는 분위기가 연출되는 등 공사의 사풍에 일대 혁신이 일어났다. 동시에 나는 사장으로 매사에 솔선수범하면서 공부하는 사장의 모습을 보여주려고 노력했다. 공사현황을 간부들보다 더 잘 알고 있었다. 구체적으로는 당시 방만하게 운영되고 있던 공기업에 민간기업의 혁신과 창의력, 공정성, 신속성 등 민간의 신경영기법을 접목함으로써 공사의 경영체질을 근본적으로 혁신하는 작업에 착수해서 성공했다.

나는 호남지역의 젖줄인 주암댐 완공에 대한 공로를 인정받아 정부로부터 은탑산업훈장을 수상했다.

한국수자원공사 이태교 사장

내외경제신문(현 한국경제의 전신)과의 인터뷰 내용을 여기에 소개한다(1992. 1. 19).

"일반적인 얘기지만 물은 생명의 근원이고 경제활동의 원천인 만큼 지구상의 어떤 자원보다도 중요하죠. 물은 어떻게 다루느냐에 따라 번영을 누릴 수도 있고 재난을 자초할 수도 있습니다. 우리 국민들의 큰 문제 중의 하나는 물에 대한 가벼운 인식이에요. 수질오염이나 용수난은 특정인의 책임이 아니라 우리 모두의 책임이라는 마음가짐이 필요합니다."

6공 출범과 함께 수자원공사 사장으로 임명돼 수질보전 및 수자원개발에 바쁜 나날을 보내고 있는 이태교 사장. 으레 관이나 군 출신 인사가 맡아 온 직책을 전문경영인으로선 최초로 맡아 화제가 되기도 했던 그는 취임 후 계속 많은 경영흑자를 기록하는 한편 노사관계를 원만하게 유지, 그 능력을 입증시켜주고 있다.

「부동산학」에 관한 한 자타가 공인하는 권위자이지만 1961년 연세대 정외과를 졸업할 당시만 해도 그의 꿈은 정치가로 성공하는 것이었다고 한다. 그가 신문기자라는 첫 직업을 택한 것도 정치권 진입을 위한 일종의 예비단계였던 셈. 그러나 중앙일보 정치부 기자 시절 어느 날 이병철 삼성그룹 회장이 가까이 두고 싶다며 비서실로 발령을 내는 바람에 운명이 바뀌어 버렸다.

"처음에는 회사를 그만둘까 하는 생각도 없지 않았어요. 그러나 주위에서 천하의 BC(이 회장 별칭) 곁에 있어보는 것도 괜찮은 경험이 될 것이라고 충고하는 바람에 삼성그룹 회장비서실 비서과장으로 갔지요.

그 후 몇 차례 우여곡절 끝에 삼성이 인수한 지 얼마안 된 중앙개발(현재의 삼성에버랜드) 기획조사실장으로 부임했습니다. 중앙개발은 우리나라 종합부동산회사의 효시라고 할 수 있는 조직인데 여기서 부동산학과 인연을 맺게 됐습니다."

마침 그때 건국대 행정대학원에 처음으로 부동산학과가 생겨 제1회 입학생이 됐고, 졸업논문인「한국 부동산업의 실태 및 마케팅에 관한 연구」가 우수하다 해서 졸업과 동시에 대학원에서 바로 강사로 대접받았고 매스컴도 타게 된 것이다. 당시만 해도 부동산학은 생소한 분야여서 그는 이 분야의 흔치 않은 이론가였다.

"1972년 건설부가 주관하는 토지평가사제도가 생겨 시험 준비를 하고 있는데 건설부 관리가 찾아와 엉뚱하게도 시험위원이 돼 달라는 거예요. 몇 번 사양한 끝에 수락했지요. 그랬더니 1973년 이번에 재무부가 공인감정사제도를 만들면서 또 시험위원 의뢰를 해 오더군요."

이후 건국대, 한양대, 성균관대, 숙명여대, 경원대, 서울시립대 등에 출강하면서 주로 경제 신문에 연재한 부동산 관련 글들을 모아「부동산 마케팅」,「부동산 투자요령」,「부동산투자의 전략」같은 책을 펴내기도 했다.

1982년 공부를 더 해야겠다고 결심, 한양대 대학원 박사 코스에 입학,「한국의 토지투기에 관한 연구」로 엄밀한 의미에서 국내 최초의「부동산학 박사」가 된다.

"처음에 나도 부동산학을 쉽게 생각했지만 파고 들어갈수록 어렵다는 것을 실감하겠더군요. 사회학, 심리학, 경제학, 법학, 공학 등이 다 합쳐진 종합사회과학이랄 수 있지요. 보통 복잡한 게 아니예요. 한 가지 재미있었던 것은 이쪽을 공부하다 보니 자연히 선견지명이 생겨서 남에게 부동산 투자 어드바이스를 해주고 술은 많이 얻어 먹었는데 나 자신은 부동산으로 이익을 보진 못했다는 점이지요. 전문가로 평이 나고 보니까 행동이 무척 조심스러워지더군요."

동부그룹 부사장, 한국자보서비스 대표이사를 거쳐 1989년 갑자기 물 전문기관의 사장이 된 후 업무상 물에 관한 광범위한 공부를 했다고 한다. 그 결실로 나온 책이 지난해 출간된「재미있는 물이야기」일반인들에게 물의 중요성을 인식시키기 위해 쓴 이 책은 상업성을 전혀 염두에 두지 않고 만들었는데도 한동안 베스트셀러가 될 정도로 반응이 좋았다고 한다.

"사실 요즘은 너무 바빠서 책 읽을 시간이 거의 없습니다. 대신 앞으로 쓸 책을 구상도 하고 자료도 모으는 중인데 무엇보다「성공」에 관한 책을 한 권 쓰고 싶어요. 모델 케이스가 미국의 J. Gale이란 부동산업자가 쓴「30 Keys to Success in Real Estate」입니다. 성공의 첩경에 이르는 서른 가지 황금률을 소개한 책이지요. 이 내용을 완전히 우리 실정에 맞게, 그리고 내 경험을 토대로 새롭게 쓰고 싶어요. 아울러 여건을 준다면 우리나라의 토지정책에 관한 전문교재를 한 권 쓰고 싶군요."

수자원공사는 올해도 임하댐의 완전준공과 함께 부안댐 밀양댐 용담댐의 건설, 울산 여천, 구미 반월지구의 공업단지 개발, 일산 신도시를 비롯한 여러 지역의 공업용수 공급 등 할 일이 산적해 있다고 한다.

"사장이 된 후 사훈에 이르기까지 모든 부분을 고쳤습니다. 또 사원들의 의식개혁과 경영혁신을 위해 「마인드 90운동」을 전개하고 있습니다. 자랑 같지만 국영기업체 중 노사관계가 가장 모범적이고 전반적으로 활기가 충만해 있다는 평을 받고 있습니다. 올해는 선거분위기에 휩쓸리지 않도록 사원교육에 많은 노력을 기울일 생각입니다."

본사가 대전이어서 주말에 서울에 오는데 일요일엔 무조건 등산을 한다고 한다. 단골은 북한산, 그 외 취미로는 품위도 있고 보관하기도 쉬운 연적을 수집하고 있으며 요즘 카메라를 공부하고 있다고 했다.

내가 수자원공사 사장으로 재직 중, 호남 벌에 생활공업용수를 대량으로 공급할 수 있는 주암댐을 준공하자 중앙일보는 나를 자매지인 '이코노미스트' 표지인물로 선택 특집기사로 다루었다.

국회의원 후보공천을 받고 출마준비 중 낙마

1993년 2월 김영삼 대통령이 취임하면서 나는 3년을 더 일할 수 있는 사장연임이 되었음에도 불구하고 정권 교체로 그 해 3월 31일자로 한국수자원공사 사장직에서 물러났다. 그런데 당시 김 대통령은 취임 첫 작업으로 공직자재산등록을 실시했다. 이 때 나의 고향인 대구 동을 선거구 출신 박준규 국회의장이 서울 평창동에 다가구주택을 지어 임대해서 서민들로부터 임대료를 받았다는 사실이 문제가 되어 국회의장직은 물론 의원직까지 사퇴하게 되었다. 그래서 대구 동을 선거구에 보궐선거가 공고되었다. 당시 의원직을 사퇴한 박 의장이 나에게 전화를 걸어 선거에 출마하라고 권고했다.

박 의장과 나는 내가 대학생일 때 달성군 출신 서울 대학학우회에서 학생과 고향 출신 국회 의원자격으로 때때로 만나곤 했다. 평소 그는 각종 모임에서 여러 차례 자신이 정계에서 물러나면 자신의 국회의원 후계자는 이태교라고 공언해 왔었다.

여기에 당시 김 대통령이 겸직하고 있던 신한국당의 총재 비서실장 신경식 의원(청주 출신)과 최재욱 신한국당 사무차장(전 환경부 장관)의 추천으로 신한국당 국회의원 후보로 당 공천을 받았다.

나는 즉시 출마준비에 착수했다. 먼저 고향 대구 동을에 내려가 선거사무소를 물색하기 시작했다. 그 무렵 갑자기 최 사무차장으로부터 긴급전화가 걸려왔다. 나는 즉시 서울 중앙당사로 달려갔다. 이게 웬일이냐. 최 차장의 설명인즉 노태우 전 대통령이 김영삼 대통령과 만나 자신의 아들 노재현을 이미 내가 공천을 받아놓은 동을(乙) 보궐선거에 공천해 달라고 요청했다는 것이다. 정말 나에게는 청천벽력이었다. 나는 공천을 양보하지 않을 수 없었다.

그런데 얼마 후, 노 대통령 집권 당시 안기부장이었던 안현태가 관리하던 노 대통령의 비자금문제가 터져버렸다. 도하신문에 연일 관련 기사가 1면을 도배했다. 들끓는 여론 때문에 노재현은 결국 국회의원 후보에서 사퇴했다.

나는 즉시 다시 도전을 시도했으나 이미 법률상 후보등록 시한이 지나가 버린 후였다. 여당 텃밭에서 집권당 후보가 사퇴한 보궐선거에서 나의 초등학교 후배인 무소속 후보가 사실상 무투표로 당선되었다. 정말 원통한 일이었다. 나의 평생의 꿈인 정치가로서의 입신양명의 기회가 기적같이 찾아왔다가 어느 순간 바람처럼 사라져 버린 것이다.

당시 내가 받은 충격과 통한은 지금까지도 나의 뇌리에 고스란히 남아있다. 그 당시 나에게 기회가 주어졌더라면 나는 최소한 국회의원 3선 이상은 거뜬히 할 수 있었을 것이고 크게는 우리나라의 국가 백년대계를 세우는데 많은 기여를 했었을 텐데…. 지금도 두고두고 아쉬움이 남는다.

부동산학과 부동산산업분야에서 선구자로, 원로로 자리매김하다

나는 지금도 포럼의 창립회장 자격으로 현역으로 활동하고 있는 우리나라 부동산학계와 업계를 대표하는 「(사)서울부동산포럼」을 소개하고자 한다.

※ 아래의 글은 포럼창립 10주년을 맞아 원창희 부회장이 포럼 기관지에 발표한 「포럼 10년의 발자취」란 제목의 글을 일부 수정, 보완해서 인용한 것이다(1913. 11. 12).

서울부동산포럼 창립

　서울부동산 포럼의 태동은 2003년으로 거슬러 올라간다. 국내 부동산 산업은 비약적으로 계속 성장 발전하고 있는데 업계를 제대로 대변할 단체가 없다는데 인식을 같이한 몇몇 부동산 전문가들이 우리나라를 대표할 부동산 전문가포럼을 만들기로 하면서 준비모임이 시작되었다. 2003년 6월 25일 오후 2시 서울 삼성화재 2층 국제회의실에서 '부동산 위험분석 모형'이라는 세미나는 삼성에버랜드와 한국감정평가연구원(한국부동산연구원의 전신)이 공동으로 주최한 세미나로 업계와 학계에서 많은 전문가들이 참여한 세미나였다.

　이태교 당시 부동산 타임즈 명예회장이 세미나 말미에 토론 사회를 맡았었다. 토론자로는 업계와 학계의 전문가들이 망라되었다.

　그 동안 부동산 분야에서 인적 교류와 지식 습득에 목말라 하던 부동산 전문가들에게 이 세미나가 훌륭한 교류의 장을 만들어 준 것이다.

　세미나가 끝난 후, 사회자, 토론자, 삼성에버랜드의 박노빈 사장 등과 한국감정평가연구원 류해웅 연구실장 등이 만찬을 함께 하였다. 여기서 이태교 회장이 '정기적으로 이런 세미나를 개최해서 부동산 전문가들 사이에 교류의 장을 만들어 주었으면 좋겠다'는 희망을 피력하였다. 이 한마디로 서울부동산포럼의 역사는 시작되었다.

　이태교 회장의 제의에 모두들 찬동했다.

　첫 모임에서 준비위원장으로 이태교 회장, 업계 대표로 신종웅 대표, 학계 대표로 이용만 교수가 참석하였다.

이 자리에서 포럼의 목적 및 포럼의 조직과 세미나 운영방안, 준비위원회 위원구성, 창립회원의 추천 등에 대한 논의를 했으며 준비위원들 간에 비공식적인 모임이 수차례 이루어진 후 오늘날의 서울부동산포럼이 탄생한 것이다.

마침내 서울부동산포럼이 결성됨으로써 포럼은 다양한 부동산 분야의 리더들과 학계가 상호 교류를 통해 지식을 공유하고, 의견들을 나누는 대표적인 부동산 단체가 된 것이다.

한중도시·부동산 포럼 창립

2018년 5월에는 한성대학교 부동산대학원 재학생 및 졸업생이 주축이 되고 국내외 중국관련 인사들이 참여하는 한중도시·부동산포럼이 창립되었다. 포럼설립으로 인해 한국과 중국 간의 교류에 힘도 싣게 되었다.

초대 포럼회장으로는 국내 부동산학계 거목이신 이태교 회장님을 모시게 되었고 학계와 업계 다양한 계층의 인사들로 회장단 및 운영위원회를 구성하였다.

한성대학교는 백성준 부동산대학원 원장, 박인성 교수의 제의로 새로 출범한 한중도시부동 산포럼 창립의 주역을 담당했으며 한편 부동산대학원에는 국내에서 유일하게 한중부동산컨 설팅 전공을 개설, 중국의 부동산을 비롯한 중국문제 특성화로 국내외에 한성대학교 부동산학의 위상을 드높이고 있다.

한성대학교 교수취임과 제2의 인생 시작

나는 1993년 3월 31일 한국수자원공사 사장을 물러나면서 바로 다음 날인 4월 1일 한성대학교로부터 교수 초빙을 받았다.

건대 행정대학원 제자인 김태옥 회장(안경사협회)과 한성대 이종수 교수의 소개로 서정희 재단이사장이 나를 발탁한 것이다. 나는 한성대에 교수로 부임하자마자 제일 먼저 한성대에 부동산학과 개설에 착수했다.

먼저 학부의 개설을 시도해 보았으나 기존교수들의 완강한 반대로 실패, 나는 전략을 수정해서 내가 원장으로 있는 행정대학원에 먼저 부동산학 설강을 추진하기로 했다. 천신만고 끝에 1995년 행정대학원에 부동산학과 개설에 성공했다.

1. 한성대학교 부동산학 15년 이야기(1993~1996)

한성대학교 부동산학의 역사는 1993년 이태교 교수를 한성대학교에 영입한 일로부터 시작된다. 국내에 부동산학이 학문으로서 소개되고 대학 내에 정식 학과로서 출범한 것은 1970년 건국대학교(당시 정치대학) 행정대학원 행정학과 내에 부동산전공 석사과정을 개설하면서부터였다.

한성대학교의 부동산학은 국내 부동산학의 역사가 시작된 지 약 23년이 지난 후에 뒤늦게 시작된 셈이다.

이태교 교수는 1993년 한국수자원공사 사장 임기를 마친 후, 국내 부동산 학문발전과 부동산 분야의 제도적 기반정착에 기여한 공로와 명성을 인정받아 한성대학교의 초빙을 받았다.

이태교 교수는 평소 부동산학의 저변을 확대하기 위해서는 건국대학교 이외 다른 대학에도 부동산학과가 생겨 선의의 경쟁을 해야 서로 발전할 수 있다는 것이 그의 지론이었다. 그래서 그는 한성대학교에 부임해서 제일 먼저 부동산학과 개설에 착수하였고 각고의 노력 끝에 한성 대학교 부동산학이 태동하게 되었다.

1995년 행정대학원에 부동산학과를 개설하여, 그해 3월 처음으로 12명의 입학생을 받았다.

2. 한성대학교 부동산학의 출범(1997~1999)

소위 일류대학이 아닌 학교를 이른 시일 안에 업그레이드하는 방법은 일류 교수진과 시대에 부응한 첨단 교과 과정으로 경쟁하는 길밖에 없다는 것이 초기 부동산학과를 출범시킨 이태교 교수의 생각이었다. 그리하여 이태교 원장은 2000년 3월 외부로부터 교수영입을 추진하였다. 먼저 현직 교수 가운데서는 강원대학교의 故 박병식 교수와 대구대학교의 안정근 교수를 초빙하고, 연구계에서는 LG경제연구원의 이용만 교수를 스카우트하는데 성공하였다.

한편 2000년 7월 행정대학원 부동산학과로 운영되던 대학원이 부동산대학원으로 독립할 수 있도록 인가를 받아 2001년 3월부터 부동산대학원으로 새롭게 출범할 수 있게 되었다.

특이한 사항은 이태교 원장의 주도로 전임교수 이외의 강사진도 국내 부동산학 분야에서 가장 권위 있는 인사들을 선발하여 초빙했다.

또한, 객원교수제도를 도입하여 검찰, 감사원, 금융 감독원, 청와대, 국세청, 안기부 간부 등 각계의 유명 인사를 교수로 임명하여 학교의 위상을 높였는데, 그중에는 안기부장을 지낸 이종찬 씨도 포함되어 있다. 그리고 대기업, 관청, 공기업, 은행 등에서 일류급 학생들을 선발하여 모집함으로써 기존 틀에 안주하고 있던 부동산학계를 자극하고 쇄신하는 계기가 되었다.

2001년 2월 이태교 교수가 정년퇴임을 하고 앞서 언급한 부동산대학원이 2001년 3월 정식으로 출범하여 입학생 31명을 처음으로 받게 되었다.

한성대 혁신에 앞장선 나와 서정희 재단 이사장

내가 한성대 교수로, 대학원장으로 재직 중 영원히 잊을 수 없는 분이 바로 서정희 한성대 재단이사장이다. 서울공대 교수로 재직 중 한성대 설립자의 부인인 장모의 요청으로 서울공대 교수직을 잠시 휴직하고 한성대 운영을 총괄하는 재단이사장을 맡게 되었다.

서 이사장과 나는 현재 세계적인 추세인 '작은 정부의 실현'을 우리나라 대학경영에 제일 처음으로 도입, 실천에 옮겼다. 당시 한성대학은 명색이 종합대학이었는데도 보직자는 총 8명으로 모든 학사행정을 이끌어 갔다. 보통 대학이라면 당연히 있어야 할 것으로 생각되던 단과대학의 학장, 특수 대학원들의 원장 같은 감투(직책)를 아예 공석으로 두거나 겸직으로 대체해서 학교를 운영했다.

이 때문에 빠른 의사결정, 경비절감, 불필요한 마찰의 제거, 교수들이 연구보다 보직을 기웃거리는 악습(?)을 없애는데 크게 기여하였다. 더욱 과감한 대학 혁신 작업은 교수 평가제였다.

이사장과 나는 일부 교수들의 반대에도 불구하고 이미 1990년대 말부터 사실상의 교수평가제를 도입했다.

우리나라 대학에선 최초의 시도였다. 현재는 모든 대학들이 교수평가제를 실시하고 있지만, 당시만 해도 혁명적인 제도의 도입이었다. 동시에 교수의 급료에도 인센티브제도를 도입했다. 학생들의 평가와 선임교수의 고과를 합산해서 국내에서는 첫 시도로 보너스 부분에 인센티브제도를 실시한 것이다. 이 때부터 한성대학의 교수들은 긴장하기 시작했고 비로써 대학사회에도 경쟁이라는 시장원리가 작동되기 시작한 셈이었다.

교수 평가제야말로서 이사장이 시대변화를 앞서 읽는 혜안이 있었고 내가 수자원공사 재직 중 단행했던 경영혁신 경험이 가미 되었기 때문에 가능했던 거라 생각된다.

서 이사장은 우수한 교수 요원의 확보에 심혈을 기울였다. 우수한 교수 요원을 대량 확보하는 것이 대학의 질을 단시간 내에 끌어올릴 수 있다는 신념으로 유능한 교수충원에 전력투구했다.

그의 노력 덕분에 짧은 시간에 놀라울 정도로 많은 우수한 교수들이 한성의 가족이 되었다. 서 이사장은 또 한성대학의 영원한 발전을 위해 대학발전기금 모금에 착수했다. 그래서 한때 상당한 금액이 정립되었다. 한편으로 그는 학교의 살림살이를 알뜰하게 집행해서 2000

년 초반까지 현금 200억 원이 넘는 적립금을 쌓기에 이르렀다.

서울사이버대학 석좌 교수

서울사이버대학 석좌교수로 행복하고 보람된 말년을 보낸다. 내가 대학교수생활을 하는 동안 가장 보람을 느꼈던 시기는 2008년 봄 서울사이버대학 석좌교수로 초빙을 받았을 때였다. 당시 이재웅 총장의 추천으로 교수로서 가장 명예로운 타이틀인 부동산학과 석좌교수로 취임했다. 그로부터 무려 10여 년간 나는 정말 보람차고 즐거운 시간을 보냈다.

서울사이버대학은 신일고등학교를 설립한 한국유리(주)가 후원자로 재단이 튼튼할 뿐 아니라 이세웅 재단이사장이 서울사이버대를 일류대학으로 도약시키기 위해 전력투구한 덕분에 서울사이버대는 우리나라 '사이버대학 베스트 3'에 자리매김한 지식정보화시대에 가장 앞서 가는 첨단대학의 하나이다.

부동산학과 학생 수는 일반종합대학 단과대학 정원보다 많은 무려 800명 선을 웃돌았다. 학생들 상당수가 고졸출신에 현직을 가지고 있는 학생들이라 학구열이 대단하고 학문에 대한 목마름이 놀라울 정도였다.

여기에 일반대학과 달리 학생들이 교수를 대하는 태도는 옛날 서당의 스승을 대하듯 정중하고 예의 발랐다. 나는 부동산학과 소속이면서도 전공과목이 아닌 인문 교양학 분야인 '21세기 우리의 생존전략'이라는 과목으로 전교생을 대상으로 강의했다. 다행히 나의 강의는 사이버대학 개설강좌 총 90개 중에서 인기강좌 베스트 3에 선정되었다.

때문에 수강학생 수는 정원최대수인 250명, 신학기 시작과 함께 학생들이 수강신청을 하는 날에는 나의 강좌는 30분 이내에 정원이 마감될 정도로 인기였다. 학생 수가 많았기 때문에 학교 당국은 나를 특별히 배려해서 내 강좌를 지원할 박사급 조교를 한 사람 배치해 주었다. 내가 매일 사이버대학 학생들과 온라인상으로, 때로는 직접대면으로 함께 한 시간들은 정말 나를 행복하게 만들어 주었다.

나의 대학교수생활 50년을 통틀어 이때가 가장 기쁘고 보람을 느끼던 귀중한 시간이었다. 정말 잊을 수 없다.

나는 서울사이버대학과의 인연과 강의를 귀중한 추억으로 간직하고 싶다. 그리고 나의 강의내용은 대학에는 물론 나에게 소중한 자산으로 영원히 남아 있을 것으로 생각된다.

COVER STORY

湖南벌을 촉촉히 적셔준다

- 住岩 다목적댐 竣工 -

鄭甫訓 이코노미스트局 차장

우리나라 서남권의 번영과 지역 발전의 이정표가 될 住岩다목적댐이 지난 5월 10일 준공됐다. 섬진강의 지류인 보성강의 물줄기를 가로막은 住岩댐은 섬진강다목적댐에 이어 호남 벌에 세워진 두 번째의 다목적댐으로 그 준공의미는 자못 크다는 게 관계자들의 얘기다.

住岩댐의 사업효과는 크게 3가지다. 첫째는 연간 약 5억m³의 용수를 공급할 수 있게 된 것이고, 둘째는 5,100만kWh의 전기를 해마다 생산한다는 것이며, 8,000만m³의 홍수조절 능력을 갖추게 된 것이 세 번째 효과다. 그리고 住岩댐의 특징은 流域변경방식에 의한 종합수자원개발인 동시에 T.B.M공법을 사용한 국내 최장의 수로터널을 이용하고 있다는

것으로 요약된다. 쉽게 얘기해서 유역변경방식이란 유역이 다른 2개의 강에 각각 댐을 만들고, 2개의 댐사이에 수로를 뚫어 연결한 다음, 2개의 서로 다른 유역에 동시에 용수를 공급하는 방식이다. 실제 住岩댐의 경우, 조계산을 가운데 두고 서로 다른 유역을 가진 보성강과 伊川에 각각 본댐과 조절지댐을 만들고 조계산 밑으로 수로를 뚫어 통 수를 시킨 다음, 담수가 끝나면 보·성강유역과 伊沙川유역에 동시에 용수를 공급하고 발전도 하게 돼 있다.

협곡이 적고, 강의 流路가 짧은 호남권은 여타지역과 비교하면 대규모 다목적댐건설이 어려운게 현실이다. 따라서 이 지역은 국내의 어느 곳보다 강우량이 많음에도 불구하고 상대적으로 용수난에 시달려왔고, 개발정책에서도 소외됐었다. 住岩댐은 그와 같은 불리한 여

———— COVER STORY ————

건을 극복할 수 있게 했다는 점에서 획기적 의의를 찾아볼 수 있다는 게 댐건설 관계자들의 주장이다.

6번째로 큰 流域변경식 댐

住岩댐건설의 실무작업을 맡았던 수자원공사의 한 관계자는 『이 댐의 준공으로 전남지역의 위상이 달라졌다』면서 『이 지역은 당분간 국내에서 가장 주목받는 산업단지로 급성장할 수 있을 것』이라고 전망한다.

호남벌의 **大役事**인 **住岩**댐 준공식이 지난 5월 10일 **盧泰愚**대통령이 참석한 가운데 **住岩**댐 현장에서 성대히 거행됐다.

―――― COVER STORY ――――

　住岩댐 준공으로 가장 많은 혜택을 받는 곳은 보성강 유역인 光州, 木浦권과 伊川유역인 順天, 여수, 여천, 광양지역이다. 그리고 댐의 혜택은 넉넉한 공업용수뿐만 아니라 생활용수와 농업용수까지 포함하고 있어 지역주민의 생활향상은 물론이고 식량증산에도 크게 이바지할 수 있을 것이라는 게 관계자들의 분석이다. 게다가 8,000만의 홍수조절용량을 확보함으로써 해마다 이 지역주민을 괴롭혀 온 가뭄과 홍수를 극복할 수 있게 했으며, 연간 5,100만 kWh의 전력을 생산, 이 지역의 전력수급을 원활하게 만들었다. 특기할 만한 것은 이 댐으로 생긴 인공호수가 대가람 송광사를 자락에 품은 조계산을 에워쌈으로써 이 지역 일대는 새로운 호반의 관광명소로 탈바꿈, 지역사회발전과 국민 생활 향상을 앞당길 수 있게 됐다는 것이다.

　住岩댐은 지난 '79년 9월, 처음으로 타당성 조사를 끝냈고, '83년 3월부터 기본계획수립 및 실시설계에 들어갔으며, 84년 9월 댐진입로 공사를 착수하면서 본격적으로 건설이 시작됐다. 착공 6년 만인 '90년 3월 본댐에 물을 담기 시작했으며 담수 1년 남짓만인 지난 5월 10일 자연을 뒤바꾼 대역사를 마감하고, 아름다운 호수경관과 웅장한 댐의 모습을 드러낸 것이다. 住岩다목적댐의 본댐은 전남 승주군 주암면 대광리를 가로지르는 보성강에 건설됐고, 조절지댐은 승주군 상사면 용계리의 이사천에 만들어졌다. 본댐은 높이 57m, 길이 330m의 사력댐(Rock Fill Dam)으로 총저수용량은 4억 5,700만m³이며, 인공호 수면적은 32.5km³다. 그리고 조절지댐은 높이 106m, 길이 575m의 같

———— COVER STORY ————

은 사력댐으로 호수면적은 7.8km³고, 저수용량은 2억 5,000만m³로 2만 2,500kW의 발전시설을 갖추고 있다. 따라서 住岩댐의 총저수용량은 본댐과 조절지댐을 합쳐 약 7억m³며, 이 규모는 소양강, 충주, 대청, 안동, 합천댐에 이어 6번째로 큰 규모다.

특히 두개의 댐을 수로를 뚫어 연결시킨 이른바 유역변경식 댐으로는 국내 최초의 댐이며, 이런 방식의 댐은 앞으로 대규모 댐건설이 불가능한 지역에도, 중규모의 댐을 복수로 이웃에 건설, 地下水路로 연결시킴으로써 대규모댐의 기능을 가능케 할 수 있다는 점에서 일단 주목받을 만하다.

동아건설과 진로건설이 공사한 住岩댐의 총사업비는 내자 3,328억 원과 외자 5,000만 달러 등 모두 3,710억 원이며, 연인원 130만 명이 동원됐고, 31만대의 각종 건설장비가 투입됐으며, 시멘트 320만포대, 철근 1만 t이 사용됐다는게 건설관계자의 얘기다. 필연적으로 많은 농토를 수몰시켜야 하는 대규모 댐건설에는 언제나 어려움이 따를 수밖에 없다는 것은 상식이다. 住岩댐도 예외는 아니다. 이 댐건설 때문에 옮겨진 길만 해도 국도 43.5km, 지방도 34km, 그리고 면과 리를 연결하는 도로 68km 등 모두 145.5km나 됐다. 또한, 수몰지역은 전남 승주군, 보성군, 화순군 등 3개 군에 걸쳐 1읍, 8면, 49리에서 발생했고, 이에 따른 이주민도 2,409가구에 1만 2,919명이나 됐으며 수몰에 따른 보상면적은 약 800만 평이나 됐다.

───────── COVER STORY ─────────

佛敎界 반발, 水路위치 바꿔

 그러나 住岩댐건설에 따른 수몰 지구보상시비는 많지 않았다는 게 관계자들의 얘기다. 수자원공사의 한 관계자는『어느 지역이나 수몰보상 시비는 심각할 수밖에 없는 게 상식인데 이 지역만큼은 수월했다』면서『모르긴 해도 이 지역주민이 댐건설은 경제적 이익을 주고 지역 발전을 앞당길 수 있다는 공감대를 형성했기 때문』이라고 분석했다. 보상 시비가 원만했던 것과는 반대로 불교계가 地下水路 문제로 크게 반발했던 것은 댐건설에 상당한 차질을 가져오게 했다. 주암댐의 핵심공사는 길이 11.4km의 地下水路 굴착공사로 60개월이라는 한정된 공기 내에 차질없이 만들어져야만 했다.

 그러나 공교롭게도 地下水路는 송광사를 품고있는 조계산 밑을 관통하게끔 설계돼 있었다. 별문제가 없을 것으로 예상했었지만, 뜻밖에도 송광사를 비롯한 불교계에서 조계산 밑으로 큰 물길이 뚫리면 산의 정기와 혈맥을 끊는다는 이유로 지수자원공사의 한 관계자는『워낙 불교계의 반발이 심했던 탓에 결국 수로의 위치를 바꿀 수밖에 없었다』면서『수로 위치변경에 따른 지질조사와 설계로 꼬박 1년이라는 아까운 시간을 허송했다』고 얘기한다. 이 바람에 터널공사는 재래식 발파공법과 새로 도입한 터널 굴착공법(T.B.M공법)을 병행함으로써 예정된 공기 안에 끝낼 수 있었고, 능률이 뛰어난 터널 굴착식공법이라는 새로운 기술을 축적할 수 있었다는 게 관계자들의 얘기다. 수자원공사의 한 관계자는『공사기간 중인 '87년 7월에 태풍「셀마」, '89

― COVER STORY ―

년 7월에 태풍「주디」가 이 지역을 강타한 것과 '89년 8월 400mm의 집중호우가 댐 주변에 쏟아진 것도 빼놓을 수 없는 애로사항이었다』고 얘기한다.

住岩댐 준공으로 새삼 수자원과 전문기관인 수자원공사에 관심이 쏠리고 있다.

예로부터 치산치수는 치국의 요체였다. 60년대 후반부터 본격적으로 시작된 공업화와 도시화에 따라 수자원개발은 국가발전을 위한 초미의 관심사로 등장했고, 이런 맥락에서 지난 1967년 11월 16일 한국수자원공사의 전신인 수자원개발공사가 창립됐다. 더많은 수자원을 개발하고, 효율적으로 관리해서 각종 용수의 공급을 원활하게 하고, 수질을 보전함으로써 국민 생활의 향상과 경제발전에 이바지한다는 게 수자원 개발공사의 설립 목적이다.

국토개발의 중추적 역할을 담당하기 위해 설립된 수자원공사는 지난 67년 창립 이후 첫사업으로 한강, 낙동강, 금강, 영산강, 섬진강 등 이른바 5대강 유역에 대한 대대 적인 조사작업을 실시, '73년 소양강을 시작으로 안동·대청·충주·합천·주암 등지에 대규모 다목적댐을 건설했고, 낙동강 하굿둑을 만들었으며, 현재 낙동강 상류 안동군 임하면에 임하댐건설과 남강댐 보강공사를 서둘고 있다. 수자원공사의 한 관계자는 현재 가동중인 10개의 다목적댐의 홍수조절능력은 18억으로 중요하천 본류의 홍수피해를 예방하고, 약 106억의 용수를 공급한다』면서 수력에 의한 무공해 발전 량은 연간 36억kW로써 연간 570

─── COVER STORY ───

만 배럴의 유류수입 대체효과를 얻고 있다』고 얘기한다. 그는 또 한강에 언제나 충분한 하천수가 흐르고 있는 것은 소양강댐과 충주댐에서 충분한 하천유지용수를 방류할 수 있기 때문이며 이런 것도 수자원공사가 이룩한 가시적 성과라고 설명한다.

한국수자원공사의 업무는 많다. 대표적인 것이 각종 용수공급과 수력발전을 위한 다목적댐의 건설이지만 하굿둑과 다목적용수로 건설, 내륙주 운과 운하개발, 수로시설, 하수종말처리장의 건설과 운영 관리도 빼놓을 수 없는 주요사업들이다. 한국수자원공사는 설립 이후 지금까지 다목적댐과 하구둑 건설 외에 광역 상수도 시설을 계속 만들어왔다.

7년여 大役事 無事故 기록

수도권 광역 상수도를 포함, 전주·이리·군산공단의 공업용수공급과 부여·논산·함열 등 27개 지역의 생공용수공급을 위한 금강광역 상수도 시설, 청주·천안·온양 등 충청도 북부지역과, 대덕연구단지의 용수공급을 위한 대청광역 상수도, 구미공단의 공업용수를 위한 낙동강 광역 상수도, 통영시·삼천포·통영시 등 17개 지역의 용수공급을 위한 남강 광역상수도, 그리고 태백시·도계읍·사북읍·정선군 등의 광역 상수도를 만들었다. 또한, 여천공단의 공업용 수로를 비롯한 포항·창원·

―――― COVER STORY ――――

거제의 공업용수로와 동해시·북평공단을 위한 달방댐 상수도, 일산 신도시와 목포지역의 대불공단을 위한 공업 용수로를 건설했다. 여천·온산·구미·창원공업기지 건설과, 안산 신도시, 시화지구개발 또한, 빼놓을 수 없는 수자원공사의 업적이라는 게 수자원공사측의 자랑이다.

그러나 수자원공사는 나름대로의 문제점도 많다. 특히 산업화와 도시화의 급진전과 인구증가에 따른 물의 수요는 날이 갈수록 늘어나고, 또한 맑은 물에 대한 국민들의 욕구 수준은 높아졌으나 다목적댐의 개발 적지는 한정돼 있고, 개발비용도 엄청나게 늘어났으며 수질오염은 더욱 심화하고 있어, 수자원개발과 관리를 위한 여건은 악화하고 있는 게 현실이다. 수자원공사의 한 관계자는 지난 '88년 7월 1일 수자원전문기관으로서 수자원공사가 재창립하면서 깨끗한 물을 풍족하게 공급하고 물의 재해를 최소화해야 한다는 기본임무를 차질 없이 수행하는 것을 당면과제로 했지만 현실적 경영여건은 악화하고 있다』고 경영의 어려움을 실토한다.

'89년 李太敎사장이 부임한 이후 이 같은 어려움을 타개하기 위해 전사적으로 전개하고 있는 경영혁신 운동이 바로「Mind-90」운동이고, 이 운동은 시작한 지 1년 남짓 안에 괄목할 만한 성과를 나타내고 있다는 게 수자원공사 측의 주장이다. 수자원공사의 한 관계자는 이 운동의 요체는 사내소통의 활성화로 조직에 활력을 불어넣고, 인사제도를 개선해서 비능률적이고 낭비적인 경영요인을 제거하고, 공부하는 분위기를 조성함으로써 물 전문기관으로서의 위상을 튼튼하게 하는 것』이라면서 성과는 괄목할 만한 것이라고 얘기한다.

수자원공사의 역대 사장 가운데서 최초의 전문경영인 출신인 李사장이 진두지휘하고 있는 경영혁신 노력이 처음 결실을 맺은 것은 '90년 4월 7일 공포된 수자원공사법의 개정이다. 수자원공사법의 개정은 그 동안 크게 위축돼 있던 업무영역을 크게 넓혔고, 기존의 산업기지와 특수지역개발사업을 지속적으로 수행 할 수 있게 했으며 경영효율을 크게 높이는데 결정적으로 이바지했다. 수자원공사는 현재 초미의 관심사인 수질오염을 예방하기 위해 대청댐 등에 수중폭기를 설치했고, 조류제 거선을 건조하는 등 맑은 물 공급을 실현하기 위한 절실한 과제들을 해결했으며, 범국민적 수질보호의식을 계몽하기 위해

총저수량 7.7억m³가 넘는 **住岩** 다목적댐의 위용

―――― COVER STORY ――――

7월 1일을「물의 날」로 제정했다. 또한, 경영개선에 힘입어 '90년도와 '91년도에는 25개의 정부투자기관 가운데서 가장 먼저 정부지침에 따른 임금협상을 타결했고, '90년도 경영평가에서는 정부 투자기관 25개 가운데서 3위를 차지했으며 공직기강확립 최우수업체로 평가받기도 했다.

특히 이번에 준공한 주암댐공사에서는 자체적으로 상당액의 예산을 차입, 공사지연을 막았으며, 지하용수터널공사를 위해 국내 최초로 T.B.M공법(터널볼링공법)을 도입, 공기를 9개월이나 단축하는 실적을 올릴 수 있었다.

또한 수몰지의 문화재 보존을 위해 국내 최초의 고인돌 공원을 만들기도 했으며, 30억 원의 공사비 절감과 단 한 건의 사고도 내지 않고 7년 여의 대공사를 끝내, 무사고 공사의 기록을 만들었다.

洪川댐 등 조속 工事 바람직

李사장부임 이후 수자원공사는 그동안 외부용역에 의존해 왔던 댐의 조사설계와 건설, 관리를 일괄 담당하는 명실상부한 수자원전문기관으로서 위상을 확립했다. 이에 따라 수자원공사는 경인운하, 용담댐, 영천댐도수로, 횡성댐, 부안댐, 밀양댐의 조사, 설계를 이미 끝내 놓고 있는 상태다. 특히 전북 진안군 용담면에 있는 금강상류의 용담 다목적댐 건설계획을 세웠을 때 충청지역에서는 용담댐건설로 대청

———————— COVER STORY ————————

댐의 수량이 줄고, 수질이 오염된다는 비판을 받기도 했다. 그러나 실제의 댐 건설은 전주지역에 5억 1의 용수를 공급하면서도 홍수기에 충분한 수량을 확보, 갈수기 때 대청댐에 오히려 초당 5t의 물을 공급할 수 있는 이상적인 설계임을 입증, 충청주민의 반발을 막았다. 수자원공사는 국가의 수자원정책 수립의 선도적 역할을 담당한 전문 기관답게 지난 '89년 5월부터 '90년 5월까지 1년간 한강을 비롯한 전국 10개 강 유역과 제주도지역의 수자원개발, 이용에 대한 장기종합계획안을 만들어 정부의 제3차 국토종합 개발계획수립을 위한 자료로 제시했다. 또한, 전국을 31개 급수권역으로 구분하여 전국 상수도 장기개발 계획도 만들었고, 사업비 209억 원을 투입, 수자원개발관리기술을 위한 연구소와 연수원도 설립했다.

수자원공사는 급증하는 공업용지 수요에 적극 대처하기 위해 반월에 206만 평, 여천에 203만 평, 울산에 150만 평, 구미에 237만 평, 시화지구에 3,200만 평 등 모두 4,000만 평의 단지개발사업을 추진하고 있으며, 경인운하개발과 남강댐 발전소 건설을 본격적으로 서둘고 있다. 대내적으로는 기술자립을 위한 조직기구를 대폭 개편했고, 직원들의 창의적인 아이디어와 의견을 발굴, 집약하기 위해 중견간부회의를 설치, 운영하고 있으며 평생직장 풍토조성을 위한 인사관리제도를 대폭 개선했다. 이같은 노력의 결과로 수자원공사는 지난 '90년에는 애초의 이익목표 872억 원보다 47%가 늘어난 1,280억 원을 달성했다. 수자원공사의 한 관계자는 그러나 수자원공사가 해야 할 일은 다

―――――― COVER STORY ――――――

목적댐 건설이 중심이 되어야 하며 이를 통해서 맑은 물을 충분하게 공급, 우리 사회에도 이른바 물 문화를 서둘러 정착시키는 것』이라며 『이를 위해선 범국민적인 의식개혁운동과 범국민적인 참여가 선행돼야 한다』고 얘기한다. 그는 또 『아직도 실시설계가 끝난 홍천댐 등 크고 작은 댐건설사업이 본궤도에 오르지 못하고 있는 것도 국민적 이해와 참여정신이 희박하기 때문』이라고 못 박는다.

이쯤에서 수자원에 관한 일반적 얘기와 그 중요성을 알아보는 것도 의미가 있는 일이다.

『지구는 푸르다』이 말은 인류사상 처음으로 우주공간에 올라갔던 소련의 우주비행사 유리 가가린이 우주에서 지구를 내려다보고 외친 첫 소감이었다. 가가린의 표현대로 지구는 지표면의 65% 이상이 바다로 덮여 있는 물의 행성이다. 전문 과학자들이 말한 바로는 지구 상에 있는 물의 총량은 약 13억 6,000만m^3고, 이 가운데 97%는 바닷물이며, 나머지 3% 정도가 담수로 돼 있다. 그러나 담수 가운데서도 70%는 만년빙, 빙하, 빙산의 형태로 남·북극이나 그린란드지방에 집중돼 있으며 지하수, 하천수, 호소 등 인간이 사용할 수 있는 담수는 지구 상에 있는 물의 총량 가운데서 고작 0.8%인 약 1,000만km^3에 불과하다. 1,000만km^3의 담수는 세계 인구를 53억으로 추정할 때 1인당 하루 5,200t에 해당함으로 총량적으로는 충분히 쓰고도 남을 분량이지만 물의 지역적 분포의 불균형 때문에 많은 사람이 물 부족으로 고통을 받고 있는 게 현실이다.

年 230億만 사용 가능

　우리나라의 연평균 수자원 총량은 약 1,267억 t이지만 이 가운데서 570억 t은 바다로 유입되기도 전에 증발, 침투 등으로 없어지고, 하천을 통해 유출되는 양은 우리나라 수자원 총량의 55%인 697억에 불과하다. 말하자면 연간 697억의 담수가 순환자원으로서 우리나라의 수자원보존량인 셈이다. 이 정도의 수자원을 최대로 개발했을 때 국민 한 사람이 하루 평균 약 4t의 물을 사용 할 수 있다는 계산이 나온다. 그러나 우리나라는 계절적으로 강수량의 70%가 6월부터 9월까지의 여름철에 집중돼 있다.

　게다가 산이 많고 경사가 심하며, 특히 流가 짧기 때문에 697억 t의 물가운데서도 약 467억 t은 바다로 그냥 흘려보내고 230억 t만이 연중 계속 사용할 수 있다는 게 관계전문가들의 분석이다. 우리나라는 현실적으로 수자원의 절대량이 부족하고 따라서 수자원의 개발은 국가의 핵심사업으로 관심을 끌 수밖에 없는 게 현실이다.

―――― INTERVIEW ――――

李太敎 水資源公社 사장 인터뷰

水資源개발을 위해
다목적댐을 계속 만들어야 하고,
수질 오염 방지를 위해
범국민적 의식개혁운동을 벌여야 합니다.

―― INTERVIEW ――

"물의 基本法 제정 서둘러야 합니다"

■ '물과 인간생활은 불가분의 관계에 있고, 따라서 물의 중요성은 재론의 여지가 없습니다. 물 문제를 전담하는 수자원공사의 사장으로서 물에 대한 평소 생각이 어떤 것인지 궁금합니다.

『한마디로 물은 하늘이 인간에게 베풀어준 가장 귀한 자원인 동시에 또한 유한한 자원이란 게 물에 대한 평소 생각입니다. 흔한 얘기지만 물은 생명의 근원이고, 경제활동의 원천인 만큼 지구 상의 어떤 자원보다도 중요하죠. 물을 어떻게 다루느냐에 따라 번영과 행복을 누릴 수도 있고, 엄청난 재난을 자처할 수도 있습니다. 그럼에도 사람들이 그와 같은 평범한 진리를 곧잘 망각하고 함부로 대하는 것 같아 안타깝기도 합니다. 가만히 따져보면 물은 우리에게 어떤 질서를 가르쳐 주고 있지요. 예컨대 물은 모든 것을 용해하고, 딱딱한 것을 부드럽게 하며, 더러운 것을 씻어주기도 하고 막혔던 것을 뚫어주기도 합니다. 항상 낮은 데로 흘러 겸허하지만, 폭포와 강과 바다를 만들 만큼 큰 힘을 갖고 있습니다. 말하자면 물이란 겸허한 생활철학을 배우게 하는 스승이라 할 수 있어요. 그런 것들이 바로 물에 대한 나의 일관된 생각들입니다.』

──────── INTERVIEW ────────

■ '사장님의 경력은 비교적 다채롭지만, 물과는 무관했던 것으로 알고 있습니다. 물에 대한 전문지식이 거의 없는 상태에서 말 그대로 어느 날 갑자기 물 전문기관의 사장이 되셨는데 취임 이후 물에 관한 공부를 어떻게 하셨는지요.

住岩댐 준공 用水難 해결

『물에 관한 전문지식이 빈약했던 것은 사실이지만 전혀 백지상태는 아니었다고 생각해요. 한때 몸담았던 「中央 개발」도 작은 부분이긴 하지 만물과 관계가 있었고, 또 부동산 연구로 박사학위를 받았는데 그때 논문을 쓰고 연구를 하면서 물과 수자원에 관한 기초적인 공부를 했습니다. 그러나 수자원공사 사장으로서 알아야 할 전문지식은 거의 없었다고 볼 수 있습니다. 실제로 사장 취임 이후 새로 공부를 시작했다고 봐야죠. 업무에 관한 전반적인 브리핑을 받으면서 포괄적인 지식을 습득했고, 필요하다고 생각되는 부문에 대해선 회사 안팎의 전문가들로부터 별도로 강의를 받기도 했으며 기초적인 것들은 국내외의 전문서 적을 통해 나름대로 지식을 넓혀 나갔습니다. 부임한 지 만 2년이 조금 넘었지만, 아직도 모르는 게 너무 많아 계속 배우는 처지라 할 수 있어요.

■ '수질오염도 문제지만 각종 용수난도 상당히 심각한 것으로 알고 있습니다. 사전에 충분한 준비 없이 공업화, 도시화가 급속히 진행된 결과

―――――― INTERVIEW ――――――

라고 봅니다. 특히 서해안지역의 공업용수난은 여타 지역과 비교하면 두드러지게 심한 것으로 알려졌는데 특별한 대책이 있습니까?

『이번에 주암댐준공을 서둔 것도 이 지역의 용수난을 해결하기 위한 것이었습니다. 실제로 서해안 공단개발에 따른 이 지역의 공업용수 수요가 급증하고 있는 것은 사실이지만 우려할 만큼 심각하다고는 보지 않아요. 지난 65년 준공된 국내최초의 다목적댐인 섬진강댐이 나름대로 역할을 하고 있고, 영산강하굿둑과 금강하굿둑이 본격적으로 제 기능을 하고 있으며, 주암댐 준공으로 공업 용수난은 어느 정도 해결되리라고 봅니다. 앞으로 여천지역 공업용수로가 준공되고, 전북 진안에 건설예정인 용담댐이 만들어지면 큰 문제는 없으리라고 봐요. 그렇다 하더라도 우리나라의 수자원은 끊임없이 개발해나가야

李太敎 수자원공사사장은 댐공사의 완벽한 마무리를 위해 수시로 댐건설 현장을 찾아 관계자들을 독려했다.

75

―――――― INTERVIEW ――――――

합니다.』

■ '상식적인 얘깁니다만 댐 건설은 적어도 7, 8년의 긴 시간이 있어야 합니다. 그러나 지금 서해안지역은 시화·아산·대산·군장·고창·대불·하남 등 대규모공단이 들어서면서 급속도로 공업도시를 형성할 전망입니다. 앞으로 3, 4년 뒤면 예기치 못한 용수난이 또 생길지 모르는데 뒷북만 칠 것이 아니라 미리 대비할 계획은 있는지요.

『그런 문제도 이미 충분한 검토가 끝나 계획을 세우고 있습니다. 전북 부안의 부안 댐과 전남의 탐진댐 건설계획이 바로 그런 문제에 대한 준비들이죠. 이미 실시설계도 끝났고 보상 후 착공만 남겨 놓고 있는데 조만간 건설이 시작될 것입니다. 그뿐만이 아니고 각종 공업용수로 건설 계획도 함께 마련해 놓고 있어 쫓기다시피 허둥대는, 마치 뒷북치는 식의 시행착오는 없을 겁니다.』

■ '이젠 물 박사가 다 된 것 같은 데, 우리나라의 전반적인 수자원개발전망과 대책·현황 등을 듣고 싶습니다.

不足用水 60억㎥ 물箕國

『올해 우리나라가 필요로 하는 각종 용수는 생활용수 57억㎥, 공업용수 29억㎥, 농업용수 135억㎥, 그리고 하천 유지용수 97억㎥ 등 모두 318억㎥로 보고 있습니다. 그러나 현실적으로는 258억㎥만 확보

―――― INTERVIEW ――――

할 수 있기 때문에 부족한 용수 60억m³를 신규로 개발하거나, 확보된 수자원을 효율적으로 사용하는 방안을 세워야 합니다. 얼핏 생각하면 강도 많고, 비도 자주 오기 때문에 물이 넉넉할 것으로 생각하기 쉽지만, 실제로는 우리나라는 수자원이 상당히 부족합니다. 일테면 우리나라는 수자원 빈곤국가인 셈이죠. 다목적댐을 더 많이 건설해야 하고 도시 주변 하천의 수질오염방지를 위해 하천 유지용수를 대폭 증가시켜야 하고, 주운 개발로 관광자원도 얻고 수송비도 절약해야 합니다. 특히 입지선정이 어렵고 보상비가 많이 드는 대규모 댐보다는 비용이 적게 드는 중규모 댐을 더 많이 만들어야 합니다.』

■ '생각만 있고 실천이 없다면 아무 의미가 없지요. 그와 같은 평소 견해와 나름대로 포부를 정부 당국에 건의합니까?

『물론입니다. 정부당국자와 사석에서 만나 얘기도 하고 수자원공사가 조사 검토한 계획을 정책자료로 제공하기도 하죠. 대부분 긍정적인 평가를 받고 있습니다. 그러나 무엇보다 시급한 것은 물과 관계된 행정 제도상의 문제를 해결하는 일이죠. 현실적으로 물에 관한 업무가 정부부 처간에 너무 중복되어 있습니다. 그게 문제죠. 예컨대 물 행정은 건설부, 환경처, 보사부, 내무부, 수자원공사 등에서 모두 취급하고 있고, 업무의 상당 부분이 불필요하게 겹쳐 있어요. 따라서 우리나라 수자원의 효율적 개발과 관리를 위해선 현재 다원화돼 있는 수자원관리기관의 기능을 조정, 일원화해야 합니다. 그리고 수자원

─────────── INTERVIEW ───────────

의 종합적 관리를 위해 물기본법, 이른바 水 제정을 서둘러야 한다고 봐요. 현재는 하천법, 다목적댐법, 수로법, 환경보전법, 공유수면매립법 등 물에 관한 법령이 각각 목적에 따라 제정되어 있을 뿐 종합적 법령이 없습니다. 영국과 프랑스가 제정으로 템즈강과 세느강을 살렸듯이 우리도 水法, 즉 물기본법을 서둘러 만들어야 한다고 봅니다.』

■ 실제 국민의 물에 대한 가벼운 인식도 문제라고 보는데요.

『좋은 지적입니다. 우리나라 사람들은 물을 너무 헤프게 쓰고, 또 대수롭지 않게 오염시킵니다. 산업체의 각종 폐수방류도 문제고, 행락객의 생각 없는 수질오염행위도 큰 문제죠, 멋대로 훼손해서도 안 되고 또 한 방울의 물이라도 아껴쓰는 범국민적 의식전환운동이 있어야 합니다. 수자원공사에서도 수자원의 중요성을 인식시키기 위한 적극적 계도 방안을 마련, 시행하고 있습니다. 그동안에도 홍보영화를 만들어 배포하고, 물사진공모전을 열어 관심을 끌게 했으며 수질보호의 모범 사례를 찾아 표창도 했어요. 올해부터는 7월 1일을 물의 날로 정해 범국민적 참여를 유도함으로써 선진 물 문화창달에 앞장서려고 합니다. 당장 가시적인 효과는 없다 하더라도 국민의 잠재의식 속에 수자원의 중요성을 인식게 해줌으로써 언젠가는 물을 아끼고 보호하는 것을 생활화하는 데 이바지 하리라고 봅니다.』

■ 주변애기와 각종 자료를 종합해 보면 사장님은 전문경영인출신 답게

―――― COVER STORY ――――

취임 후 엄청난 흑자도 기록했고, 노사관계도 원만하게 유지하는 등 수자원공사를 일류기업으로만 든걸로 알고 있습니다. 무슨 특별한 경영철학이 있습니까?

水質汚染·用水難 모두의 책임

『과찬의 얘깁니다. 설사 경영이 원만해서 흑자를 내고 노사가 단합하고 있는 것은 내가 잘해서가 아니라 전적으로 우리 공사직원들의 건전한 의식과 투철한 국가관 때문이라고 믿고, 임직원 모두에게 감사할 따름입니다. 다만 평소에 강조하는 게 있다면 인화단결과 자율·책임입니다. 어떤 조직이든 간에 개인의 능력은 상호존중과 신뢰를 통해서 결집 돼야만 큰 힘을 낼 수 있습니다. 그렇지 않으면 조직은 무너질 수밖에 없지요. 그리고 자율이 있을 때 적극적 사고와 행동을 기대할 수 있으며, 책임감을 가지고 일하게 됩니다. 그런 분위기 속에선 조직이 활성화되고 능률도 배가되죠. 간단한 이치죠. 지금 수자원공사는 자랑 같지만 그런 활기가 충만해 있고, 그 덕에 공사창립 이후 처음으로 2년 연속 1,000억 원 이상의 당기순이익을 기록하고 있습니다.』

■ 본사가 大田에 있어서 출퇴근과 개인 생활에 불편이 클 것 같은 데요?

『한 달에 20일은 大田 본사에 있고, 10일은 서울사무소에 출근합니다. 공인으로서 약간의 사생활을 희생하는 것은 당연한 일이라 생각

―――――― COVER STORY ――――――

해요. 일에 파묻혀 지내다 보니 특별한 어려움은 느끼지 못합니다.』

■ 개인적으로 특별히 하고 싶은 일이 있다면 어떤 것입니까?

『임기 동안 온 힘을 기울여서 수자원공사를 반석 위에 올려놓는 것입니다. 수질보전과 수자원개발에 관한 좋은 책도 만들고 싶고 선진 물문화창 달에 뭔가 이바지하고 싶은 게 요즘의 욕망입니다. 하루빨리 국민의 마음속에 물을 아끼고 보전해야 한다는 범국민운동에 불을 붙이고 싶은 생각이 강박관념처럼 초조하게 만들기도 합니다. 결국, 수질오염이라든지 용수난은 누구의 책임이 아니라 우리 모두의 책임이라고 믿기 때문이죠.』

전 한국수자원공사 사장 회고록

워토피아를 향하여
Towards Watopia

머리말

　사람이 자신의 삶의 발자취를 기록으로 남긴다는 것은 나름대로 의미가 있다고 생각한다. 더구나 국민의 기업인 한국수자원공사의 최고경영자로서 체험했던 성공과 실패의 기록은 수자원 공사(이하 수공이라 칭함)의 후배들에게 참고가 될 뿐만 아니라 나의 후손들에게 유산으로도 가치가 있을 것으로 생각된다.
　역사적으로 볼 때 진솔했던 한 줄의 개인 기록이 훗날 당쟁과 사화의 원인이 되어 본인과 자손은 물론 주변 사람들에게까지 큰 피해를 입히게 된 경우가 많았다. 우리나라에 개인적 기록이 적게 남아있는 것도 그런 원인이 작용했을 것이다. 왕조의 역사뿐만 아니라 개인의 역사도 기록으로 남아 있을 때 후세에 도움이 될 수 있기에, 나는 그런 점을 안타깝게 생각하고 있다. 그래서 나의 지난 경험이 다소 미흡하고 하찮은 면이 있겠지만, 경영노트를 기록으로 남겨 수자원공사의 역사에 한 줄 보태기로 했다. 나의 흔적이 현재나 미래의 수공 후배들이 업무를 수행하거나 사사를 집필할 때에 참고가 되었으면 하는 바람에서 이 글을 남기게 되었다. 이 글은 수공 사장으로 재직하든 시기에 사내외에서 했든 강연과 직원을 대상으로 한 교육 내용, 신문 잡지

인터뷰의 기사들을 모아서 엮은 것이다.

내가 1989년 3월 수자원공사 제5대 사장으로 취임할 당시에는 25개 국영기업체 사장 중에서 유일한 민간기업 출신 전문경영자였다.

당시 4성급 군 장성이나 장관급 고위관료 출신이 아니면서 민간전문 경영인인 내가 수자원공사 5대 사장으로 발탁될 수 있었던 것은 제6공화국 노태우 정권 때 황태자로 평가받던 박철언 장관과 그의 핵심참모였던 염돈재 안기부 차장, 박원출 보사부차관의 강력한 추천이 있었기에 가능했던 파격적인 인사였다. 이 자리를 빌려 이분들의 추천과 성원에 깊은 감사의 마음을 전한다. 중앙일보 정치부 청와대 출입기자, 삼성그룹 회장비서실 등 민간기업에서 잔뼈가 굵은 나는, 생소한 공직사회를 접하면서 수자원 공사의 임직원들이 정말 순수하고 인간미가 넘칠 뿐 아니라 자질이 우수하다는 인상을 받았다. 아마 물을 다루는 인재들이라 그랬던 것 같다. 반면 부정적인 면도 없지 않았다. 공기업 특유의 비전 부재, 안일 무사, 연공서열중심의 인사 등 공무원 사회의 단점과 민간기업의 나쁜 점을 고스란히 합쳐놓은 것 같은 조직이라는 인상을 떨쳐버릴 수 없었다.

내가 사장에 취임하고 느꼈던 솔직한 심정은 수공의 사풍을 혁신, 환골탈태하지 않으면 공사의 미래가 보장될 수 없다는 위기감이었다. 이 때문에 나는 최우선 과제로 과감한 경영혁신운동을 전개하기로 결심했다. 새로운 비전과 철학, 철저한 의식혁명, 공정한 인사 등을 통하여 일류기업으로 도약하기 위한 "앞서 가는 수자원공사운동"

이라는 슬로건으로 내걸고 경영혁신운동에 착수했다. 1990년대에 들어서 이 운동이 본궤도에 오르면서 명칭을 "MIND 90운동"으로 변경했고, 내용 과질 면에서 한 단계 업그레이드되어 본격적인 경영개선 운동으로 추진되었다.

  이 경영혁신운동은 짧은 기간에 실로 놀라운 성과를 나타냈다. 사장 취임 당시 25개 국영기업체 경영평가에서 23위로 바닥을 맴돌던 수자원공사를 3년 만에 당당히 최우수 기업으로 올려놓는 데 성공한 것이다. 사장인 내가 솔선수범하면서 쉽고, 간단하고, 가시적인 일부터 하나하나 고쳐나가기 시작하자 모든 부분에서 엄청난 변화가 일어났다. 25개 국영기업체 경영평가에서 정상(1위)을 정복한 여세를 몰아 수자원공사는 3년 연속 노사협조 모범기관, 정부시책 홍보 모범기관으로 선정되어 부총리 표창을 받게 되었고, 개인적으로는 한국능률협회로부터 한국산업교육대상 관리교육 상을, 모교인 경북사대부고 동창회로부터는 "자랑스러운 군성인(郡星人)"으로 뽑혔고, 마지막은 수공 사장으로서 국가발전에 기여한 공로를 인정받아 은탑산업훈장을 수상하는 영광을 안았다.

  이 자리에서 먼 훗날 수공의 역사를 집필할 후배들을 위해 몇 가지 밝히고 싶은 사실이 있다. 내가 사장에 취임할 당시 회사의 위상과 권위의 상징이라고 할 수 있는 본사 사옥이 너무나 초라했다. 그래서 나는 공사의 위상제고를 위해 본사 건물 증개축을 지시했다. 그 결과 현재의 본사 사옥이 탄생하게 된 것이다. 공기업으로서 연수원과 연구소가 없는 수자원공사를 지금 상상할 수 있을까? 그러나 당시 수공의 연수원은 대청댐 근처 허허벌판에 있던 초라한 임시 건물이었다. 나는 토지공사 사장과 협의, 대전 대덕연구단지의 부지를 특별히 분양받아 오늘날의 연수원과 현대적인 수리모형시험장을 건설하게 되었다. 또 한 가지 잊을 수 없는 일은 한전과의 전기요금 협상 때마다 우리 간부의 직급이 한전보다 낮아 망신을 당하는 일이 자주 발생하곤 하였다. 그때 한전은 우리의 부장급인 처장이란 직급이 있었다. 그러나 우리는 부장급이 최상위 실무자였다. 나는 건교부 장관을 면담한 자리에서 한전과의 전기요금교섭 상의 애로사항을 설명하여 수공 직원들의 직급을 한 단계 상향 조정하는 성과를 이루어 냈다. 이 일을 계기로 건교부 산하 토공, 주공 등 공기업 직원들의 직급이 모두 한 단계씩 상향조정되는 혜택을 누리게 되었다. 지금의 처장제도는 그때 탄생한 직급이다.

이 밖에 유엔이 '세계 물의 날'을 제정하기 이전인 1990년에 매년 7월 1일을 '물의 날'로 제정·선포한 일, 굴포천 방수로라는 이름으로 착공한 경인아라뱃길, 수도권 광역 상수도의 복선화 및 LOOP화, 수자원공사법을 개정하여 광역 상수도 운영관리권과 공업단지조성사업의 계속성 및 특수지역 개발사업권을 확보한 일들이 기억난다.

수공사장으로 근무하는 동안 조직이 워낙 방대하다 보니 직원들의 업무수행 중 수시로 복잡한 법률문제들이 대두되곤 하였다. 이때마다 친형제처럼 법률문제를 자문해주고 지원해준 검찰 계에서 의리의 사나이로 칭송되던 유재성 검사장, 당시 대한민국 검사들의 대부로 존경을 한몸에 받고 있던 송종의 장관께 이 지면을 통하여 마음속으로부터 우러나오는 깊은 존경과 감사의 마음을 전한다.

끝으로 나는 사장으로 재직하는 동안 수공 임직원들에게 많은 신세를 졌고 분에 넘치는 사랑을 받았다. 이 자리를 빌려 수공가족 선후배들의 노고와 성원에 감사의 마음을 전한다. 그리고 부족한 나를 위하여 한평생 기도와 내조로 말없이 채워주면서 우리 가정을 오늘까지 이끌어 준 이순전 여사에게 마음속으로부터 우러나오는 감사를 드린다. 또한, 언제나 나에게 기쁨과 희망을 주고 어려울 때마다 힘이 되어준 자녀들, 미국에서 데이터베이스 전문가로 활약하고 있는 큰아들 진서, 매사에 완벽한 며느리 이지숙, 내 곁에서 늘 함께하면서 최고경영자의 길을 걷고 있는 둘째 진용과 간호학을 전공해서 의료분야 전문가로 내 생명을 두 번이나 연장시켜준 며느리 김소희, 대학에서 서양미술사를 강의하고 있는 딸 나리와 제약업계의 기대주인 사위 박성익, 그리고 사랑하는 손자 태민, 태준, 외손녀 박혜리, 규리, 외손자 박지호의 이름도 여기에 남긴다.

끝으로 이 글을 마무리하면서 이 책이 세상에 나오기까지 글을 다듬고 정성스럽게 편집, 제작하느라 수고하신 솔과학 김재광 사장과 임성희 편집장의 차원 높은 기획력과 신속한 업무추진력에 찬사와 격려 그리고 박수를 보낸다.

2025년 7월

이 태 교

전 한국수자원공사 사장 회고록
워토피아를 향하여

I

세계로 향하는 한국수자원공사

01

국토개발의 역군 한국수자원공사

한국수자원공사 사장 취임사 (1989. 4. 3)

존경하는 박희모 이사장님 이하 임직원 여러분!

오랜 전통을 자랑하는 한국수자원공사에서 국가경제건설의 주역

1989. 4. 3, 민간기업 출신 최초로 한국수자원공사 사장에 취임

이신 여러분과 함께 일하게 된 것을 무한한 영광으로 생각합니다. 그동안 전환기의 어려움 속에서 수자원 전문기관으로 새롭게 태어난 한국수자원공사의 기틀을 다져놓고 퇴임하시는 전임 이상희 사장 1989. 4. 3, 민간기업 출신 최초로 한국수자원공사 사장에 취임님께도 경의를 표하고자 합니다. 또한 국토건설 전반에 걸쳐 조국 근대화의 기수로서 선진 복지국가 건설을 앞당기기 위해 불철주야 헌신적인 노력을 아끼지 않으신 임직원 여러분에게 격려와 치하를 드리는 바입니다. 저는 이제 전임 이상희 사장님과 직원 여러분들이 이룩해 놓은 훌륭한 업적을 계승 발전시킴은 물론, 여러분들과 힘을 합쳐 주어진 소임을 완수하는데 신명을 바칠 각오입니다.

여러분이 잘 아시는 바와 같이 지금 우리나라는 정치·경제·사회의 모든 분야에서 도약과 변화를 위한 진통을 겪고 있습니다.

우리는 지금 지난 60년대와 70년대를 거치면서 온 국민들이 피와 땀으로 이룩한 기반을 발판으로 선진국으로 진입하는 문턱에 와 있습니다. 이는 그 동안 부강한 나라를 만들자는 의지로 모든 국민들이 힘을 합쳐 열심히 노력한 결과이며, 특히 여러분들이 추진해온 공업단지 조성과 수자원 개발 등 국토개발 사업이 그 밑바탕이 되었다고 생각합니다. 따라서 여러분들은 이런 점에서 커다란 긍지를 지니고 앞으로 맡은 바 분야에서 더욱 분발해야 할 것입니다.

오세훈 부사장 이하 여러분들의 적극적인 협조를 받아 함께 일할 것을 다짐하며 이 자리를 빌려 여러분들께 몇 가지 당부의 말씀을 드리고자 합니다.

첫째, 인화와 단결입니다. 기업에서 가장 중요한 것은 구성원들의 화합과 단결이며, 여러분들이 가지고 있는 능력은 인화를 바탕으로 결집될 때 커다란 조직력으로 이어지게 될 것입니다. 직원 서로간은 물론 상하 간에 말길이 트여서 믿고 화합하는 분위기를 만들어 더 좋은 직장, 더 자랑스러운 수자원공사로 발전시켜나가야 하겠습니다.

둘째, 전문기술의 강화입니다. 여러분들은 인간의 생활에 가장 중요한 물의 공급과 관리를 담당하고 있습니다. 그 동안 쌓은 경험과 기술을 바탕으로 물에 관해서는 어느 누구보다 뛰어난 전문가가 되어야 하겠습니다. 아울러 우리 공사가 국내는 물론 세계 유수의 물 전문기관으로 뻗어나갈 수 있도록 배전의 노력을 경주해야 하겠습니다.

셋째, 자율과 책임입니다. 자기가 맡은 업무는 스스로 처리하고 일의 결과에 대해서는 떳떳하게 책임을 질 줄 아는 소신 있는 공직자가 되어야 하겠습니다. 그리고 옳다고 믿는 바를 과감하게 실천하는 능동적인 자세야말로 조직의 활성화를 위해 필수불가결한 요소라고 생각합니다.

그 동안 맡은 소임을 다하시고 같은 계통인 한국토지개발공사 사정으로 취임하시는 이상희 사장님의 앞날에 무한한 영광과 발전이 있기를 기원하면서 앞으로 우리 한국수자원공사를 위해 여러분들과 합심 노력할 것을 다짐하면서 취임사에 갈음합니다.

감사합니다.

02

물문화 창달의 모체

창립 제23주년 기념사 (1990. 6. 30)

친애하는 임직원 여러분!

내일 7월 1일은 우리 공사의 창립 23주년이 되는 뜻 깊은 날입니다. 공교롭게도 내일은 일요일이기 때문에 오늘 기념식을 앞당겨 거행하고 7월 2일까지 모처럼의 연휴를 즐기게 되었습니다.

먼저 공사 창립 23주년을 맞아 우리 공사가 탄생한 이후 4반세기 가까운 오랜 기간동안 지속적으로 발전하여 오늘 이 기념식을 갖게된 것에 깊은 감회를 느낍니다. 그 동안 물문화 창달의 모체로서, 오늘이 있기까지 전국 방방곡곡에서 국토건설과 수자원개발의 기수로서, 우리나라 경제발전에 헌신하신 전현직 임직원 여러분들의 위대한 업적과 숭고한 노력에 경의를 표합니다. 또한 그 동안 물심양면으로 우리 공사를 지원해주신 관계기관 여러분께도 이 자리를 빌려 충심으로 감사의 말씀을 드리는 바입니다.

회고해보면 우리 공사는 1967년 11월 16일 한국수자원개발공사로부터 그 역사가 시작되어, 1974년 2월 1일 산업기지개발공사로 확대 개편되었다가, 1988년 7월 1일 한국수자원공사로 재창립되어 오늘에 이르렀습니다. 그 동안 우리 공사는 수자원의 종합개발과 관리는 물론 중화학공업 육성을 위한 산업기지 건설사업을 성공적으로 수행함으로써 우리나라 경제발전에 크게 기여해왔습니다. 23년의 전통과 역사를 자랑하는 우리 공사가 이제 명실공히 국내 유일의 수자원 전문기관으로서 물문화 창달에 주도적인 역할을 수행하고 있다는 점을 감안할 때 남다른 긍지와 자부심을 갖게 됩니다.

다만 우리가 다루고 있는 물에 관한 국민의 인식은 여전히 저조하며 수자원 개발환경이 날로 어려워지고 있습니다. 우리는 지난 성과에 만족하지 말고 능동적으로 대처하면서 모든 어려움을 극복해야 하

겠습니다.

　여러분께서도 잘 아시는 바와 같이 태고로부터 인류는 물을 이용하고 다스리면서 문명을 발전시켜왔으며, 현대사회에서도 물 없이는 단 하루도 생활할 수 없습니다. 그만큼 물은 생활에 없어서는 안 될 중요한 자원이며 모든 생명의 근원임에도 불구하고 아직도 귀중하다는 사실을 깨닫지 못하고 있습니다. 우리 국민이 물을 낭비하는 이유는 유사 이래 오래된 관습 때문이라고 생각합니다. 그러나 국민소득 수준의 향상과 경제발전에 따라 각종 용수의 수요가 매년 급격히 늘어나고 있습니다. 현재의 수자원 이용추세로 볼 때 다가오는 2000년대에는 용수부족 현상이 일어날 것으로 보입니다.

　우리나라는 강수량이 비교적 풍부한 편에 속하기는 하지만 연중 강수량의 2/3가 6월에서 8월까지 석 달 동안 집중됩니다. 그러므로 이 기간에 일어나는 홍수피해를 줄이면서 물을 확보하는 것이 국가적 과제입니다. 수자원을 효율적으로 이용하여 연중 내내 물을 공급하는 것은 반드시 추진해야 하는 역점 사업이 되고 있습니다. 특히 근래에 들어 심각한 문제로 대두되고 있는 수질오염 현상은 많은 물을 필요로 하는 국민들의 요구와는 반대로 물을 확보하기 더욱 힘들게 만들고 있습니다. 또한 댐 적지의 고갈과 민원 증가 등으로 수자원개발 환경이 날로 악화되고 있다는 것은 우리가 다 알고 있는 사실입니다.

　이러한 여건들을 감안할 때 맑고 깨끗한 물을 풍부하게, 단절 없이 공급하는 일에는 적어도 10년 앞을 내다보는 장기적 안목이 필요합니다. 수자원의 개발과 관리를 효율적으로 수행하는 것이 바로 수자원 전문기관인 우리 공사가 해야 할 사명이요 책무이며 우리 모두에게 주어진 시대적 소명이라고 하겠습니다.

이와 같은 역사적 소명을 완수하기 위하여 오늘 창립 23주년을 맞이하여 7월 1일을 '물의 날'로 정하고 물의 중요성에 대한 국민적 인식을 획기적으로 전환시킴은 물론, 지속적인 경제성장과 함께 2000년대 선진 복지국가 건설에 앞장서 나갈 것을 대내외에 선포하는 바입니다.

'물의 날' 선포는 물문화 창달을 주도하는 선진기업이라는 경영이념 아래 지난해부터 추진해온 '앞서가는 수공을 위한 MIND-90 운동'의 일환입니다. 이 캠페인을 계기로 우리가 추진하고 있는 모든 사업은 물론 공사의 구석구석까지 그 정신을 정착시켜서 국내 제일의 기업, 세계 속의 수자원공사로 발전시켜야 하겠습니다. 따라서 우리 모두 오늘 '물의 날' 선포에 즈음하여 한마음 한뜻으로 심기일 전하여 부여된 모든 사명을 완수하는데 앞장서야 할 것입니다.

또한 생명의 근원인 물문화 창달을 위해 범국민적 참여와 결집의지를 모을 수 있도록 장기적인 안목에서 배전의 노력을 당부하는 바입니다.

친애하는 임직원 여러분!

여러분들도 익히 아시는 바와 같이 오늘날의 시대를 난국이라고 말합니다. 정치적으로, 경제적으로, 그리고 사회적으로 어려움이 가중되는 것만은 사실입니다. 한때는 '한강의 기적'을 이룩하여 세계적으로 주목받던 우리가 왜 이렇게 되었는지 우리 모두 깊이 반성해야 하겠습니다.

한편 정부가 모든 사회적 비리를 발본색원하기 위해서 공직기강 확립을 위한 사정활동을 강화하여 엄정하게 진행하고 있다는 점을 명심하기 바랍니다. 공직자로서의 본분을 다해주실 것을 당부드리며 일하는 과정에서 어떠한 불미스런 일이 발생되지 않도록 특단의 노력을 경주해 주시기 바랍니다.

끝으로 공사의 발전을 위하여 한결같이 열과 성을 다해온 장기근속직원과 모범직원으로 표창을 받는 분들의 노고에 다시 한번 치하드리면서 창립 제23주년 기념사에 갈음합니다.

감사합니다.

03

수환경 변화와 수자원공사의 역할

물주간 행사 특별기고 (1991. 7. 5)

1. 머릿말

물은 삶을 유지시켜주는 인간 생활의 근원이고, 산업 경제에 없어서는 안 되는 자원이며, 사회문화적 모든 활동영역의 기본요소가 된다는 점에서 인간 생활과 불가분의 관계를 가지고 있다.

예부터 이수(利水) 및 치수(治水) 사업은 어느 나라에서나 국정의 주요 관심사였으며, 특히 현대 고도산업사회에서는 물의 경제적인 가치와 중요성이 날로 증가되고 있다. 이에 물의 효율적인 이용과 개발을 위한 끊임없는 학문적, 기술적 연구 노력이 요구되고 있다.

그 동안 국내 유일의 수자원 전문기관으로서 물을 다루어온 한국수자원공사는 최근 급격히 늘어나는 용수 수요와 양질의 물에 대한 욕구 등, 양과 질적인 면에서 외부 환경변화에 부응해왔다. 그리고 물의 중요성에 대한 인식제고와 물 환경 보존 및 물의 효율적인 관리와 이용을 고취한다는 뜻에서 지난해 7월 1일 '물의 날'을 자체적으로 제정, 선포하였다. 이에 따라 금년에는 공사 창립 제24주년을 맞이하여 7월 1일, '물의 날' 기념식을 갖고 이 날로부터 시작되는 일주일 간을 '물 주간'으로 지정하였다. 이 기간동안 국민들에게 물의 귀중함을 다시 한번 일깨우고 수질보전의식을 고취, 확산시키기 위하여 물 심포지엄 및 물 사진 전시회, 물 백일장 등 각종 행사를 실시하였다.

물 주간 기념행사의 일환으로 7월 5일 여의도 63빌딩에서 건설부의 후원과 한국수문학회, 한국대댐학회, 매일경제신문사의 협찬으로 '물문화 창달을 위한 물 심포지엄'을 개최하였다. 심포지엄에서는 물의 중요성과 경제성, 수자원 개발의 필요성, 물환경이 국민생활에 미치는 영향 등을 중점적으로 다루었다. 이를 통하여 물의 중요성을 고취하도록 대국민 홍보와 정부의 효율적인 수자원 정책수립에 기여하고 있다. 또한 수자원의 개발 및 관리 등 물환경 변화에 따른 사회적 욕구에 부응할 수 있는 계기를 마련한 바 있다.

물에 관한 심포지엄으로 우리나라에서 처음으로 개최된 이번 심포지엄은 관련 정부기관 및 지방자치단체, 그리고 건설업체 및 학계, 언

한국수자원공사는 매년 7월 1일 '물의 날'로 정하고 심포지엄, 백일장 등 다양한 '물 주간' 행사를 실시하고 있다.

론계, 사회단체 등 각계각층에서 200명 이상의 인사들이 참석한 가운데 성황리에 진행되었다. 마침 사회적으로 낙동강 페놀유입 사건 등 수질오염 문제가 심각히 부각되고 있는 때였다. 외부 환경여건에 비추어 볼 때 개최 시기 및 그 의의에 대해 국민들로부터 깊은 관심을 불러 일으켰다고 본다.

심포지엄에는 '물의 경제'(백영훈 박사, 산업개발연구원 원장) 및 '물의 개발'(안경모 박사, 전 교통부 장관), 그리고 '물의 전망'(최영박 박사, 고려대 교수)과 '물의 환경'(Takahasi 전 동경대 교수)이란 주제발표와 종합토론을 통하여 국민적 공감대를 형성하고 각계각층의 의견이 폭넓게 수렴되는 대화의 장이 된 것을 뜻 깊게 생각한다.

본고에서는 이번 심포지엄에서 발표된 4개 주제의 주요 내용과 종합토론에서 다루어진 수자원 정책의 기본 방향과 물에 대한 국민의식 전환의 필요성을 소개하고, 아울러 우리나라 수자원의 종합적인 이수 및 치수관리를 위한 기술 개발, 장기 경영전략 등, 물 전문기관으로서 수자원의 환경 변화에 따른 공사 비전을 조망해 보고자 한다.

2. 물 심포지엄 발표내용

1) 물의 경제 - 산업개발연구원 원장 백영훈

'물의 경제'에 대해 발표한 산업개발연구원 백영훈 원장은, 무공해의 물은 첨단산업의 핵심 자원이며 미래 산업의 원천이라고 설명하고 첨단기술산업시대의 공업 원료로서 무공해 용수(Clean Water), 무공해 공기(Clean Air), 무공해 장소(Clean Site)를 제시하였다.

특히 2000년대까지 정부 계획대로 수자원 개발이 추진된다 하더라도 연간 9억㎥의 용수부족 현상이 초래될 것이라고 전제하면서 추가 댐 건설의 필요성을 역설하였다. 아울러 이제 물은 많은 비용과 투자를 요하는 경제재라는 인식의 전환과 함께 수익자부담원칙에 따라 합리적인 물값 조정이 필요하다고 주장하였다.

2) 물의 개발 - 전 교통부 장관 안경모

'물의 개발'과 관련하여 안경모 전 교통부 장관은 16년 동안 한국수자원공사 사장직을 역임한 경력을 바탕으로, 지역적으로 물의 균형개발 없이는 지역 경제의 균형화를 도모할 수 없다고 전제하면서, 정부가 책정한 2001년의 용수 수요는 국민총생산(GNP) 성장률에 비해 적게 책정된 것이라고 지적하였다.

또한 환경행정의 강화와 지방자치제의 도입으로 정부의 물 행정부처가 다원화됨에 따라 수자원 개발은 물론, 관리보존 정책을 수립하는데 각 부처 간의 이견이 생길 가능성에 대비해야한다고 역설했다. 이에 대한 대안으로 종합적인 수자원 개발 및 관리를 위한 수자원 관리체계의 일원화를 제시하였으며, 하천 수계의 상류 및 하류간 수리권 문제조정을 위한 수자원기본법의 제정을 주장하였다. 특히 각 관련부처의 물 소관 행정을 상호조정하기 위해 국무총리 직속의 상설 '수자원개발관리심의회'같은 기구의 설치가 필요하다고 제안하였다.

3) 물의 전망 - 고려대학교 교수 최영박

'물의 전망'에 대해서 고려대학교 최영박 교수는 다가오는 21세기의 물 위기를 극복하기 위해서 세계 각국의 경험과 기술의 상호교류 도모의 필요성을 강조했다. 아울러 새로운 수자원의 개발방법으로 해수의 담수화, 하수처리수의 재이용, 지하댐 건설 등에 전력투구해야 한다고 주장하였다. 특히 수자원 대책, 수질오염 대책, 물 관련 재정대책 등 수자원 개발에서 관리에 이르기까지 종합적이고도 일관된 물 행정 시스템의 확립 없이는 댐을 아무리 건설해도 21세기의 물 위기를 피할 수 없다는 의견을 밝혔다.

4) 물의 환경 - 전 일본 동경대 교수 Takahasi

'물의 환경'에 대해서 발표한 일본의 Takahasi 전 동경대 교수는 이수 및 치수와 수환경의 세 가지 요소가 조화를 이루어야만 하천환경문제를 해결할 수 있으며, 앞으로 여가산업의 번창과 위락시설의 개발에 따른 수질악화에 대비하여 적절한 대책을 수립할 필요가 있다고 강조했다. 또한 Takahasi 교수는 이와 같은 정책의 국제적 공조의 필요성을 강조하면서 한국 및 일본 양국의 수자원 분야 연구자와 행정 관계자들이 많은 관심을 가져야 한다는 의견을 개진하였다.

또한 한국과 일본은 아시아 몬순지역 국가로서 수문특성이 유사하므로 수질오염 현상뿐만 아니라 대책 등에 있어 상호 정보교환 및 협력이 매우 유익할 것이라고 말하면서, 동아시아 특유의 수문특성과 개발경험을 근거로 한·일 지역 고유의 환경수문학을 발전시켜야 한다고 주장하였다.

5) 종합토론

종합토론에서는 수자원에 관한 국민적 관심제고를 위해 대학 과정에 수자원공학과의 신설이 필요하다고 의견을 모았으며, 수자원에 대한 개발행정을 재정비하기 위해 현행 건설부 내의 수자원국을 수자원청이나 그 밖의 독립기구로 분리하여 발전시킬 시기가 도래했다고 주장하는 학자도 있었다.

현재 우리나라의 하천은 지방하천, 직할하천, 준용하천 등 지역적으로 다원화되어 수계별 일원화 관리가 어려운 실정이므로, 다가올 지방자치제 시대를 맞이하여 야기될 물 문제를 해결하기 위해서는 종합적인 중앙관리시스템 및 수자원기본법의 제정이 필요하다는 강력한 의견도 있었다.

또한 21세기의 물 부족 사태에 대비하여 양적인 면과 질적인 면에서 수요를 충족시키기 위해서는 수자원개발이 공급주도형으로 전환되어야 하며, 정부의 투자비용 확대와 물값 인상 등이 양질의 용수공급 및 절수의식을 고취시킬 수 있다는 전제 아래, 이에 대한 세부방안 등이 논의되었다.

아울러 수자원 분야에 대한 연구개발 투자비용은 다른 산업분야에 비하여 미약한 실정이므로 연구개발 투자를 추진할 수 있는 제도적인 장치와 건설부 산하에 연구개발을 촉진하기 위한 진흥청 또는 건설연구진흥담당관과 같은 기구나 조직의 설립이 필요하다는 등의 내용이 주요 문제로 논의되었다.

3. 환경 변화에 따른 수자원 공사의 역할

수자원의 종합적 개발 및 관리의 궁극적인 목표는 지역 및 시간적으로 편중된 수자원을 가장 경제적이고 효율적으로 개발·관리함으로써, 장래 예견되는 각종 수요를 충족시켜 경제발전을 통한 국민복지의 향상과 사회안정을 도모하는데 있다. 최근 현대 산업사회의 발전과 국민생활의 향상으로 인해 수자원 개발 및 관리를 전담하고 있는 수자원공사가 당면한 기업환경은 매우 빠르게 변화하고 있는 실정이다.

수자원 개발에 관련된 기업환경 변화는 특히 심하며, 수자원 개발에 따른 비용 중 개발비와 보상비에 대한 비중이 반전되었다. 불과 10여년 전까지는 공사비가 주요 사업비에 속하였으나 현재는 보상비의 비중이 압도하고 있다. 그리고 수자원 개발에 따른 부작용이 사회적으로 부각되어 국민들 간에도 개발보다는 보전을 원하는 방향으로 의식이 변화됨으로써, 수자원 개발에 막대한 비용 추가를 초래하는 또 다른 요인이 되고 있다.

댐 개발에 따른 지역특성을 볼 때, 댐 상류와 하류간의 이해관계가 상충되어 상류 주민들 간에는 하류의 수혜자에 대한 피해의식과 보상 심리가 증대되고 있다. 또한 우리나라는 수자원 부존량이 지역적으로도 편재되어 있어 지역간 수자원 불균형을 해소하기 위한 유역변경식 개발방법에 따른 지역간의 문제가 심각하게 고려되고 있는 실정이다.

이와 같이 수자원 개발을 둘러싸고 있는 여러 가지 환경여건이 급격히 변화하고 있다. 정치적으로는 지방화시대를 맞이하여 댐 상류와 하류 간, 그리고 수자원 부존량이 충분한 지역과 그렇지 않은 지역 간의 이해관계가, 각종 단체를 통해 수자원공사 또는 정부의 각 기관에 영향을 미치고 있다. 이러한 요인들은 결국 수자원 개발과정에 막대한 시간과 비용을 추가시키고 개발 기간이 늘어나는 중대한 문제를 초래하고 있다.

이와 같이 물의 재해, 물의 부족, 그리고 환경이라는 양과 질적인면에서 수환경의 변화에 따라 각종 문제가 동시다발적으로 발생되고 있다. 수자원 전문기관으로서 수자원공사 전 직원 모두가 국민적, 시대적 요구를 인식해서 진정으로 기업환경과 시대의 변화에 순응할 수 있도록 의식의 변화를 가져야 한다. 또한 수자원공사는 급변하는 수요자의 요구에 적응하는 경영전략을 수립해야 할것이다.

한편 정부가 수자원의 종합적인 개발 및 관리를 위해서 다원화 되어있는 수자원 관리체계의 일원화시키기 위한 정책을 종합적으로 연구 및 검토 중에 있는 것으로 알고 있다. 수자원의 개발 및 관리에 대한 분산된 권한과 책임 등을 조정하기 위해서는 수자원기본법의 제정이 시급한 것으로 판단된다.

급변하는 기업환경 및 수환경 변화에 부응하면서 증가되는 용수 수요를 충당하기 위해서는 수계 상류에 중규모 다목적댐 및 용수 전용댐을 건설할 계획이며, 수자원의 종합적인 개발 및 관리의 기술연구를 위하여 우리 공사 소속의 수자원연구소를 대덕연구단지로 이전하여 전문 연구기관으로 육성할 계획을 추진 중에 있다. 또한 연구의 효율성을 보장하기 위한 각종 제도적인 정비 및 외부 전문인력의 영입과 자체 인재양성을 통해 우수인력을 꾸준히 확보하고 있다. 아울러 수자원 전문 연구기관으로서의 기반을 구축해 나가기 위한 종합 계획을 수립하여 추진 중에 있다.

 그리고 양질의 물을 확보하는 방안으로 최신기술을 도입하여 저수지 내에 수중 폭기장치 및 차광막을 설치하여 운영 중에 있고, 부영양화로 인한 조류 발생을 감소시키기 위하여 현재 일본과의 기술교류로

수자원공사가 제작한 조류제거선은 1991.10.31 완성되어 수질개선에 기여하고 있다.

조류제거선을 제작 중에 있다.

수자원공사는 물에 대한 국민들의 인식을 전환하기 위하여 물의 중요성 및 심각성에 대한 교육·홍보계획을 수립하고 있다. 맑은 물공급대책의 일환으로 물을 오염으로부터 보호하고 깨끗하게 관리하기 위하여 수질보호 홍보영화를 제작, 상영할 계획이다. 이는 전 국민에게 물의 중요성과 수질보호의 필요성을 깨닫게 하는 효과적인 방법일 것이다. 이미 시행중인 '물의 날' 및 '물 주간' 행사 등을 통하여 보다 적극적인 대국민 홍보 및 수질보호운동에 매진할 계획이다.

한 개의 하수종말처리장을 건설하기 위해서는 약 3백억원에서 7백억원의 비용이 소요된다. 이러한 하수종말처리장은 전국적으로 백단위 이상의 많은 시설이 필요한데, 이에 소요되는 막대한 투자에도 불구하고 수질의 완전한 회복은 불가능한 실정이다.

원천적인 수질 오염방지를 위한 국민적 계몽을 유도하기 위해서는 정부가 매달 실시하는 민방위 훈련의 날을 이용한 환경보호운동이라든지 또는 토요일 근무시간을 효율적으로 활용한 수질보호운동 등 보다 적극적이고 범국민적인 실천방안이 실시되어야 한다. 본고는 이를 위한 정부의 의지를 촉구하고자 한다.

앞으로 증가될 용수 수요에 대비하기 위해서 그 동안 정부의 대행사업으로만 의존해오던 댐건설 사업을, 향후에는 일부 축적된 자체자본을 활용해서 중규모댐 건설로 확장할 계획이다. 이를 위해서 수익자부담원칙에 따라 각 수요자간에 물값의 현실화를 위한 제도적인 장치가 필요하다. 뿐만 아니라 국민들 간에 물은 하늘에서 주는 많고 흔한 자유재라는 인식을 지양하고, 다가오는 물 부족 위기를 대비하기 위하여 많은 투자비가 소요되는 귀중한 경제재라는 인식이 확산될 수 있도록 효과적인 정책이 선행되어야 할 것이다.

4. 맺는말

이번 심포지엄을 통하여 수자원공사는 수자원 관리체계의 문제점 및 물에 관한 인식제고를 위한 대국민 홍보 등 국민적 공감대를 형성하기 위해 노력했으며, 수자원 개발과 보전을 위한 올바른 정책이 수립될 수 있도록 방향을 제시하였다. 앞으로 효율적인 수자원의 개발 및 관리를 위해 모든 국민을 대상으로 다음과 같은 의식전환 정책이 필요하다고 본다.

첫째, 오늘날 우리가 직면하고 있는 수자원 관리는 물을 다루는 기관이나 사람들만의 노력으로는 극복하기 어려운 상태에 있다. 그러므로 범 국민적 차원에서 문제를 해결하여야 하며 지금 이 시기를 놓치면 영원히 회복될 수 없다는 문제의식을 가져야한다.

둘째, 앞으로 다가올 지방화시대, 개방화시대를 맞이하여, 거의 모든국민이 물에 대해 가해자 임에도 불구하고 피해자라고 생각하는 국민의식을 바로잡아야 한다. 이를 위하여 물에 관한 선언적 조치와 국민적 의식전환이 필요하며 범국민적 수질보호 캠페인을 통한적극적인 대국민 계몽운동을 전개해야 할 것이다.

셋째, 수자원의 효율적인 개발 및 관리를 위해서는 현재의 분산된 수자원 관리체계를 국가적 차원에서 조정해 나가야 한다. 이를 위해서 수자원기본법의 제정 및 정부 내에 수자원 개발 및 정책 수립에 관한 종합적 심의 기구를 설치, 운영할 것을 강조하고자 한다.

끝으로 본 심포지엄이 소기의 목적을 달성할 수 있도록 성원해주신 발표자 및 참석자 모두에게 이번 기회를 통하여 심심한 감사를 표하며, 앞으로 수자원공사는 이와 같은 물 심포지엄과 연구개발을 지속적으로 추진할 것이다. 그리고 맑은 물 공급과 물문화 창달을 위해 전 임직원이 가일층 노력할 것이다.

바야흐로 다가오는 2000년대에는 물이 맑고 깨끗한 사회, 물이 다양하고 풍족한 사회, 물의 재해로부터 안전한 사회라는, 수자원을 통한 복지사회(WATOPIA)를 실현하기 위해 국민 모두가 최선을 다해야 할 것이다.

04

희망찬 새해를 맞아

신년사 (1991. 1. 3)

친애하는 임직원 여러분!

다사다난했던 경오년을 보내고 밝고 희망찬 대망의 1991년 새해를 맞이하였습니다. 먼저 임직원 여러분과 가정에 건강과 행복이 충만하시기를 기원하면서 새해 인사를 드리는 바입니다. 지난해에는 연초부터 연말까지 거의 쉴 사이 없이 일하면서 많은 성과를 거둔바 있습니다. 불철주야 수고하시던 여러분을 오늘 이처럼 활기찬 모습으로 대하고 보니 참으로 기쁘고 마음 든든하기 그지없습니다.

1991년도 시무식, 행사 후 임직원과 신년하례를 나누고 있다.

우리나라는 금년에도 격동하는 국내외 정세변화와 불투명한 경제사정으로 여러 가지 어려움이 있을 것으로 예상되지만, 지난해와 같은 뜨거운 정열과 투지로 일해 나간다면 활력과 도약의 한 해가 되리라 믿는 바입니다.

올해는 제6공화국이 출범한 지 제3차년도가 되는 해로서 정부는 지방자치제 실시 등 민주화 추진을 통해 정치적 안정을 이룩하고 통일의 기반구축을 위한 북방정책을 착실하게 추진해 나가고 있습니다. 이와 아울러 경제 성장은 물론 대범죄 전쟁의 승리를 통한 법질서 확립에 역점을 두어 선진 한국을 이룩하기 위해 국정운영의 방향을 잡고 있습니다. 우리는 공직자로서의 사명감과 책임감을 가지고 국가의 시정목표를 충실하게 달성하여 대망의 2000년대를 향해 힘차게 전진해야 하겠습니다.

흔히 일년의 계획은 원단에 있다고 합니다. 그래서 1년지계는 재어춘(一年之計 在於春)이라 하였습니다. 새해를 맞이하여 금년 계획을 알차게 수립하여 활력 있는 경영풍토를 조성하고 경영의 내실을 착실히 도모해 나가야 하겠습니다.

우리 공사의 금년 예산은 지난해보다 약 25% 증가한 7,859억원 규모인데 손익부분이 6,935억원이고 자본부분이 924억원으로 구성 되었습니다. 이와 같이 방대한 예산을 효율적으로 운용하여 모든 사업을 차질 없이 수행해 나가기 위하여 1991년도 경영방향을 다음과 같이 설정하여 추진해 나갈 계획임을 밝혀두는 바입니다.

첫째, 신규사업의 지속적인 개발입니다. 공사가 성장하려면 기본적으로 새로운 사업을 계속 개발하는 일이 가장 중요합니다. 따라서 수자원에 관한 각종 조사사업을 충실히 하여 그 결과를 토대로 정부계획에 반영하도록 노력하고, 이에 따른 신규사업을 연차적으로 수행해 나갈 수 있는 체제를 갖추어야 하겠습니다. 특히 금년에는 주암댐, 임하다목적댐 건설사업을 마무리하고 남강댐을 비롯한 횡성, 부안, 밀양, 용담 및 영천도수로 등 중규모댐 건설을 본격화해야 하겠습니다. 그리고 경인운하 개발사업과 반월의 생산녹지를 비롯한 여천, 온산 등의 단지조성사업을 차질 없이 추진하면서 하수종말처리장 건설에도 참여할 수 있도록 만반의 준비태세를 갖추어야 하겠습니다.

둘째, 재무구조개선 노력의 강화입니다. 우리 공사의 재무구조는 특히 수자원 분야가 취약하므로 다목적댐의 용수요금 조정을 위해 다각적인 노력을 기울이는 한편, 신규수요 개발확대와 원가절감으로 생산성을 향상시켜야 하겠습니다. 또한 현안 문제인 합천댐의 전력요금은 우리 공사가 제시한 대로 결정되도록 추진할 것이며, 신규사업의 투자재원 확보를 위해 단지를 조기 분양하는 방안을 적극적으로 검토해 나가야 하겠습니다.

셋째, 책임경영체제의 강화입니다. 금년에는 각 본부별 경영관리 기능을 강화하기 위해 예산의 편성과 배정 등, 일부 책임과 권한을 각 본부 단위로 점진적으로 이양하겠습니다. 이에 따라 비용과 수익의 관리를 일원화시켜서 부문별 업적관리 회계시스템을 구축해 나갈 예정이므로, 각 본부는 이러한 책임경영의 취지를 잘 살려서 목표 초과 달성과 경영성과 제고에 최선을 다해야 하겠습니다.

넷째, 기술자립체제의 구축입니다. 첨단과학기술이 놀랍게 발전하는 국제사회에서 치열한 경쟁 관문을 뚫기 위해서는, 고도의 과학기술을 도입하고 새로운 기술을 개발하여 하루 빨리 기술자립체제를 구축하는 길 외에 다른 방법이 없습니다. 특히 수자원과 관련된 기술분야에 있어서는 우리 공사가 선도적인 자세로 추진해 나가야 합니다.

따라서 금년에는 수자원 분야를 비롯한 각종 기술향상을 위한 기초연구 및 응용연구를 활성화시켜 나간다는 방침 아래, 국내외 위탁 교육과 자체 연수기능을 강화하고 선진기술 교류를 확대해 나가는 등 연구 분위기를 일신해야 합니다. 이를 토대로 기술 자립기반을 확립해야 하겠으며 한편으로는 댐 설계 능력을 향상시켜 용담댐의 자체설계는 물론 지방자치단체 상수도 종사자에 대한 교육과 기술지원을 확대해 나가야 하겠습니다.

다섯째, 수질 및 환경보호에 적극적인 대처입니다. 수질문제는 이제 정부나 특정 단체가 주도해야할 문제가 아니라 범국민적 차원에서 다루어야 할 중대한 사안으로 등장하였습니다. 그러므로 수자원 전문기관인 우리 공사는 수질에 관해서 좀 더 능동적이고 적극적으로 대처할 방침입니다. 이에 대한 방안으로 수질 전문직을 보강하고, 수질감사원 제도의 확대 시행, 수중 폭기장치와 조류제거선 등 각종 수질보전 시설과 제도의 확충, 그리고 수질오염 방지에 관한 대국민 계도용 영화 제작과 물의 중요성과 보전을 위한 대국민 홍보도 적극적으로 전개할 예정입니다. 또한 취수지역의 오염원을 조사하고 수질측정을 지속적으로 실시하여 유사시에 즉각적인 조치를 취할 수 있는 태세를 갖추도록 할 것입니다. 그리고 수질에 관한 각종 자료에 대해서는 반드시 정부와 협의하여 공신력을 갖춤으로써 국민의 오해를 방지하고 신뢰를 받을 수 있도록 주의를 기울여 주시기 바랍니다.

여섯째, 우리 공사의 체질을 강화하여 장기적인 발전 기반을 마련해야 하겠습니다. 앞서가는 수공을 위한 MIND-90 운동을 전개한 '89, '90년도가 기반조성의 단계였다면, '91년도에는 실질적인 경영개선 운동으로 정착시켜 바람직한 기업문화를 꽃피울 수 있도록 전 직원이 함께 노력해 주시기 바랍니다.

또한 수자원 전문기관으로서의 위상을 확실하게 정립하기 위해 수자원 관계법령에 관한 전반적인 연구를 강화해야 합니다. 그 중에서도 수도법 상 수도사업자의 범위에 우리 공사가 포함되어 광역 상수도의 시행자와 관리자로 명문화 될 수 있도록 하는 개선하는 등 수도법 개정에도 적극적으로 대처해 나가야하겠습니다.

끝으로 경영목표의 성공적 달성입니다. 우리가 한 해 동안 노력하여 달성한 경영실적은 정부투자기관 경영평가단의 경영평가로 집약

되어 나타나게 됩니다. 이미 알고 있는 바와 같이 우리 공사는 지난 '89년의 경영평가 결과 25개 정부투자기관 중 3위를 차지하는 좋은 성과를 거둔 바 있습니다. '90년도의 경영실적에 대한 평가도 철저한 자료수집과 분석, 정리로 최소한 지난해와 같은 수준으로 평가받을 수 있도록 준비해 주시기 바라며, '91년도 경영목표는 완벽한 실행계획을 수립하여 차질 없이 달성할 수 있도록 배전의 노력을 경주해 주실 것을 거듭 당부하는 바입니다.

05

우리 세대의 의무

제3회 물의 날 기념사 (1992. 7. 1)

존경하는 건설부 장관님, 그리고 내빈 귀빈 여러분!

오늘 제3회 물의 날을 맞이하여 장관님과 수자원 관계자 여러분을 모시고 기념식을 갖게 되어 매우 영광스럽고 기쁘게 생각합니다.

본인은 먼저 전국의 다목적댐과 5대강 유역에서 수질보호를 위해 애쓰고 있는 수질감사원과 주민 여러분, 그리고 수자원 관계 기관의 모든 분들에게 깊은 감사와 격려의 말씀을 드리는 바입니다.

여러분도 잘 아시다시피 정부는 지난 6월 5일, 세계 환경의 날을 맞아 '환경보전을 위한 국가선언'을 발표한 바 있으며, 지난달 3일부터 12일간 브라질에서 유엔 환경개발회의가 개최되었습니다. 세계 185개 국가가 참가한 가운데 지구를 환경오염으로부터 지키기 위한 방안을 모색하는 등 이제 환경문제는 인류의 심각하고도 시급한 과제로 대두되고 있습니다.

자연은 인간 존재의 모체이며 삶의 터전입니다. 인간은 물과 공기와 흙의 혜택 없이는 단 하루도 살아갈 수가 없습니다. 그 중에서도 물은 모든 생명의 근원일 뿐만 아니라 삶의 원천이며, 우리들의 경제사회 활동에 없어서는 안 될 필수요소입니다. 맑고 깨끗한 물의 개발과 보전은 아무리 강조해도 지나치지 않을 만큼 중요하다고 하겠습니다.

예로부터 물을 이용하고 다스리는 일은 국가정책에 있어 가장 중요한 관심사였으며, 현대의 고도산업사회에서도 물의 효율적인 이용과 개발, 그리고 체계적인 관리가 더욱 절실히 요구되고 있습니다.

우리나라는 연 강우량이 1,270mm로서 세계평균의 1.3배에 달해 수자원이 풍부한 나라로 인식되고 있지만 잘못 알고 있는 것입니다. 그러나 인구밀도가 높으므로 1인당 강우량은 세계평균의 10분의 1에 불과한 수자원 빈국이라는 사실을 알아야 합니다. 더구나 지난 수십 년

간 계속된 고도 경제성장과 국민 생활수준의 향상에 따라 각종 용수 수요가 급증함으로써 이미 물 부족으로 인한 어려움을 겪고 있는 지역이 점차 확대되고 있는 실정입니다. 그러나 우리 국민들은 외국에 비해 값싼 물을 풍족하게 쓸 수 있기 때문에 물의 소중함을 깨닫지 못하고 있습니다. 물을 절약하는 습관이 생활화되지 않았으며 물 문제의 심각성에 공감하지 못하는 것이 지금의 현실이라고 할 수 있습니다.

실제로 우리나라 사람들은 물을 너무 헤프게 쓰는가 하면, 무심코 오염시키고 있으며 자신과 눈앞의 이익만을 위해 각종 폐수와 쓰레기를 마구 버리고 있어, 수질오염 문제는 이제 더 이상 방관할 수 없는 지경에 이르고 말았습니다.

이와 같이 수질오염과 물 부족의 심각성이 대두되고 있는 이때, 제3회 '물의 날'을 맞아 오늘부터 일주일간 '물 주간 행사'를 개최하게 되었습니다. 다양한 행사를 통하여 국민들에게 물에 대한 관심을 고조시켜서, 물을 아끼고 사랑할 수 있는 계기가 마련되는 매우 뜻 행사라고 생각합니다. 앞으로도 국민 모두가 깨끗한 물을 풍족하게 사용하기 위해서는 이번 행사가 일과성으로 그쳐서는 안 되며, 국민·정부·기업 모두가 수질오염 방지에 함께 참여하고 노력해야만 실현될 수 있습니다.

오염된 물은 이용할 가치가 없을 뿐만 아니라, 모든 생명체를 파멸시킵니다. 그런 점에서 물의 오염에 관한 한, 우리 모두가 '피해자 이자 가해자'라는 사실을 깊이 인식해야 합니다. 물과 자연을 잘 보전하고 가꾸어 나가는 일이야말로 우리 세대 모두의 의무이자 사명임을 깨달아야 하겠습니다. 우리 모두 수질보전에 최선을 다함으로써 깨끗한 물이 흐르는 사회, 맑은 물이 풍족한 사회, 물의 재해로부터 안전한 나라를 만드는데 앞장서 나가야만 하겠습니다. 그리하여 우리 후손들이 대대로 건강하고 행복하게 살아갈 수 있는 풍요로운 낙토를 유산으로 물려줍시다.

  끝으로 물에 대한 관심이 고조되는 이 계절에 여러분의 건강과 행복을 기원하면서 기념사를 마치겠습니다.

  감사합니다.

06

앞서가는 수공을 위한 MIND-90운동

경영자와의 대화 (1990. 1. 23)

대망의 '90년대. 1990년 원년을 맞이해서 여러분의 얼굴을 보니 전례 없이 활기에 차있고 또 뭔가 대단히 큰일을 해내겠다는 각오가 역력히 보여서 대단히 기쁘고 만족스럽습니다.

옛말에 한 집안에 살면서 시어머니의 성이 뭔지 잘 모른다는 말이 있습니다. 매일 바쁜 직무에 경황이 없다보니 실질적인 주인공인 여러분과 대화할 시간이 없었습니다. 그래서 올해는 기필코 여러분과 보다 많은 대화의 시간을 가져야 하겠다는 생각에서 오늘 이 시간을 마련했습니다.

오늘 부서장들을 오지 말라고 이야기한 이유는 실질적으로 우리공사의 주인공인 여러분에게 드릴 말씀이 있기 때문입니다. 최고 경영자로서 기대가 남달리 컸지만 지난해는 모든 것을 준비하는 과정이었고 올해는 본격적으로 일을 착수해야하는 시기입니다.

지난해는 우리 공사가 정말 바쁜 한해였습니다. 우리의 업무영역을 확장하고 내부의 살림살이를 다독이며 직원들의 사기를 높이는 한편, 나아가 우리 공사의 장기적인 비전을 제시하는 문제들을 동시다발적으로 해결해야 했기 때문에 정신없이 뛰어다녔습니다. 그것은 결코 쉬운 일이 아니었습니다. 제 개인적으로 지금까지 살면서 모든 사생활을 포기하고 이렇게 열심히 전력투구를 해본 적이 별로 없지 않았는가 하는 생각마저 듭니다. 비록 몸은 피곤할 만했지만 일의 보람과 여러분 기대에 부응해야겠다는 책임감이 있었기 때문에 조금도 피로한 줄 모르고 아주 건강하게 일할 수 있었습니다.

여러 가지 변화가 있었지만 그 중 가장 큰 변화는 여러분의 사회적 지위가 새해에 들어서 크게 변화했다는 사실입니다.

여러분들은 직원에서 대리로, 대리에서 과장으로 일반적인 다른 3개 공사의 직원들보다 일시에 두 자리를 뛰어 오르는 승진을 하게 되었습니다. 직책만 오른 것이지 월급과 상관이 없지 않느냐라고 말할 수도 있겠지만, 남자에게 중요한 것은 대외적인 명분과 체면이며, 우리나라에서는 이 점이 특히 중요합니다. 서양적 사고의 기본은 실리 추구지만 동양적 사고의 출발은 대외적인 명분이 첫째입니다. 그런 면에서 여러분은 실리적인 면을 떠나 명분에 있어서는 대단한 비약을 했습니다. 명분을 얻어 행동의 동기유발이 된다면 그것은 여러분에게 충분한 만족감을 주는 일입니다. 그 만족감은 돈으로 계산할 수 없습니다.

그런 면에서 새해는 과거와 완전히 달라져야 합니다. 왜 달라져야 하느냐! 사회를 보는 눈이 달라져야 하기 때문입니다. 평직원일 때와 대리라는 타이틀이 붙었을 때, 그리고 과장이란 직책을 가졌을때 여러분이 대외적으로 받는 대접은 완전히 달라집니다. 여러분 가족으로부터, 동창, 친지들로부터, 또 주위의 모든 사람들이 여러분에게 거는 기대와 대접은 과거와 달라졌을 것입니다. 특히 평사원에서 대리로 승진한 분들은 이른바 졸개근성에서 완전히 벗어나야 합니다. 이제부터는 "나도 초급간부로서의 위치를 확보했다."는 생각으로 업무에 임해야 하겠습니다.

그런 면에서 1990년대의 원년에 선 우리 수자원공사의 주인공들은 남다른 각오와 자부심을 가지고 대망의 1990년대를 맞이해야 되리라고 믿습니다.

오늘 이 자리는 지난해 우리가 이룩한 성과를 되돌아보고, 최고 경영자로서 올해 우리 공사를 어떻게 이끌어 갈 것인가에 대한 기본적인 방침을 여러분에게 설명하고자 마련했습니다.

우리가 세상을 살아가는데 있어서 어려운 것이 커뮤니케이션입니다. 최고 경영자의 의지가 전달되는 과정에서 잘못되어 실무선에서는 전혀 다르게 알고 있는 경우를 보았습니다. 언젠가 이야기했듯이 우리는 물을 다루는 회사인 만큼 아름답고 깨끗해야 합니다. 그러기 위해서는 먼저 주위 환경을 깨끗하게 하고 우리 시설을 깨끗하게 해야 합니다. 깨끗하게 하는 것은 결국 물을 공급받는 소비자들에게 우리 공사의 신뢰성을 심어주는 첩경이라는 뜻입니다.

그런 의미에서 제가 여직원의 복장을 깨끗하고 예쁘게 만들라고 지시했더니 얼마 후 여기가 무슨 패션회사냐, 무슨 여자 옷을 그렇게 예쁘게 만드냐는 불만의 소리가 나왔습니다. 그래서 커뮤니케이션이 얼마나 어려운 것인지 새삼 실감했습니다. 최고 경영자의 오랜 심사숙고 끝에 나온 결론이 행동으로 옮겨질 때에는 여러 단계를 거쳐 전달되는데, 그 과정에서 참뜻은 다 빠져버리고 불평만 남는 것을 보고 안타까움을 금할 수 없었습니다. 우리 여직원들이 같은 돈을 들여서 이왕이면 멋있는 옷을 입고 밝은 표정으로 업무에 임할때 우리 공사의 분위기가 어떻게 되겠습니까?

커뮤니케이션이 제대로 이루어지지 않아 엉뚱한 결과를 낸 사례를 또 하나 말씀드리겠습니다. 제가 아는 한 친구가 높은 관직에 있었습니다. 모 경찰간부를 불러서 시골 어디에 사는 자기 친구를 잘봐 달라고 부탁했다고 합니다. 그런데 전달과정에서 잘 봐 달라는 말이 그 친구의 버릇을 고치라는 것으로 와전되어, 일주일 후에 보고서가 올라왔는데 잡아다 두들겨 패서 여자와 불륜관계와 돈을 횡령한 범인으로 만들어 놨다는 것입니다. 이 황당한 예는 지시가 전달과정에서 제삼자의 생각과 주관이 스며들어 엉뚱한 결과를 나타내는 커뮤니케이션의 어려움을 보여줍니다.

최고경영자의 지시가 부서장을 통해 여러분에게 전달되고 있지만 사실과 다르게 전달되는 것도 대단히 많으리라고 믿습니다. 부서장들이 자기에게 불리한 사안을 빼버리고 유리한 것만 골라서 전달하는 경우도 있으리라고 봅니다. 그래서 가능한 한 일년에 몇 번이라도 실무자들과 직접 만나는 자리를 마련하겠다는 생각을 갖게 되었습니다.

전년도 주요 실적

제가 취임하고 일년이 지난 이 시점에서 보면, 각자 자기 부서의 변화는 알지만 전사적으로 어떤 변화가 있었는가에 대해서는 자칫 소홀할 수도 있겠다는 생각이 듭니다. 그래서 지난 일 년 동안 있었던 큰 일에 대해서는 줄기만이라도 짚어보고자 합니다.

우선 가장 중요한 것으로 수자원공사법 개정안이 국회의 계류 중에 있습니다. 2월 19일 임시국회가 개회되면 제일 먼저 다룰 것이 수자원공사법의 개정문제입니다. 그 내용은 물 전문회사로서 우리공사가 반드시 수행해야 하는 사업이며 비중이 대단히 큰 하수처리장 사업을 비롯해서 여러 가지 사업이 많이 있습니다. 여기에 추가해서 우리가 과거에 하던 일 가운데, 잃어버린 공유수면에 대한 매립사업을 추가하여 우리 사업영역을 장기적으로 보다 넓히자는 것이 역점을 두고 추진하는 분야입니다. 현재 우리가 진행하고 있지만 여천 앞바다, 시화2단계 사업 등은 법적으로 미비한 점이 많은 실정입니다. 그러나 이번에 법이 개정되면, 우리가 적극적으로 사업을 추진할 수 있게 되고 업무영역을 계속 넓힐 수 있게 됩니다. 그렇게 되면 전체 매출에서 약 53%를 차지하는 단지조성사업 분야가 더욱 늘어나게 되는데, 수지면에서 큰 문제가 발생하지 말아야 하겠다는 것이 제 생각입니다.

올해의 매출목표는 6,250억원입니다. 그런데 제가 어디에 가서 수자원공사의 살림규모를 물으면 대충 1조원 정도라고 서슴없이 이야기합니다. 하루 빨리 1조원 수준으로 끌어올려야 국내 국영기업체 중에서 으뜸을 차지하는 회사로 발전하는 길이라고 믿습니다.

그 다음은 신규사업 확대에 대한 사항입니다. 임직원 모두가 혼연일체되어 열심히 뛰었기 때문에 남강댐 보강공사를 우리가 수주하게 되었습니다. 이를 위해 밤낮으로 애써준 여러분에게 감사의 말씀부터 드리겠습니다.

이밖에 횡성, 부안, 밀양, 용담, 길안 등 중규모댐 5개 건설사업중에서, 길안은 금호강 수질오염 대책의 일환으로 확실하게 댐을 건설할 것인지 혹은 낙동강물을 취수할 것인지 아직 방침이 결정되지 않았습니다. 어쨌든 올해 타당성 조사를 비롯하여 실시설계를 끝낼 계획으로 있는 것은 횡성, 부안, 밀양, 금호강 사업입니다. 이것들이 추진되면 '91년도에만 일거에 5개의 중규모댐을 착수하게 됩니다. 올해는 이들 5개 사업의 준비가 대단히 중요한 만큼 어려운 과제로 보입니다.

그 동안 우리 공사의 설계실은 형식적으로만 존재했지 사실상 제대로 된 기능을 수행하지 못했습니다. 명실공히 대한민국에서 수자원 분야의 제일인자라는 우리가, 실질적으로 우리 손으로 타당성조사를 하고 설계해서 공사를 끝낸 일은 거의 없었습니다. 대단히 우수한 인재들에 와서 겨우 한다는 것이 기술행정만 하고 직접 다뤄보지 못했습니다. 머리 아픈 것은 전부 용역을 주어버리고 앉아서 보고서만 받아 주무르고 있었습니다. 기술행정만 했지 실제 일선에서 직접 체험하지 않고 있습니다.

올해 처음으로 설계실을 만들어서 이제부터 본격적인 설계를 하게 되었습니다. 여기에 대한 우리들의 기대가 클 뿐만 아니라 외부 용역기관에서 보는 눈과 우리의 주관부서인 건설부에서 보는 시각이 대단히 예민하다는 것을 인식해야 합니다. 그러므로 정말 멋있는 작품을 만들어냄으로써 수공은 수공답다는 말을 들어야 하겠습니다.

제가 내부적으로는 우리 수공이 발전해야 될 점과 개선해야 될점이 많다고 이야기하지만, 외부에 나가서는 항상 여러 개의 공사중에서 우리 수자원공사가 가장 멋있고 실력 있는 멋쟁이들이 모인 곳이라고 서슴지 않고 이야기합니다. 세계적으로 인정받은 우수한 기술인이 한두 사람이 아니라고 힘주어 이야기합니다.

그러나 우리가 언제 설계다운 설계를 해본 적 있습니까? 감독만 했습니다. 감독이란 것은 문학평론과 꼭 같습니다. 시나 소설, 희곡을 직접 쓰라고 하면 쓰지 못하면서 남이 쓴 것을 보고 평은 잘합니다. 누구나 어느 각도에서든지 보고 평은 할 수 있습니다. 그러나 실질적으로 만든다는 것은 대단히 어렵습니다. 우리도 이제는 지금까지 남을 평하던 입장에서 남에게 평을 당하는 입장으로 바뀌었다는 것을 알고 이에 대한 완벽한 준비태세를 갖추어야 할 것입니다.

그 다음은 공업용수 공사를 많이 수주했습니다. 대불공업용수, 울산공업용수, 일산 신도시의 공업용수는 작년에 이룬 큰 업적이라고 할 수 있습니다. 여기에다 정부가 비상한 관심을 갖고 있는 경인운하 계획도 타당성조사가 진행되면 올해 조사가 끝나고 적어도 명년쯤에는 착수할 수 있지 않을까 생각합니다. 경인운하를 건설하고 나아가 한강주운계획까지 연결한다면 우리 공사가 적어도 앞으로 10년 이상 사업만 가지고도 경영의 기본틀을 유지할 만한 큰 사업이라고 말할 수 있습니다.

그리고 지난해에는 정부가 건설한 각종 시설물을 많이 인수했습니다. 수도권 3단계 광역상수도, 태백권 광역상수도, 남강댐 광역상수도, 그리고 광양 공업용수 인수 등 여러 가지입니다. 그 결과 납입 자본금이 1,200억원 증가되어 우리 공사의 외형이 크게 성장했습니다.

아울러 올해부터 '94년까지 수도 분야에서 인수해야 할 사업이 많이 있습니다. 수도권 4단계, 금호강계통 광역상수도, 섬진강, 주암댐 등의 광역상수도 사업이 바로 우리가 인수해야 할 사업들입니다.

지금까지 우리 공사의 사업분야를 보면 초기에는 댐건설 위주에서, 단지조성 위주로, 이제는 수도분야의 비중이 대단히 커졌습니다. 그러나 불행히도 수도분야는 업무면이나 이론면에서 우리가 국내에서도 제일인자라는 평가를 받기 부족할 정도로 확고한 권위를 확보하지 못하고 있습니다. 그래서 새해에 가장 역점을 두고 우리가 공부, 연구, 개발해야 할 분야가 바로 수도사업 분야입니다. 이점을 여러분이 깊이 생각해야 할 것입니다.

이제 작년에 중점과제로 추진했던 조직과 제도의 개선에 대해 말씀드리겠습니다. 조직의 개선에 대한 것은 여러분이 아시는 대로 공사의 기구를 대폭 확대개편해서 많은 간부직이 신설되었습니다. 즉 경영관리처, 설계처, 수자원연구소, 환경처 같은 부서가 새로 신설되거나 보강되었습니다.

그리고 모두에 말씀드렸습니다만 우리 공사의 기구 명칭과 직명상향 조정과 대우제도 등도 지속적으로 연구하고 있습니다. 예컨대 우리 직장에 들어와서 처음 배속받은 업무가 공부하는 여건이 마련되지 않는 자리가 있습니다. 용지보상업무는 아무리 머리가 우수한 사람이 가더라도 시간적 여유가 없기 때문에 과장시험을 준비할 여유가 없습니다. 능력은 있는데도 불구하고 부서의 형편 상 시험준비를 할 시간이 없는 겁니다. 그래서 순전히 시험에 의한 승진제도가 좋은가 하는 점도 검토할 예정입니다. 예를 들어 시험성적이 약80%면 20%정도는 평소 업무능력을 감안하는 것이 바람직하다는 생각을 갖고 있습니다. 일은 거의 하지 않고 앉아서 시험공부만해서 계속 승진할 수 있다면 큰 문제가 아닐 수 없습니다. 즉 업무를 위한 공부이어야지 공부를 위한 공부가 되어서는 안 되는 것입니다.

이런 연유로 개선의 여지가 있다고 봅니다만 시간을 두고 차차 검토 할 예정입니다.

그와 더불어 업무 때문에 시간이 없어서 공부하지 못하는 사람에 대해서는 응분의 대우가 따르는 것이 합리적이라는 생각입니다. 이른바 대우제도를 도입해서 그런 분야에서 일하는 직원의 사기와 대외적인 명예를 배려하는 인사정책이 필요하다고 봅니다. 이미 상당한 정도의 연구가 진행되고 있고 준비하고 있으므로 올해는 일부 개선된 방안이 시행되리라고 믿습니다.

다음으로 작년에 제가 사장으로 부임한 이래 가장 놀란 일은 지방세법 개정법률안이 차관회의에서 통과된 것이었습니다. 작년 6월에 코펜하겐의 대댐학회에 한국 수석대표로 참석했고 북한에서도 동력자원부 차관이 수석대표로 참석했는데, 그 회의를 끝내고 김포공항에 도착하니까 간부 몇 사람이 서류봉투를 하나 가지고 왔어요.

그 봉투에는 지방세법 개정법률안이 들어 있었습니다. 그런데 다음날 아침 심의되는 법안에 우리 공사가 포함되지 않았다는 것입니다.

코펜하겐에서 개최된 대댐학회에 한국 수석대표로 참석하여 아내 및 북한 수석대표와 함께 촬영한 기념사진

쉽게 이야기해서 우리 공사가 개정법률안에 들어가 있지 않게 되면 연간 약 60억원 정도의 세금을 납부해야 한다는 이야기입니다. 간부들이 당장 내일 아침 9시에 차관회의를 하는데 어찌 하오리까 라고 묻는 것이었습니다. 그 상황에서 제가 대통령이 아닌 이상 뭘 어떻게 할 수 있겠습니까.

그 이튿날 아침에 몇몇 차관들에게 전화를 해놓고 나서 8시 50분에 내무부차관을 만나서 담판했습니다. 그래서 우리가 시행령에는 누락되더라도 시행규칙에 예외로 규정하여 일년에 세금 60억원을 면하도록 조치한 일이 있었습니다. 제가 사장을 맡은 이래 가장 아찔한 경험이었습니다. 돈 60억원도 중요하지만 그보다 더 중요한 것은 우리 공사의 체통에 관한 문제였다는 점입니다. 어떻게 민간기업도 아닌 공기업이 일년에 세금 60억원을 내야 한다는 말입니까? 물론 60억원을 낸다고 해서 우리 공사의 경영에 큰 지장을 초래하는 것은 아닙니다. 그러나 체면에 관한 문제도 때로는 중요합니다.

이밖에 여러분이 아직 실감하지 못하고 있겠습니다만 현재 경영 현안으로 문제가 되고 있는 것이 많이 있습니다. 그 중에서 금년에 가장 역점을 두고 추진하려는 사업은 안산생산녹지에 대한 개발, 남강댐 발전부분에 대한 투자입니다. 이 부분에 대해서는 한전과 경합하고 있는데 우리가 추진할 수 있도록 유도하고 있습니다만, 이것이 가장 큰 현안과제입니다. 그 다음은 전력과 수도요금 조정입니다.

수공법 개정 등 우리의 현안문제에 대해서 주무부서인 건설부에 문제점을 충분히 제시해서 서로 알고 있고 공동으로 해결하기 위해 협조하고 있습니다.

  지난해에 우리는 '앞서가는 수공운동'을 제창했는데 여러분은 거의 기억나지 않을 수도 있습니다. 의례적으로 사장이 새로 부임하면 재임기간 중에 대외적으로 뭔가 보여주기 위해서 벌이는 운동이라고 여길 수도 있겠습니다만 절대 그렇지 않습니다. 저는 재임하는 동안 대외적으로 선전효과를 높이는 일을 해서 좋은 평가를 받아보겠다는 생각을 추호도 갖고 있지 않습니다. 근본적으로 우리 공사의 발전에 보탬이 될 수 있어서, 제가 이 공사를 떠난 먼 훗날 "그래도 이모사장이라는 사람이 장기적인 안목에서 뭔가 하려고 노력했다." 라는 평가만 받을 수 있다면 그것으로 만족합니다.

  저는 여러분을 인질로 화려한 개인적 홍보성 일은 절대로 하지 않습니다. 그것은 저 자신보다 여러분이 먼저 압니다. 세상이 어찌나 각박해졌는지 사장이 아무리 속이려고 해도 여러분이 먼저 눈치채게 됩니다. 그렇기 때문에 저는 겸허한 마음으로 우리 공사를 위해 일하고 있습니다. 하수도를 묻고 상수도를 묻는 것은 겉으로는 표 나지 않지만 장기적으로 국민을 위해서 반드시 필요한 것처럼, 그런 신념을 가지고 국가를 위해 일한다는 보람을 갖고 있습니다. 앞서가는 수공운동은 결코 저 자신의 홍보나 외부에 실적을 과시하기 위한 것이 아닙니다.

  우리 수자원 공사는 훌륭한 인재, 물처럼 맑은 심성을 가진 사람이 모인 곳입니다. 그러나 지리적으로 서울에서 멀리 떨어져 있기 때문에 정보의 부재가 명백합니다. 아무런 정보가 없으니까 자극이없어서 현실에 안주하는 경향이 강합니다. 그러다보니 공부를 하지 않는 것이 우리의 현실입니다. 이 중부권에서 일등을 해봐야 서울가서 꼴찌나 면하면 다행입니다. 우리의 경쟁상대는 국내, 국제적으로 생각해야지 대전만 생각해서는 절대 안 됩니다. 여러분 중에 신문을 자세히 읽는 사람 있습니까? 건설부가 어떻게 정책을 입안하고 청와대가, 경제기획원이 어떤 방향으로 우리 경제를 이끌어가고 있는지 관심을 갖고 있습니까?

여러분은 어떤 정보를 가지고 있습니까. 그 정보를 알기 위해서 얼마나 뛰고 있습니까. 저녁때 집에 들어가서 서울에 있는 친구들이 어떤 것에 관심을 가지고 있으며 무엇을 생각하고 있는지 전화 한통 해 본 사람이 있느냐 하는 말입니다. 하루하루 퇴근 후에 집에 가서 가만히 방에 앉아 있으면 무슨 발전이 있겠습니까. 우리는 진실로 겸허한 자세를 가지고 우리 자신을 돌아봐야 합니다. 그리고 공부해야 합니다. 이러고 있다가는 큰일 납니다. 세상은 급변하고 있습니다. 국내, 국제적으로 엄청난 변화가 일어나고 있습니다. 큰 물줄기가 흘러가고 있습니다. 여기에서 소외되거나 낙오돼서는 안 됩니다.

그래서 제가 제창한 것이 앞서가는 수공운동입니다. 앞서가는 수공운동의 핵심은 인식의 전환입니다. 첫째가 사고의 전환입니다. 나는 부족해서 모른다. 나는 배워야 한다는 자세가 그 기본입니다. 이를 통해서 우리는 기필코 경영혁신을 달성해야 하겠습니다. 경영혁신이란 쉽고 간단하고 가시적인 것부터 하나하나 고쳐 나아가는 것입니다. 일상생활에서 없애거나 합쳐야 되는 것. 사소하지만 연구해야 되는 것을 찾아 실행하는 것이 앞서가는 수공운동입니다.

왜 앞서가는 수공운동을 해야 하는가! 어떻게 하면 나 자신이 옆친구보다 앞서가고, 내 부서가 다른 부서보다 앞서가고, 우리 공사가 다른 공사보다 앞서갈 수 있는지. 그래서 이 나라에서 제일가는 회사를 만들어 우리 공사를 세계적 기업으로 도약시키는 시작이 앞서가는 수공운동이라는 것을 명심하세요. 그 모든 노력은 결국 우리에게 긍지로 돌아오는 것입니다. 복지와 후생으로 돌아오는 것입니다. "한국수자원공사의 사람이다"라고 자랑하는 일이 얼마나 멋집니까. 여러분은 우리 공사뿐만 아니라 사회에 봉사하고 국가발전에 기여하는 것입니다. 이러한 원대한 철학으로 출발한 것이 바로 앞서가는 수공운동입니다. 앞서가는 수자원공사를 만들기 위해서 올해는 그 명칭을 'MIND-90'이라는 슬로건으로 바꾸어서 추진할 것입니다.

우리 주변에서 하나씩 고칠 것이 없는지. 회의를 좀 효과적으로 하는 방법이 없는지 고심할 필요가 있습니다. 가장 위대한 사람은 '어제의 나'보다 발전된 '오늘의 나'입니다. 발전하는 상태가 위대한 것이지, 남보다 뛰어나지만 정체된 상태는 결코 위대하지 않습니다.

올해 경영방침

올해 1990년에 우리 공사를 어떤 방향으로 이끌어 갈 것인지 큰 줄기만 몇 가지 더 말씀드리겠습니다.

첫 번째는 수자원 전문기관 체제 구축입니다. 우리 공사가 명실공히 물문화 창달을 주도하는 선진기업으로서의 기반을 구축하기 위해서, 우선 수자원공사법이 국회에서 통과되도록 전임직원이 힘을 합쳐서 노력해야 하겠습니다. 그리고 계속해서 시설과 물량이 증가하고 있는 수도분야에 대한 외부로부터의 교육의뢰가 있습니다. 이 교육에 만전을 기해서 우리 공사가 수도문제에 관한 한 국내 최고의 권위를 가질 수 있도록 모든 교육에 대한 시설과 교재와 강사, 기타 준비사항을 완비해서 충분한 교육이 될 수 있도록 힘써 주시기 바랍니다. 그리고 5개댐의 실시설계를 성공적으로 완수하는 것이 대단히 중요합니다.

두 번째는 신규사업의 지속적인 개발입니다. 이를 위해서는 앞으로 광범위하고 충실하게 각종 조사사업을 진행할 예정입니다. 정부가 주도하는 사회간접시설 확충에서 상당 부분은 우리가 제공한 자료를 바탕으로 추진하는 사업입니다. 그러므로 정확한 조사가 선행되었을 때 모든 사업이 원활하게 이루어질 수 있습니다. 올해 계획된 조사사업을 보다 성실하게 이행해야 하겠습니다. 지금 계획된 것만 해도 댐개발 지점에 대한 조사, 제주도와 울릉도의 지하수개발, 경인운하 타당성 조사 등이며, 추가로 시행하는 분야에 이미 엄청난 예산이 배정되어 있습니다.

또한 안산생산녹지에 대한 개발, 하수처리사업을 우리가 시행할 수 있도록 법적 기반이 마련되었을 때, 그 사업에 어느 정도 참여해야할 것인가, 또 필요한 재원을 어떻게 조달할 것인가. 지방자치단체와 업무협의는 어떻게 진행할 것인가 등 복잡한 업무를 처리해야 합니다.

그리고 정부에서 공유수면 매립사업을 한다고 하는데, 어떤 사업을 어느 지역에, 또 어떻게 할 것인가 할 것인지 기본적인 내용도 우리가 계획하고 있어야 합니다. 그리고 나서 법률적 제도적 뒷받침이 따라 주고 기회가 주어졌을 때 그 사업을 원만하게 수행해 나아갈 수 있으리라 믿습니다.

세 번째는 원가절감으로 생산성 향상을 이룩하자는 것입니다. 일반적으로 공기업인 경우에는 수익과 지출에 대한 관념이 희박합니다. 그러나 공기업도 이제는 경영평가를 받기 때문에 반드시 수익에 근거한 지출을 집행해야 합니다. 수익은 계획에 도달하지 못하면서도 지출은 100% 쓰는 것이 일반적인 공기업의 생리입니다. 우리 수공부터 수익비용 개념에 입각한 경영을 뿌리내려야 하겠습니다. 그래서 올해부터는 응분의 수익을 올리지 못하면 지출도 억제할 예정입니다.

그 다음은 인적자원과 물자관리의 효율화를 기해야 하겠습니다. 지금까지 보면 사람 하나 쓰는 것을 아주 쉽게 생각하고 있는데, 한 사람이 들어오면 그 사람에게 급료의 다섯 배가 들어간다는 것을 알기 바랍니다. 적어도 2,3개월 이상 근무하는 사람에게는 그 사람의 급료의 5배를 쓴다는 것을 반드시 기억해 주시기 바랍니다.

사람 중에는 부채적 인간과 자산적 인간이 있습니다. 들어오지 않아야 할 사람이 들어오면, 들어와서 일을 잘할 수 있는 사람이 들어오는 것을 막게 됩니다. 뿐만 아니라 다른 사람에게도 막대한 부정적 효과를 미치게 되므로 조직 전체의 효율이 크게 저하됩니다. 그래서 일용 잡부를 한 사람 쓸 때라도 많은 검토가 필요합니다. 그 사람이 내 친척이니까, 또 내 친구의 누구니까, 동창이니까, 내 고향 사람이니까 하는 식으로 사람을 써서는 절대 안 됩니다. 모든 의사 결정의 기준은 먼저 국가의 이익과 공사의 이익, 그리고 부서의 이익에 기초해야 합니다. 나에게만 이익이 되고 공사, 국가에 피해가 초래되는 사람을 쓴다는 것은 매우 잘못된 일입니다. 물론 하루이틀만에 의식이 완전히 바뀌지야 않겠지만 이런 태도를 고치기 위해서 많은 노력이 있어야 하겠습니다.

원가절감 문제 중에 발전요금과 수도요금에 대한 것은 우리 의사대로 결정할 성질의 문제가 아닙니다. 먼저 정부의 경제정책이란 큰 테두리 내에서 윤곽이 정해지고 그 다음 한전 등 교섭상대자와 협상해야 합니다. 우리 공사의 경영실적에 대단히 큰 영향을 미치는 발전요금과 수도요금을 우리 뜻대로 결정할 수 없다고 해서 제쳐두면 안 됩니다. 관리할 수 없는 분야가 많을수록, 우리가 관리할 수 있는 분야의 비용을 줄이는 수밖에 없습니다.

아울러 시설을 개량하거나 경제적으로 대체하여 원가절감을 해야 하겠습니다. 지난해 보고를 보면 수도분야 쪽에서 개선의 여지가 대단히 많다고 보입니다. 그래서 수도시설 분야는 일선 실무자들의 관심이 요구됩니다. 예를 들어 계량기는 어떤 것을 설치하거나 관로의 사고를 사전에 점검할 수 있는 방법을 연구하면 엄청난 원가절감을 할 수 있습니다. "지금까지 그래왔으니까" 하는 매너리즘에서 벗어나

개선의 여지가 있는지 관심을 가질 필요가 절실합니다. 특히 모든 경비지출은 수익이 전제가 된다는 원가의식을 가져 주기 바랍니다.

네 번째는 성과 중심의 관리체계를 구축해야 하겠습니다. 지난 연말과 금년에 인사가 있었습니다. 인사결과는 보는 사람의 시각에 따라 다르겠습니다만 적어도 이번 인사에 있어서는 작년 8월부터 각종 데이터와 정보를 입수해서 이를 바탕으로 시행했다는 점을 인정해 주기 바랍니다. 그리고 단 한건도 사심이 없었다는 것을 밝히는 바입니다. 외부로부터 청탁이 왔던 사람들도 있었습니다. 청탁한 분 중에는 개인적으로나 우리 공사를 봐서 거절하기 어려운 분들도 있었습니다. 그러나 저는 그 분들을 만나서, 정말 내가 공사의 사장으로 일하기를 원하느냐 아니면 사원들로부터 따돌림을 받기를 원하느냐 라고 물었습니다. 그랬더니 그분들도 지성인이었기 때문에 없었던 일로 하자고 말했습니다.

그렇게 청탁한 분들 중에는 단골손님도 있었습니다. 또 국회의원이 바뀔 때마다 청탁을 하는 사람도 있었습니다. 그러나 그렇게 외부 인사에게 청탁하는 직원은, 적어도 제가 사장으로 있는 동안에는 절대로 햇빛을 볼 수 없을 것입니다. 설사 실력이 있다 하더라도 그 사람은 안 됩니다. 왜냐하면 그런 풍토가 조성되면 이 공사에서 열심히 일할 사람이 누가 있겠습니까! 대한민국에서 외부 인사를 동원하려고 한다면 한 다리 건너 동원 못할 사람이 누가 있겠습니까. 전부 동원할 수 있습니다. 친척, 고향, 동창, 지연, 혈연, 학연을 이용하면 동원 못할 사람이 하나도 없습니다. 이번에 여섯 명 정도는 꼭 되어야 할 사람이었는데 외부의 청탁이 있었기 때문에 인사에서 제외되었습니다. 앞으로도 인사문제에 관한 한 외부청탁에 의존하면 이루어질 수 없다는 원칙을 거듭 강조하는 바입니다.

저는 지난 8월부터 적어도 부장급 이상은 개인의 신상에 대해서 거의 다 알고 있습니다. 사람이 하는 일이기 때문에 실수가 있을 수 있겠으나 저 개인의 사심을 앞세워 인사문제를 해결하지 않았습니다. 만일 저에게 실수가 있었다면 그것은 저에게 정보를 제공해 준 사람이 회사의 이익보다 개인의 이익을 먼저 생각했기 때문일 것입니다. 이번에 18명으로부터 자료를 받았습니다. 당신이 사장이 된 입장에서 이번 인사에 누가 되었으면 좋겠는가 이야기해 보라고 했습니다. 그런데 모아서 조립해 보니까 100% 맞아 떨어졌습니다. 그것대로 했습니다. 그러므로 이번 인사는 추호도 틀림없습니다. 제가 의뢰한 사실을 발설한 사람의 의견은 배제했습니다. 그런 지시를 받은 것을 드러낼 사람의 의견이라면 가치가 없다는 생각에서 말입니다. 모든 경영의 기본은 인사입니다. 노력한 사람이 대우받는 공사가 되어야 합니다. 앞으로도 실적과 능력위주의 인사풍토를 정착시키고 지켜나가겠다고 다짐하고 있습니다.

이와 더불어 경영성과에 대한 내부분석과 평가를 좀더 철저히 하려고 합니다. 잘한 부서와 못한 부서를 구분해서, 잘한 부서에 대해서는 응분의 대우를 하고 못한 부서는 그에 걸 맞는 조치가 있어야하지 않겠는가 하는 생각을 갖고 있습니다.

다섯 번째로 올해는 모든 공사를 조기에 착공하도록 노력해야 하겠습니다.

항상 연말에 공사가 늦어지는 경향이 있는데 '89년도 추정 이월액이 790억원입니다. 그 정도의 금액이면 민간기업 몇 개를 움직일만한 방대한 규모입니다. 물론 이월된 원인이 우리에게 있지 않고 상대에게 있는 것도 있겠지만 이런 저런 것을 다 따지면 할 것이 없습니다. 그래서 전체 간부회의와 본부장회의에서 금년도 업무평가를 협의할 때 올해는 모든 공사를 두 달 앞당기자고 이야기 했습니다.

그렇게 하기 위해서는 적어도 착수가 두 달 앞당겨져야 합니다. 여러분들도 그 뜻을 알고 모든 공사의 조기 발주, 착공에 신경을 써주었으면 합니다.

올해의 우리 공사의 경영 성패는 시화지구 분양에 달려있습니다. 시화지구 분양이 우리 공사 자금 수지의 90% 이상을 차지하기 때문입니다. 그래서 자금 관련 부서에에 근무하는 직원들, 그리고 시화, 공단 업무에 근무하는 분들은 특별한 관심을 갖기 바랍니다. 우리 공사의 경영 성과를 측정하는 척도가 된다는 사실을 명심하여 특별한 각오로 업무에 임해주실 것을 부탁드립니다. 시화지구를 조기에 분양하여 자금수지를 개선시킬 수 있도록 배전의 노력을 경주해 주시기 바랍니다.

'MIND-90' 운동

지금까지 1990년에 우리 공사를 이끌어 갈 방향에 대해 말씀드렸습니다만, 요약하면 앞서가는 수공운동, 'MIND-90' 운동입니다. 앞서가는 수공을 만들기 위한 수단으로 정한 것이 MIND-90입니다.

MIND-90의 MIND는 우선 마음입니다. 마음을 어떻게 가지느냐에 따라서 결과가 다릅니다. 우리가 할 수 있다. Yes. I Can. 긍정적이고 적극적인 마음자세, 이것이 곧 뛰어난 성과를 가져옵니다. 비관적인 생각을 갖게 되면 좋은 성과가 나올 수 없습니다. MIND-90의 기본은 우리의 정신입니다.

다음에 MIND의 [MI]는 경영혁신입니다. [N]는 좋은 생각입니다. 멋있고 기발하며 합리적인 생각을 가져야 하겠습니다. [D]는 탄력성

앞서가는 수공을 위한 MIND-90 운동은 3년차인 1991년도 정부투자기관 실적평가에서 1위를 차지하는 큰 성과를 거두었다.

입니다. 경영의 탄력성, 활력이 넘치는 기업, 이런 의미가 모두 합쳐져서 MIND-90이 된 것입니다. 제가 앞서가는 수공운동을 주장했는데 기획실에서 MIND-90을 만들었습니다. 아주 잘 만들었다고 생각합니다. 외부에서도 반응이 아주 좋습니다. 우리의 정신을 어떻게 가다듬냐가 핵심입니다. MIND-90을 성공시키기 위해서는 가시적인 것부터 하나하나 해나가면 됩니다.

도약하는 한 해로

아울러 부탁드리고 싶은 것은 연초의 계획을 반드시 실행에 옮기겠다는 의지를 가져달라는 점입니다. 만약 처음부터 여러 가지 경영 여건의 변화로 인해서 수행이 불가능하다고 할 때는 과감하게 계획을 수정하겠습니다.

그리고 직원의 정예화를 위해서 공부하는 분위기를 조성해야 하겠습니다. 각종 자격증을 따고 공사의 도움이 되는 일을 하는 사람에 대해서는 응분의 대우가 따르도록 하겠습니다.

근무기강의 쇄신도 여러 번 이야기했습니다만 근무기강은 조직운영의 기본입니다. 여러분은 수공의 대표자입니다. 왜 근무기강을 쇄신하고 복장을 단정히 해야하는가. 우리는 물을 다루므로 깨끗하고 단정한 이미지를 가져야 하기 때문입니다. 우리는 맑은 물을 다루는 첨병입니다. 명실공히 워토피아를 창설하는 주인공입니다. 그러므로 우리 자신의 외모부터 깨끗해야 합니다.

한 조직이 어느 정도로 사기가 올라 있는 가를 알려면 아침 9시 10분, 점심시간 후 10분, 퇴근하기 전인 4시50분에 가서 근무태세를 보면 됩니다. 놀려는 사람이 있어서는 안 된다고 간부들에게 이야기했습니다. 우리가 지금 얼마나 할 일이 많습니다. 서류정리가 제대로 되어 있습니까? 있어야 할 도면이 오래 전에 없어진 것이 많다고 들었습니다. 많은 돈을 주고 용역을 주었는데 그 보고서가 어느 구석에 있는지 알지도 못합니다. 이런 것 모두 정리하려면 어떻게 놀 수 있겠습니까? 직장에 와서 노는 것처럼 괴로운 일은 없습니다. 그것은 일종의 형벌입니다.

제가 1972년도에 직무분석을 한번 해봤는데 참으로 재미있는 현상을 발견했습니다. 아침에 와서 저녁까지 하는 일을 정리 해보라고 했더니 아침에 와서 신문 가지고 화장실 가서 한 시간, 11시반 쯤되면 나가서 점심 먹고 차 한잔 하느라고 두 시간, 1시 반쯤 돌아와 잡담하느라고 보내는 시간, 그렇게 노는 시간을 모두 합치고 나니까, 일하는 시간이 전부 두 시간도 안 되는 경우가 있었습니다.

이것이 우리의 현실입니다. 대한민국 일류회사의 엘리트 직원도 그런 근무태도를 가지고 있다는 말입니다. 과연 여러분은 하루에 얼마나 많은 시간을 어느 정도의 열의를 가지고 근무하고 있습니까? 여러분 자신을 위해서 일하는 것입니다. 여러분이 열심히 일하는 것이 쌓여서 결국 윗자리에 오르게 됩니다. 과장, 부장, 본부장, 사장이 그냥 되는 게 아닙니다. 세상에는 절대로 기적이나 우연이 없습니다. 공부하고 연구하는 것이 결국 여러분 자신을 위한 일이라는 사실을 명심하십시오. 여러분이 사장이라면 자신을 직원으로 채용할 것인지 한번 냉정하게 생각해봐야 할 것입니다.

예컨대 결산을 하는 부서, 설계하는 부서에서는 밤새워 애쓰며 일하는 반면에 놀고 있는 부서도 있습니다. 절대로 놀지 마십시오. 그렇게 노는 시간에 서류라도 정리하고 자료라도 챙겨두십시오.

우리나라가 일본과의 경쟁에서 뒤지는 이유가, 일본은 방대한 자료를 정보화, 집적화해서 평가, 관리하고 있기 때문입니다. 자료의 집대성화, 그것이 우리가 일본에게 지는 유일한 원인입니다. 많은 돈을 지출하고 엄청난 인력을 소모해서 만든 서류가 잡철에 꽂혀있는 사례도 있습니다. 그런 것이 모여서 경쟁력이 뒤진다는 사실을 깨달아야 합니다. 무의미한 시간을 보내지 않고 생산적인 일을 하기 위해서는, 근무기강을 확립하고 공부하는 분위기를 만들면서 정보의 관리에 소홀하지 않는지 냉정하게 돌아봐야 합니다. 지금은 모든 것이 정보의 싸움입니다. 경영의 실체는 바로 급변하는 정보를 어떻게 수집해서 집대성하여 어떻게 활용하는가 하는 점입니다.

여러분은 절대로 한밭 대전에 안주하지 마십시오. 그러면 퇴보합니다. 여러분의 시야는 항상 서울로, 세계로 향하십시오. 신문도 처음부터 철저히 읽으십시오. 어학을 공부하십시오. 그래야 외국의 선진 정보와 지식을 흡수하여 여러분 것으로 만들 수 있습니다. 1990년대는 수공 모든 가족들의 개인적 노력이 합쳐져서 우리 공사가 세계로 비약하는, 도약하는 계기를 마련했으면 합니다.

07

세계로 향하는 한국수자원공사

부임 당시 상황

1989년 4월 한국수자원공사 사장으로 부임했을 당시 공사의 상황은, 과거 70년대 이후 안일했던 고정관념에 사로잡혀 변화에 대해 둔감하고 보수적 성향이 짙은 전형적인 공기업의 속성을 보이고 있었습니다. 또한 공사는 우리나라의 고도 경제성장을 뒷받침하기 위해 그 역할과 기능이 주로 양적인 성장에 치우쳤습니다. 내부적으로는 "정부에서 100% 출자한 기관이니 문제없다"고 안일한 사고에 젖어 있었고 "물 없이 살 수는 없으니 수자원공사는 영원히 존재한다." 며 현실에 안주하려는 의식이 팽배해 있었습니다.

1988년 7월 1일 수자원전문기관인 한국수자원공사로 재창립되면서 맑고 깨끗한 물을 풍족하게 공급하고 물의 재해를 최소화해야 하는 질적인 변화가 요구됐고 이러한 사업을 차질 없이 수행하는 것이 최대의 과제로 등장하게 되었습니다.

한편 산업화·도시화의 진전 및 인구증가에 따라 물의 수요가 급증하고 맑은 물에 대한 국민욕구 수준은 점차 높아졌으나, 댐 개발 적지 감소, 개발비용 상승, 각종민원의 격증, 더구나 공사 수익의 대종을 이루는 산업기지 건설사업의 시한성 때문에 대다수 직원들이 미래에 대한 불안을 느끼고 있습니다. 사회적으로는 수질오염이 날로 심화되는 등 수자원사업을 둘러싼 경영여건은 악화되는 실정이었습니다.

경영 목표

저는 우선 이러한 환경변화에 능동적으로 대처하여 국가 경제발전과 국민 복지향상에 기여하는 국민의 기업으로 도약할 구체적 방안부터 찾았습니다. 임직원들이 냉철한 자기성찰을 통해 그 동안의 타성과 무사안일을 타파하고 인식과 사고를 대전환해야 할 필요성을 깨달았습니다. 바람직한 새로운 사풍을 조성하며 일상업무를 개선하고 경영능률을 향상하여 기업체질을 강화해보자는 생각에서, 앞서가는 수공운동(후에 MIND-90운동으로 변경)의 전개를 제시했습니다.

이 운동은 의식개혁을 전제로 종적, 횡적 대화를 통한 사내 커뮤니케이션 활성화를 통해 조직에 활력을 불어넣는 것이었습니다. 조직과 인사제도를 개선하며 사무개선, 효율적인 물자관리 등 불합리하고 비능률적인 경영요인부터 제거할 필요가 있었습니다. 한편으로는 연구하고 공부하는 분위기를 조성함으로써 수자원 전문기관으로 발전하는 기반을 마련해야 한다는 의식이 필요했습니다. 그리고 물에 대한 국민의식 전환을 위한 홍보를 강화하는데 중점을 두었습니다. 고심한 결과 다음과 같은 목표를 설정하고 전사적인 추진을 전개하기로 마음먹었습니다.

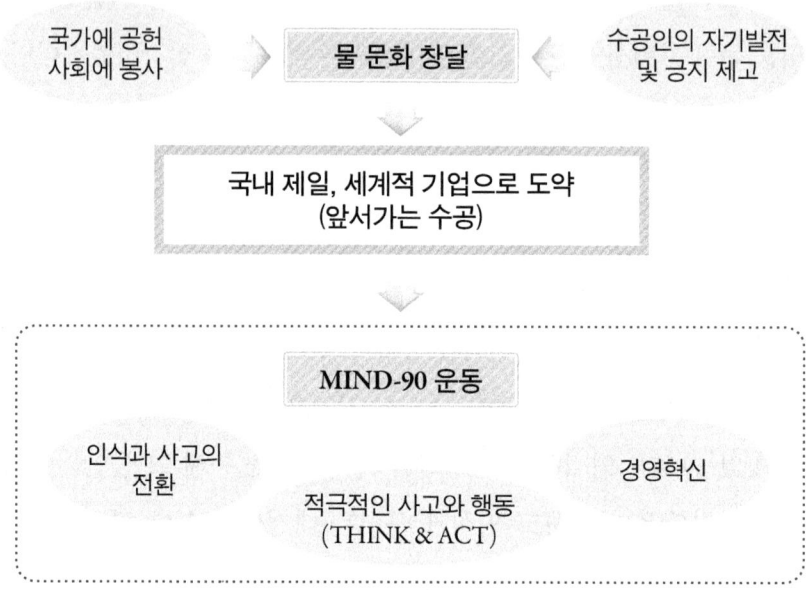

경영 쇄신 노력

우선 내부 의식개혁과 함께 전 임직원이 공감하는 큰그림을 그릴 필요가 있었습니다. 모든 것을 종합한 결과 다음과 같이 네 가지 방침을 굳히고 실천에 들어갔습니다. 그렇게 해서 가시적인 성과는 물론 장기적인 비전도 갖게 되었습니다.

첫째, 한국수자원공사법의 개정입니다. 1988년 7월 수자원을 종합적으로 개발·관리하기 위하여 산업기지개발공사에서 한국수자원공사로 개편되었으나, 사업영역과 구체적인 기능면에서 미흡한 부분이 너무 많아 공사의 경영에 많은 어려움이 있었습니다. 이를 극복하기 위해 관계기관을 통해 여러 차례 건의와 협의를 거치며 노력한 결과, 수공법 개정안이 '90년 3월에 국회 본회의를 통과함으로써 확정되었습니다.

개정안의 주요 골자는 공사가 그 동안 축적한 기술과 인력을 최대한 활용하여 이미 시행하였거나 시행 중인 사업을 수행할 기초역량을 강화하는 것이었습니다.

개정 결과 수공은 공업단지 및 특수 지역개발사업을 지속적으로 추진할 수 있게 되었습니다. 그리고 국민에게 값싸고 맑은 물을 공급하기 위한 상하수도 개선대책의 일환으로 광역상수도를 운영·관리하게 되어 공사의 업무영역이 크게 확대됐습니다. 즉 정수공급시설 및 하수종말처리장의 건설과 운영, 관리기능을 추가로 부여하게 되었고 상수원 댐의 수질오염 측정 및 수질개선 기능도 함께 수행할 수 있게 된 것입니다. 뿐만 아니라, 상하수도 기술의 개발 및 보급지원과 상하수도 공무원들에 대한 기술교육을 실시할 수 있게 되었습니다.

종합적으로 개정안은 수공이 종합적인 수자원 전문기관으로 발전할 수 있는 법적, 제도적 토대를 마련한 계기가 된 것입니다.

둘째, 조사사업의 적극적인 추진입니다. 조사사업은 모든 사업의

기 초단계로서 공사가 가장 기초적으로 추진해야할 업무였는데, 제대로 이루어지지 않고 있었습니다. 공사의 발전기반을 도모하고 임직원들이 비전을 갖고 일할 수 있도록 조사사업을 적극적으로 추진했습니다.

그 동안 수자원 개발지점 조사실적을 참고하여 중점적으로 추진한 결과 2001년까지 유역별, 권역별 장기 생공용수 수요조사 및 광역상수도 건설계획을 자체적으로 수립했습니다. 또한 이를 바탕으로 장기 수자원 종합개발계획도 수립했습니다. 이 같은 공사의 조사결과는 정부의 제3차 국토종합개발계획에 반영되어, 현재 추진 중에 있습니다.

셋째, 수자원 개발사업의 다각적인 추진입니다. '91년 주암다목적댐의 준공에 이어 '92년 5월 13일에 임하다목적댐이 준공되었습니다. 또한 남강댐 보강공사 및 용담댐을 비롯한 5개댐을 계획대로 착공한 한편, 남북통일에 대비하고 수도권의 교통난 해소를 위한 경인운하사업을 정부에 적극 건의했습니다. 현재 추진 중인 굴포천 치수사업

은 경인운하를 전제로 한 사업인 것입니다. 이는 수공이 직접적인 수자원 개발업무에서 진일보하여 수자원을 응용하기 위한 대규모 토목사업에 진출한 사례라고 할 수 있습니다.

그 외에도 한정된 수자원의 효율적인 관리를 위해서는 수자원의 총량관리가 불가피하고 용수공급의 광역화가 시급하다는 점을 역설하고 있습니다. 정부는 이 건의를 받아들여 2001년까지 14개 광역 상수도 개발을 제3차 국토개발종합계획에 반영시켰습니다.

넷째, 새로운 기업풍토의 조성입니다. 일반적으로 공기업은 보수적인 조직풍토를 갖고 있었습니다. 수공도 건설부 산하 공사이다 보니 전체 분위기가 매너리즘에 빠져 있었습니다. 민간기업 출신으로 처음 부임한 저는 무엇보다 먼저 그런 분위기를 쇄신시킬 필요성을 절감했습니다. 우선 부정적 조직풍토를 보다 진취적이고 창조적인 풍토로 전환하기 위해 '89년부터 '앞서가는 수공운동(MIND-90운동)'이란 경영혁신운동을 전개하여 상당한 성과를 거두었다고 생각합니다.

경영혁신운동은 공기업의 공익성과 합리성에 민간기업의 능률성과 경제성을 접목시켜 활력적인 경영 풍토를 조성하는 목적에서 출발했습니다. '88년 경영평가 19위에서 금년도 경영평가 1위를 달성하여 저희 공사가 23개 투자기관 중 경영실적이 가장 우수한 것으로 평가되었습니다. 또한 3년 연속 당기순이익 1,000억원 이상 달성, 그리고 임금협상에 있어서도 '90년도부터 3년 연속 1위를 차지한 것도 이러한 조직풍토 쇄신에서 연유되었다고 보겠습니다.

특히, '91년도에는 수자원 개발(주암, 임하, 남강댐), 수도 및 각종 용수공급, 수력발전 등의 경영목표를 모두 초과달성하였으며, 매출 원가율의 저하(65.9%→60%), 경영자본이익률 향상('90년 대비 2%증가) 및 부가가치율의 증대(7.5%)라는 경영효과를 거두었습니다.

이상과 같은 경영쇄신 노력의 진행과정과 결과에 대해 좀 더 구체적으로 말씀드리겠습니다.

능률적인 경영체제의 구축을 위해 제도, 조직, 사무절차 등의 개선과 사무자동화를 추진하여 비능률적인 경영요소를 제거하였습니다. 경영자와의 지속적인 대화와 제안활동을 통한 사내 커뮤니케이션을 활성화하여, 공동목표를 향한 주인의식과 일체감을 조성하는데 주력하였습니다. 이를 위해 중견간부회의, TQC, 기술선진화를 위한 연구개발 등으로 전 직원의 적극적인 참여를 유도했습니다. 또한 근무의 욕을 고취시키고, 사무능률 간소화운동(4B운동)을 통한 업무의 효율화로 노동생산성을 계속 향상시켰습니다.

본부별 책임경영체제 구축으로 효율적이고 신속한 업무수행을 통한 경영성과를 배가시켰습니다. 각 본부 산하에 경영관리 전담조직을 설치하여 영업 및 수익, 비용관리를 관장하게 함으로써 책임과 권한을 명확히 하는 한편, 각 본부 내 경영자료의 Database구축을 통한 과학적 관리가 가능하게 되었고, 책임경영제의 실현을 구체화하는 계기를 만들었습니다.

관료제의 역기능을 해소하기 위하여 공기업에서는 어렵다고 인식되어 오던 경영기법, 예를 들면 MBO제도를 지속적으로 발전시켰습니다. 그 결과를 내부평가와 인사고과에 연계시켜 부서별, 개인별 목표달성 유인체계를 마련하였고 목표관리체계를 통하여 노동생산성을 향상시키는 등 기업성 확보에도 적극적인 노력을 경주하였습니다.

급변하는 경영환경변화에 능동적으로 대처하기 위한 장기 경영계획의 필요성이 대두됨에 따라 미래를 향한 전략경영체제를 확립했습니다. 사업시행의 범위, 사업성, 재원조달계획 등 신규 개발사업에 대한 대응전략을 사전심사제도에 의해 분석하는 절차를 마련했습니다. 그리고 검토 결과에 따라 장기적 안목에서의 조직구조를 설정하여 단계별 시행계획을 수립하였습니다.

그 다음은 그 동안 정부 및 국민들의 공사에 대한 정보부족과 물에 대한 인식결여로 사업시행을 위한 대외적 지지기반이 비교적 미약했다는 인식을 불식시켰습니다. 이를 위해 **대국민 홍보를 강화하고 수자원전문기관으로서의 공사 이미지를 제고시키는데 총력을 기울여**, '89년부터 매년 7월 1일을 '물의 날'로 정하고 그로부터 1주일간 물의 날 기념식, 물 심포지엄, 물사진 전시회, 수질간담회 및 수질보호 운동 등 사회여건에 부응하는 '물주간 행사'를 개최함으로써 물의 소중함과 중요성에 대한 국민적 공감대를 형성하는데 많은 효과를 거두었습니다.

특히 우리 공사가 관리하고 있는 전국 9개 다목적 댐 및 낙동강 하구둑의 홍수관리시스템을 전산화하고 효율적인 댐관리를 통한 에너지 생산으로 지난해 여름의 전력위기 극복에 크게 기여하였습니다. 맑은 물 공급 10개 대책(조류제거선, 수중폭기 등)을 수립하여 지속적으로 추진함으로써 수질개선에 선도적 역할을 해왔습니다.

최고경영자로써 그에 부합되는 가치관

불확실성과 단절의 시대가 시작되었습니다. 국내 경쟁으로서는 살아남지 못하고 국제화 추세에 대비해야 하는 시대로 변화한 것입니다. 경영의 요체는 미래에 대비하여 조직을 운용하는 것이라고 봅니다. 도산 직전에 있던 크라이슬러 자동차사를 희생시켜 경영의 귀재라는 세계적 찬사를 받았던 아이아코카 회장이, 다시 최악의 경영 악화의 수렁에서 헤어나지 못하고 있습니다. 이것은 무엇을 반증하고 있습니까? 또한 과거에 찬란했던 기업 중 과연 그 명맥을 유지하고 있는 기업이 얼마나 됩니까?

우리는 이제 영원한 승자도 영원한 패자도 없는 시대에 살고 있는 것입니다. 이러한 세계의 조류 속에 낙오되지 않고 앞서가기 위해서는 경영자를 비롯한 모든 직원의 부단한 노력과 혁신이 요구되고 있습니다. 특히 경영자는 자신의 능력, 자질, 성격에 맞는 자기인식 및 통제, 직무기술 창의적 자세로 경영과정에서 제기되는 여러가지 문제를 종합적으로 조정 통제할 수 있는 능력을 갖추어야 한다고 봅니다.

우리 공사는 업무가 다양하고 추진하고 있는 사업이 국민의 생활과 직결되는 분야가 대부분이므로 저는 최고경영자로서 남다른 각오와 사명감을 갖고 미래의 청사진을 그리고 실천하는 구도자의 자세로 직원들을 독려하고 있습니다.

경영철학

제가 평소 갖고 있는 경영철학은 크게 네 가지로 요약할 수 있습니다.

첫째, 솔선수범과 인화단결을 가장 중요시하고 있습니다. 현대의 경영은 인간존중의 경영이라고 합니다. 구체적인 관심과 존경으로 각 직원을 대해주고 개인의 성과를 인정해 주는 것이야말로 회사 발전의 원동력이 된다는, 인본주의에 기초한 경영철학이라고 볼 수 있습니다.

점차 다원화 되어가는 구성원들의 개성이나 의식을 한 곳에 집약시키는 것은 무척 어려운 일임에는 틀림없습니다. 어떤 조직이든지 구성원 개개인의 능력은 상호존중과 신뢰를 통해서 결집되어야만 커다란 힘을 발휘할 수 있다고 봅니다.

이렇게 하기 위해서는 솔선수범이 필연적으로 뒤따라야 한다고 생각합니다. 솔선수범이란 남보다 앞서서 어려운 일을 행하는 것입니다. 이러한 자세는 물이 바위를 뚫는 인내와 강인성, 조직에 생명력을 불러일으키는 창조적 희생과도 일맥상통하는 것이 아닌가 하는 생각이 듭니다. 아무리 환경조건이나 제도가 좋아도 구성원 상호간에 화합과 솔선수범이 잘 이루어지지 않으면 그 조직은 힘을 발휘할 수가 없습니다. 기업의 목표와 개인의 목표를 일치시켜 나가는데 있어 솔선수범과 인화단결이 그 무엇보다 중요하다고 생각합니다.

둘째, 자율과 책임입니다. 자기가 맡은 업무는 자율적으로 성실하게 수행하고 그 결과에 대하여 철저하게 책임을 질 줄 아는 풍토가 조성되어야 합니다. 자기를 사랑하고 자기를 존중하며 옳다고 믿는 일은 과감하게 실천하는 능동적인 자세야말로 조직의 활성화를 위한 필수불가결한 요소라고 생각합니다.

특히 간부의 정예화가 무엇보다 중요하다고 봅니다. 간부는 지도자입니다. 지도자의 사고방식과 의지가 어떠냐에 따라서 그 조직의 사활과 장래가 결정됩니다. 그렇기 때문에 간부는 자기가 맡은 분야에서 책임을 질 수 있고 공사가 나아가는 기본방향과 철학을 확실하게 알아야 합니다. 최고경영자가 의도하는 방침에 대한 확신을 가지고 부하직원을 이끌 수 있는 자질을 갖춘 간부를 육성해 나갈 계획입니다. 예를 들면 미국 육사장교들이 먼저 실천하는 "Follow me"처럼 자기희생적 자세 등은 간부가 꼭 갖추어야할 기본 덕목이라고 봅니다.

결론적으로 우리 스스로가 공사를 위해서 무엇을 할 것인가 어떻게 할 것인가를 먼저 생각하는 분위기를 만들어, 우리 공사가 국내는 물론 세계적 기업으로 발돋움할 수 있도록 우리 모두가 주인공이 되어야 한다는 것이 본인의 소신입니다.

셋째, 새로운 직장분위기 조성입니다. 능력과 실적 위주의 공정한 인사풍토를 조성하고 직원 모두가 소속감을 갖고 이 직장을 평생직장으로 알고 열과 성을 다해 일할 수 있도록 이끌어나가겠습니다. 사내 복지기금 신협출연 등 직원의 생활안전 도모를 위한 복지후생 대책에도 과감한 투자와 지원을 다함으로써 안정된 직장분위기를 조성해나가고 있습니다.

열심히 일하는 사람, 공적을 남긴 사람이 대우 받는 조직이 가장 바람직한 조직이라고 생각합니다. 적당히 시간을 때우고 무사안일하게 지내도 아무런 제재가 없는 조직은 발전의 소지가 없다고 봅니다. 프레드릭 허즈버그(F. Herzberg)는 현대의 직장인들은 "혼돈 속에서 방황하며 피해의식과 냉소적인 성향을 갖고 풍요로운 물질 속에서도 항상 공허함을 느끼게 된다"고 갈파하고 있습니다. "열심히 일하면 승진도 잘되고 공사도 큰다"는 믿음을 심어주고 평생직장 제도의 조기 정착을 통한 불안요인 제거 및 의욕을 증진시켜 살맛나는 직장을 만드는데 주력해 나갈 계획입니다.

넷째, 국민에 대하여 최선을 다해 봉사하는 것입니다. 현대의 경영사 조는 글로벌한 경쟁이 가시화되고 있는 가운데 소비자의 욕구가 빠르게 변화하고 있습니다. 국제적인 기업으로 발전한 기업들은 소비자의 욕구를 정확하게 파악하고 보다 좋은 품질과 서비스를 제공하고 있습니다.

공기업이라고 예외일 수는 없다고 생각합니다. 국가 발전의 선도자로서 책임과 역할을 충실히 수행하고 명실공히 국민의 기업으로서 책임을 다해야 합니다. 우리 수자원공사는 보다 맑고 보다 깨끗하고 풍족한 물을 단절 없이 공급함으로써 국민생활의 풍요로움을 창조하는데 최선을 다해야만 진정한 의미에서 그 존재 가치를 인정받을 수 있다고 봅니다.

소득 수준의 급격한 향상, 인구구조의 변화, 여가시간 증대 등으로 소비자의 니즈(NEEDS)는 고급화, 다양화, 개성화됨으로써 양질의 물 공급과 각종 물에 대한 서비스 증대가 요구되고 있습니다. 이러한 국민의 욕구변화에 맞춰 고객중심의 마케팅에 중점을 두고 사전 봉사 중심의 토탈서비스 체계를 구축하겠습니다. 장기적으로는 물과 관련된 정보를 단일 시스템으로 제공하여 국민 편의를 증진시키는데 최선을 다할 계획입니다.

물에 대한 철학

저는 "물은 인간의 영원한 스승이다"라는 기본적 시각을 갖고 있으며 기회가 있을 때마다 이 점을 강조하고 있습니다. 법(法)이라는 한자도 물이 흐르듯 순리대로 하는 것을 의미하지 않습니까? 제 나름대로 가지고 있는 물에 대한 철학을 말씀드리겠습니다.

첫째, 우리는 물에서 철학을 배워야 합니다. 어디에나 중요한 요소로 쓰이는 유용성, 얼음에서 구름, 비까지 변하는 다양성, 휘어지면 휘고 모나면 모난 대로 흘러가는 융통성, 그리고 높은데서 항상 낮은 곳으로 흐르는 물의 겸손을 배워야 합니다.

둘째, 물은 하늘이 인간에게 베풀어준 가장 귀중하고도 유한한 자원이라고 봅니다. 생명의 근원이요, 모든 경제, 사회 활동의 원천인 물을 어떻게 다루느냐에 따라서 우리에게 행복과 낭만을 가져다주기도 하고 엄청난 재난을 퍼붓기도 하는 무서운 존재이기도 합니다. 그런데도 물이 죽으면 사람도 지상에서 사라지게 마련이라는 평범한 진리를 사람들은 흔히 잊어버리고 살아가는 것 같습니다.

물은 생명을 잉태하며 생활, 공업, 농업용수로 인간생활에 필수적인 측면도 있지만 필요에 따라 온갖 형태로 모습을 변신하면서 문학작품의 소재가 되는 등 인간에게 삶의 철학을 제시하고 있습니다.

셋째, 물은 모든 것을 용해하고 통하게 만듭니다. 딱딱한 것을 녹여 연하게 만들고 온갖 더러운 것을 깨끗이 씻어주고 어디에든지 들어가기만 하면 막혔던 것을 뚫어 통하게 작용합니다. 물은 이처럼 주어진 여건과 환경에 적응할 수 있는 융통성과 탄력성을 지님으로써 인간에게 생활의 처세학을 교시해줍니다.

넷째, 또한 물의 순리는 우리에게 질서를 가르쳐 줍니다. 높은 데서 낮은 데로, 자연의 섭리대로 행동하는 물은 위계질서를 모범적으로 지키는 존재이기도 합니다. 우리는 물 맑고 산 좋은 삼천리 금수강산을 조상대대로부터 물려 받았습니다. 물려받은 물을 오늘에 사는 우리가 물답게 보존해서 후손에게 깨끗하고 아름답게 물려주어야 할 사명감을 가져야 합니다.

다섯째, 이제 우리는 이 보배로운 유산인 물을 가꾸기 위해 '3수운동'을 전개해야 합니다. 수질보호를 위해 절수, 애수, 친수운동은 이제 역사적, 시대적 과제라는 인식이 필요합니다. 아름답고 깨끗한 물, 그 속에 우리의 생명력과 지혜가 깃들어 있다는 것을 깨닫고 캠페인에 동참해야 하겠습니다. 물을 사랑해야 합시다. 그래서 우리와 후손들이 건강하고 풍요로운 삶을 누릴 수 있는 유일한 길이라는 사실을 항상 염두에 두어야 합니다.

물의 가치와 수공의 경영이념

경영이념이란 기업이 어떠한 모습을 가져야 하는가에 대한 신념으로서 사회에서 기업이 마땅히 수행해야 할 역할과 이를 어떠한 방법으로 수행할 것인가, 또한 이러한 역할을 효과적으로 수행하기 위해 어떻게 인식하여야 하는가에 대한 명문화된 가치 체계라고 정의할 수 있습니다.

저는 '89년 제5대 사장으로 부임하여 급변하는 기업환경의 변화에 적극적으로 대처함은 물론 미래에 있어서 지속적인 성장과 발전을 도모하기 위한 좌표를 명확히 함으로써 제2창업의 기반을 다지고자 '물문화 창달'을 기업이념으로 표방하였습니다.

세계 4대문명이 모두 큰 강을 끼고 발생했던 점에서 알 수 있듯이, 인류의 역사는 물과 더불어 시작되었습니다. 인간은 물을 떠나서 잠시도 살 수 없으며, 물은 모든 생명의 근원이자 '생명' 그 자체라고 할 수 있습니다. 물은 생활용수, 공업용수, 농업용수로 이용되고 수력발전에 이용되어 무공해 에너지를 생산하며, 응용기술의 개발 정도에 따라서 그 이용영역이 무한하다 할 수 있습니다. 근대 산업혁명 이후 물질문명과 경제성장의 고도화에 따라 물은 더욱 귀중한 자원으로 부각되었습니다. 이러한 추세는 물이 인간생활에 새로운 차원의 생활양식을 향유하는 터전을 제공해줄 뿐만 아니라 순리와 삶의 지혜를 깨닫게 하여 인간의 육체적, 정신적 능력을 증대시킴으로써 새로운 정신문화 창달을 가능케 하고 있습니다.

이와 같은 사실에 비추어 볼 때 물문화로 인식될 수 있는 문화의 영역은, 단순히 물질문화에 국한되지 않고 물을 매개로 하여 직간접적으로 창출되고 전승되는 상승적 가치, 예술, 종교, 윤리, 제도, 관행으로 확장됩니다. 즉 모든 정신적, 물질적 범주가 물문화에 속한다고 볼 수 있습니다. 따라서 물문화란 "물의 이용가치를 극대화하여 인간생활의 풍요로움을 창조하고 물을 통해서 직간접적으로 창출되고 전승되는 인간의 생활양식으로서 인류 문화를 더욱 향상, 발전시키는 문화"라고 정의할 수 있습니다.

대내적으로 구성원의 관리의식을 생활화하기 위해 구성원의 가치관을 혁신하고 제도와 관행을 개선하며, 통합된 상징을 갖도록 물의 속성을 활용한 경영 지표나 목표를 내세워 경영공동체 가치문화를 형성하는 것이 수공의 경영이념입니다.

또한 대외적으로는 수자원에 대한 국민의 의식개혁을 위하여 공사가 주체가 되어 적극적인 '물 문화' 활동을 전개함으로써 수자원을 통한 복지사회 건설의 비전 제시에 주력하고 있습니다.

결론적으로 맑고 깨끗한 물이 풍부한 사회 즉 워토피아를 건설하는 것이 우리 수자원공사의 경영이념이자 물문화 창달의 궁극적인 목표입니다.

08

아름다운 수공동산을 떠나며

이임사 (1993. 3. 27)

먼저 만 4년 동안 임직원 여러분들의 적극적인 성원에 대해 진심으로 감사의 말씀을 드립니다. 정말 세월이 빠르다는 생각이 듭니다. 재직기간 동안 못다 이룬 일들이 많습니다만 부사장을 비롯한 여러분들이 충분히 해낼 수 있으리라고 확신을 주셨습니다.

신임 이윤식 사장은 수자원 분야의 전문가이며, 인격과 품위 그리고 탁월한 경영능력을 갖춘 분입니다. 전문지식을 갖춘 사장을 맞게 된것을 진심으로 환영하고 또 저 개인적으로도 대단히 든든하게 생각하는 바입니다.

제가 '89년에 MIND-90운동을 제창해서 이제 겨우 싹을 띄우려는 시기입니다. 부사장을 비롯한 임직원 여러분들이 결실을 맺을 수 있도록 최선을 다해 주리라 믿습니다. 그리하여 국내에서는 당연히 일등이고 세계적인 선진기업으로 발전할 것이라고 확신하고 있습니다.

임원은 언젠가 떠납니다. 그러나 여러분들은 여기 수공의 진정한 주인공입니다. 주인답게 자기가 맡은 일에 최선을 다하고 우리 수자원공사가 새로운 변화에 적극적으로 대응하며 신한국 창조에 앞장서는 여러분이 되기 바랍니다. 우리가 그 동안 해왔던 MIND-90운동을 보다 더 발전시켜서 신한국 건설에 선두주자가 되는 수자원공사가 되었으면 합니다.

그 동안 개인적으로 섭섭한 일도 있었으리라고 생각합니다. 우리가 물을 다루는 사람들인 만큼, 좋지 않던 기억은 흘러가는 물에 모두 다 흘려보내고 그 동안에 있었던 좋은 일들, 기쁜 일들, 희망적인 일들, 그리고 고무적인 일들을 영원히 기억했으면 하는 바람입니다.

새로운 사장이 부임하면 새로운 사장을 정점으로 지난 사장의 그림자는 전부 걷어내어야 합니다. 그리고 어떤 일이 있어도 신임사장을 중심으로 단합해서 일을 해나가야 되리라고 믿습니다.

만약 제가 어떤 혜택을 베푼 일이 있다면 그것은 이태교 개인이 한 것이 아니라 수자원공사의 사장이 한 것입니다. 그리고 이제부터는 여러분 모두 새로 부임한 사장의 사람입니다. 어느 특정인을 따르는 사람이 아니라 이 조직의 장인 사장을 따르는 사람입니다. 그러므로 흘러간 사람은 흘러간 사람대로 기억하고 새로운 사장을 중심으로 똘똘 뭉쳐서 어떤 일이 있어도 수자원공사가 대한민국에서 제일가는 기업이 되어야 합니다. 이것만은 여러분들이 꼭 약속해주길 바랍니다.

그리고 저는 앞으로 할 일을 생각해야 하겠습니다만 대학강단으로 돌아갈 가능성이 많습니다. 제가 어디에서 어떤 일을 하든지 우리 수자원공사를 영원히 사랑하고 기억하고, 또 PR할 것입니다. 여러분도 수자원공사의 좋은 이야기만 항상 저에게 들리도록 노력해 주십시오.

이 아름다운 수공동산, 정말 멋진 직장입니다. 여러분들은 여기가 대한민국에서 제일 좋은 직장이라는 확신과 긍지, 그리고 소신을 가져야 합니다. 수공은 인생의 가치를 걸고 승부를 걸만큼 훌륭한 직장

1993. 3. 27 이임식(좌상), 이임식을 마치고 본관을 나서며 작별인사(우상), 임직원의 갈채를 받으며 떠나는 장면(하)

입니다. 저 역시 막상 여기를 떠난다고 하니 얼마나 좋은 곳인지 다시 한번 깨닫게 되었습니다. 아름다운 개나리 동산, 진달래 동산, 이 얼마나 좋은 환경입니까? 여러분 모두 여기에서 자연에 순응하여 아름다운 심성을 기르고, 적극적인 사고와 줄기찬 추진력으로 자기가 맡은 일에 최선을 다하면, 이 수자원공사가 세계적인 기업이 되리라 확신합니다. 아울러 여러분의 인생도 성공이 보장될 것입니다.

그 동안 수공문화제와 체육대회, 그리고 점심식사 후 매일 한 바퀴 둘러본 수공의 아름다운 동산은 영원히 저의 뇌리에 남아 있을것입니다.

그 동안 여러분이 인간적으로 보내준 따뜻한 정과 아름다운 품성, 일을 열심히 하는 태도, 그리고 어떠한 조직보다도 물처럼 깨끗한 여

수자원공사 연수원 준공기념 석물을 설치하고

러분의 심성, 이것을 정말로 자랑스럽게 여길 것이며 제가 어디에 가도 자부심을 갖고 말할 수 있습니다. 다시 한 번 여러분들의 성원과 따뜻한 미소, 그리고 냉철한 이상을 지녔으면서 따뜻한 가슴으로 저를 대하며 성원해주신 임직원 여러분들에게 진심으로 감사드립니다.

수공인 여러분!

가족 여러분들에게도 꼭 안부를 전해주시기 바라면서 앞으로도 가정에 항상 행운이 깃들기를 기원합니다. 내일에 대한 무한한 기대와 가능성을 가진 여러분들의 앞날에 하나님의 가호가 함께 하기를 진심으로 기원합니다. 돌이켜보면 몇 차례 직장을 떠나 봤지만 이렇게 홀가분하고 마음 든든하고 또 기분 좋게 떠날 수 있는 시간을 갖게 된 것을 정말 감사하게 생각합니다. 이 모두가 여러분들이 진심으로 회사를 위하고 그것이 곧 사장을 돕는 길이 된 결과라고 생각합니다. 정말 감사합니다.

모두 건강하여 수공인들의 OB모임에서 만나 이야기할 수 있도록 합시다.

감사합니다.

09

물따라 인생따라

수자원환경 제74호 인터뷰 (1995. 2. 15)

법적권한 없는 수자원공사는 창고지기뿐

사법권이 있어야 수질도 개선
물 정책 관할 책임이 체계화 돼야

"한국수자원공사의 활동범위는 한눈에 뚜렷하게 드러나 보이지 않습니다. 이는 수자원공사에 사법권이 없는데서 그 이유를 찾아볼 수 있습니다. 좋은 물이 들어오건 독극물이 함유된 물이 들어오건, 법적 권한이 없으므로 물을 달라는 곳에 주면 그만입니다. 할 수 있는 일은 희석시키는 정도일 뿐, 오염물질을 배출한 공장이나 호텔 등에 법적 제재를 가할 수는 없습니다."

수자원공사에 사법권이 주어져야 인력이 부족한 환경부를 뒷받침하면서 전 국민에게 깨끗한 물을 공급할 수 있다는 것이 이태교 전 한국수자원공사 사장의 의견이다. 수자원공사는 현재 건설부에 소속되어 있다. 그러나 요즈음 개발 측면보다는 보존 측면이 강조되는 시점에서 볼 때, 수질을 감시하고 적발사건을 검토·조치하는데 어려움이 많은 환경부를 충분히 보충해 줄 수 있는데도 불구하고, 그렇게 되지 못한 점을 안타깝게 생각하고 있다.

현재 한성대학교 행정학과 교수로 재직하고 있는 이태교 교수. 그는 원래 언론계 출신이다. 한국일보·중앙일보의 정치부 기자로 국회와 청와대를 출입했고, 그 후 삼성그룹과 동부그룹을 거쳐 '89년부터 5년 동안 한국수자원공사 사장을 역임했다.

한국수자원공사 사장은 초대 이희근 사장부터 시작해서 줄곧 군출신으로 이어져왔음을 고려할 때, 이태교 사장이 민간기업 출신의 첫 사장이었다는 점은 일대 전환점이었다.

민간기업경영 도입으로 전환

이태교 전 사장이 민간기업 출신이었던 점은 큰 장점으로 작용했다. 무사안일주의에 물든 국영기업체에 민간기업의 경영방식을 도입하여, 수자원공사를 점진적으로 바꾸어갔다. 경영방침뿐 아니라 사훈도 바꿨으며 사가도 만들어 총체적인 변혁을 꾀했다.

이 같은 변화의 바람은 수자원공사 전 임직원의 의식개혁으로 이어졌고 그 결과 그의 재직 시에 많은 기록이 세워졌다. 경제기획원이 실시하는 전국 23개 국영기업체 경영평가에서 91년 1위('89년엔 19위)

를 차지했고, 한국능률협회가 수여하는 직원교육훈련 대상을 수상했으며, 23개 국영기업체 중 3년 연속 노사관리 모범기관으로 선정되어 부총리 표창을 받기도 했다. 이러한 수상기록 외에도 수자원공사법을 개정하고 연수원·연구원·본사건물 증축 등 그 이전에 하지 못했던 숙원사업을 모두 달성하는 공적을 이루었다.

또한 경영혁신운동인 '앞서가는 수자원운동'을 전개하여 큰 성과를 냈다. 이는 다른 공사들도 경영혁신운동에 나서는 기폭제 역할을 수

최곽규 부총리로부터 1991년도 정부투자기관 경영실적평가 최우수상을 수상했다.
아래 왼쪽부터 최우수상, 1990년도 한국능률협회 관리교육상, 1990년도 노사협조표창

행했다. 사내 직원을 대상으로 '자랑스러운 수자원인상'을 제정하여 특진의 기회를 주고 열심히 일하는 사내 분위기를 조성했다. 이렇듯 재임기간 동안 그는 정부와 직원·노조 모두에게 호응 받는 사업을 추진했다.

기초자료 정리와 의식개혁에 초점 맞춰

그는 수자원공사 사장 시절 중점을 둔 경영원칙에 대해 "사업에서 역점을 둔 부분은 기초정비와 의식개혁이었습니다"라고 요약했다. 수자원공사의 장기적인 발전을 놓고 볼 때, 기초자료의 정비는 반드시 제대로 돼있어야 한다고 생각했다. 자료정리는 보이지 않지만 가장 기초가 되는 부분으로써, 발전을 위해서는 반드시 정리되어야만 하므로, 그는 이 기초적인 작업의 완성에 힘썼다.

"예를 들면, 각 부서에서 외주용역을 주었으면 그에 따른 용역 성과품이 있어야 하는데, 그런 것조차 정리되어 있지 않았습니다. 그래서 같은 내용의 용역을 다른 부서가 따로 한 적도 있었던 것 같습니다. 이뿐만 아니라 건설부에서 인수받을 때, 형식적으로 인수받은 관계로 댐이나 상수도 등의 설계도면도 제대로 정리돼 있지 않았습니다. 이에 건설부에서 인수받을 때 하자여부를 분명히 확인하고, 하자 발생 시엔 완벽히 보수된 후 인수받을 것을 지시했습니다."

자료나 정리·복지제도의 기초적인 것 외에도 역점을 둔 분야는 의식개혁이었다. 수자원공사는 대전에 위치해 있다. 그러다보니 작은 도시의 가장 큰 회사인 셈이다. 이에 직원들은 경쟁력을 스스로 상실해버리고, 정보·자료수집에 게을러지고, 섭외력도 없으며, 공부도 소홀히 하는 풍조였다. 이 사실을 안타깝게 여긴 그는 의식개혁에 중점을 둔 경영을 필사적으로 추진했다.

이런 다각적인 노력에 힘입어 공기업 경영평가에서 1위를 차지했고 해외로 활발히 진출하는 등, 비전을 제시하면서 공부하는 수자원공사인을 기르는데 수고를 아끼지 않았다. 그래서 수자원공사에는 대학원을 나와 석사·박사 과정을 밟은 사람이 많다.

이러한 의식개혁을 위한 비전 제시에 뒷받침된 것은 '공정한 인사'였다. 돈이나 혈연·지연에 관계없는 공정한 인사를 하는 것으로 알려진 그는 특이한 인사 스타일을 가지고 있다. 물론 조직의 장은 각각 독특한 인사 스타일을 갖고 있겠지만, 그의 인사는 철저한 절대평가에 근거하여 스스로 모든 인사이동 결정했다. 역대 사장이 주위 측근의 잘못된 보고로 인해 인사에 오점을 남긴 점을 지적하면서, 나눠먹기식 인사가 아닌 절대적 평가에 의해 공정하게 운영해야 한다는 인사철학을 가졌다.

그는 한때 전 직원이 모인 자리에서 "인사에 관계된 외부압력이나 청탁이 들어오는 모든 사람은 무조건 승진에서 탈락시킨다"고 말한 적 있다. 직원의 반응은 "그저 하는 소리려니"하고 시큰둥했지만 실제로 승진 1순위에 있던 3명이 탈락되는 결과가 나타났다. 단지 청탁이 있었다는 이유로 탈락이 된 그들은 6개월 후 승진하게 되었지만, 그 일을 계기로 이후 청탁이 근절되었다고 말했다.

공정한 인사는 장래성 제시의 뒷받침

인사에 관계된 수많은 이야기들 중에 이런 것도 있다. 사장 재임기간 말기에 있었던 소위 '수자원시설보수 인사사건'이다. 언론출신으로 언론과의 관계를 잘 풀어가던 이 사장이 재임 말기에 이르자, 고위직 간부들 사이에 그가 부정과 관련됐다는 소문이 무성했다. 한고위간부가 뇌물을 상납하여 수공의 자회사인 수자원시설보수의 사장이 되었다는 뜬소문이 떠돈 것이다. 그는 이에 대하여 다음과 같이 말했다.

"J씨와 K씨 등은 원래 노조원들 사이에서 가장 꺼리는 인물 5위에 포함되었기에, 노조에서 사퇴를 요구한 사람이었습니다. 그러나 저는 그의 일에 대한 능력, 섭외력 등을 바탕으로 수자원공사가 조금이나마 더 발전하게 될 것이라고 노조를 설득했습니다. 그만큼 그는 열심히 일하는, 건설부에서도 알아주는 능력 있는 직원이었습니다. 윗사람들과도 잘 지냈으며 섭외능력도 탁월했으나, 수평 관계에 적이 많고 변명을 하지 않는 고집스러운 면이 있었습니다. 저는 그의 능력을 크게 평가했을 뿐이었습니다. 그리고 돈을 받을 작정이었으면 업자들한테 큰 돈 받지 왜 아랫사람의 돈을 받았겠습니까. 그건 공정한 인사에 책잡히는 일이며, 경영에 있어서 인사는 생명이라는 것을 잘 알고 있으면서 그런 부정에 개입했다는 것은 말도 안 되지요."

가뭄, 실제 위기 상황임을 인식해야

정부의 사회간접시설 정책은 도로·주택·항만 등 주로 눈에 보이는 것에 역점을 두었고, 물은 당장 급한 것이 아니라는 생각으로 지금까지 정책 우선순위에서 밀렸기에 예산이 부족한 것이 현실이다.

"인류는 물을 먹어야 생존 가능합니다. 그런데 왜 중요하고 급한 문제라고 생각하지 않는지 모르겠습니다. 물론 말로는 시급하고 중요한 문제라고 떠듭니다. 그런데도 예산 뒷받침이 안 된다는 것은 그만큼 문제의 심각성을 제대로 인식하지 못한다고 밖에 해석할 수 없습니다. 염수를 담수화하는 것도 한계가 있습니다. 그렇게 해봤자 기껏해야 허드레 물로나 쓸 수 있습니다. 그러면 먹는 물은 모두 수입해야 한다는 겁니까?"

그는 질적인 면에서의 수질개선과 양적인 면에서의 수량확보에 초점을 맞춘 가뭄대책에 대해서 다음과 같은 의견을 가지고 있다.

"우선 이런 위기의 실상을 정부와 국민이 모두 실감해야 하는 것이 중요합니다. 실제 위기상황임을 인식하는 마음의 자세가 첫째 필요합니다. 그리고 나서 실생활에서 물절약을 실천에 옮기는 것입니다. 물사정이 극히 좋지 않아 시간제 급수를 실시하는 곳은 어쩔 수 없이 물을 철저히 절약할 수밖에 없습니다. 그러나 가뭄피해가 적은 중부

지역에서는 그렇지 않습니다. 그래도 가정에서는 잘 지켜지는 편입니다. 문제는 학교·호텔·목욕탕 등 각종 공공기관과 업소에 있습니다. 저는 독일 프랑크푸르트의 한 호텔에서 놀라운 장면을 보았습니다. 그곳 샤워기에 '미터기'가 설치되어 있어서, 물을 틀면 미터기가 돌아가게 되어 아껴 쓸 수 있도록 유도하고 있었습니다. 그런데 우리는 어떻습니까. 가정의 계량기가 돌아가는 것은 아까워하면서, 공공장소의 계량기가 돌아가는 것은 상관할 바 아니라는 심보밖에 더 되겠습니까. 정책적 차원에서 홍보와 계몽활동이 필요합니다."

그는 이와 같이 강조하면서, 현재 사용하는 물의 재활용 방안으로 중수도 도입과 노후관로의 개선·교체로 누수를 최소화하자는 이야기도 덧붙였다.

수몰지역 보상대책 바꿔야

수자원공사의 주요사업 중 하나는 댐 공사다. 어떤 지역에 댐을 건설하든지 지역주민과 보상금 문제가 있기 마련이다. 이 문제에 대해서 다음과 같이 의견을 피력했다.

"댐건설로 인한 수혜지역이 있는 만큼 수몰지역은 피해를 보기 마련입니다. 정부정책으로 인한 보상금 문제는 대부분 적정액 또는 아주 낮은 가격의 보상금으로 처리됐습니다. 그러나 그 돈을 받아 도시로 나간 주민들은 거의 도시 기층민으로 전락하게 됩니다. 평생 농사만 짓고 살던 사람이 고향을 떠나 도시로 가서 장사를 한다 해도 쉽게 망하고 사기 당하기 일쑤입니다. 보상방법을 바꿔야 합니다. 시간이 걸리더라도 농민에겐 땅을 주고, 상인에겐 상가를 줘야 도시 기층민으로 전락하는 것을 막을 수 있습니다."

바로 그 자신이 정부정책으로 인한 피해자였던 적이 있었다. 고향인 대구에 동촌비행장이 들어설 때 집과 집터가 모두 그 지역에 포함돼 현재시가로 천만원 정도를 받고 나왔다고 한다. 그러니 그가 보상방법을 바꿔야 한다고 열변하는 이유는 충분히 이해할 만 했다.

좋은 물을 공급받든 나쁜 물을 공급받든 우리는 같은 수도값을 지불한다. 이에 대해 그는 사법권을 가진 기관이 되어야 좋은 물 공급이 원활히 이루어질 수 있음을 다시 한번 언급했다. 정부는 매년 국영기업의 성적을 평가한다. 이때 이익이 많고 적음으로 평가하는데, 수자원공사가 일반에 판매하는 가격보다 비싼 원가를 책정하여 수자원공사에 공급한다는 것이다. 아무로 국영기업이라도 이런 정책은 비합리적이다. 수자원공사가 재투자에 사용할 이윤을 낼 수 없는 구조적 문제점을 가진 것이다. 요즘 댐 공사 1건당 보통 3~5천억원이 들어가는데, 원가가 판매가격보다 높게 책정되는 현실에서는 댐을 증설할 재원의 자체 확보는 요원할 수밖에 없다.

역대 사장 중 가장 아카데믹한 인물로

정치외교학을 전공한 이태교 전 수자원공사 사장은 언론계에서 정치부 기자로 활동한 바 있다. 그런 경력을 가진 그가 수자원 관계 전문가들이 모인 장소에서 수자원의 기초분야에 대해 특강하는 모습은 상상하기 힘들다. 그러나 그는 기초자료 조사의 중요성에 대하여 참석자들에게 놀라운 강의를 했고, 4년 동안 수자원 공사의 분위기를 개혁하여 가장 우수한 국영기업으로 이끌었다.

그뿐만 아니다. 삼성그룹 중앙개발(주) 기획조사실장으로 재직할 때 부동산 관계 용어가 생소하자 곧 부동산학(당시 건국대 부동산학과가 처음 생김)을 공부해 박사 학위(한양대, 토지정책·주택정책·부동산 마케팅 관련 전공)를 받아 우리나라 부동산학계의 선각자 1인자의 위치로 자리매김했다. 그만큼 그는 쉬지 않고 공부하고 노력하는 사람이다.

지금 현재 그는 한성대학교 행정학과 교수로 재직 중이다. 방학인데도 불구하고 전혀 한가하지 않다. 부동산과 관련된 그의 전공분야와 물과 관련된 '인간과 환경'이라는 학부강의도 다음 학기에 맡을 예정이기 때문이다.

사실 그의 전공인 토지와 물은 밀접한 관련이 있다. 그는 "토지가 개발되어 변하면 주위 환경도 변하기 마련입니다. 과거 개발중심에서 차츰 보존개념이 부각되더니 이젠 오히려 보존중심이 돼버린 것 같습니다. 개발이 사람을 죽여서는 안 된다는 자연의 이치를 깨달은 거죠"라고 말한다.

이제 그의 나이 59세. 그러나 기자의 눈에는 52세~53세 정도로 보이는데 항상 49세라 말한다며 웃음을 지었다. 젊게 살면서 배우고 공부하고, 그리고 틈나는 대로 예전부터 해오던 집필활동을 계속하고 있다. 지금은 '성공하는 사람은 뭔가 다르다'라는 가제(假題)를 정한 또 한권의 책을 펴내기 위해 구상 중이다. 부인의 치맛바람으로 성공한 사람, 바보노릇으로 성공한 사람, 부지런하여 성공한 사람 등 남과 다르게 행동해서 성공한 사례별로 재미있게 엮을 예정이다.

성공하는 사람은 뭔가 다르다

성공하는 사람은 뭔가 다르긴 다르다. 그는 기자도 성공하려면 뭔가 달라야 한다고 말했다. "전문지 기자가 호응 받지 못하는 것은 기자 자신이 잘못하는 점이 있기 때문입니다. 전문지 기자답게 공부를 많이 하고 실력을 쌓아서 상대를 제압할 정도의 전문가가 되어야 합니다. 문제를 날카롭고 예리하게 지적할 줄 알고, 꼬집을 때는 개인이 아닌 정책을 질책해야 합니다. 반짝하고 끝날 폭로성 기사엔 독자가 쉽게 식상하기 마련입니다. 추켜 세워줄 땐 세워주고 질책할 땐 매섭게 찌르는 그런 기자들은 그냥 되는 게 아닙니다. 일본의 경제전문지인 다이아몬드의 한 기자는 그 분야의 도가 튼 전문가로 기업의 자문 역할과 인사에도 관여할 정도의 막강한 실력을 행사하기도 합니다."라며 원로기자답게 기자의 정신을 후배에게 가르쳐 주었다.

그는 수자원공사 사장 재직 시절보다 오히려 더 바쁜 시간을 보내고 있다. 대학에서의 강의, 끊임없는 공부, 교회의 집사활동, 집필활동 등으로 바쁘기 만한 그는 틈틈이 북한산에 오르고 가끔은 골프도 치지만, 요즘 가장 새롭게 하는 일이 있다면 대학교수실에서 손수 복사하고 정리하며 청소까지 하는 일이다.

부동산, 정치 등 다양한 인생을 걸어온 그는 언론인, 경영인, 학자의 길 등 인생을 세 토막으로 나눠 살아왔다. 수공생활 4년에 '물의 철학'까지 섭렵한 그는 이제 물인생의 선배로서 또다시 후학들을 위한 정식적 지주로 새롭게 움트는 제4의 인생을 걷고 있다.

10

조직의 長이 솔선수범하여 위기 극복

내외건설신문 (1997. 6. 18, 하종숙 기자)

■ 국가적으로 위기상황에 직면해 있는 지금 무엇보다도 전국민에게 혼연일 치된 마음이 요구되고 있습니다. 경제적·사회적으로 어려운 시기를 극복하는데 총력을 모아야 할 때인데 각자 해야 할 일은 무엇입니까?

결론부터 말하자면 한국적 리더십이 발휘돼야 합니다. 국내에선 조직의 장이 솔선수범하는 것만이 만병통치약이 될 것입니다. 즉 국가 최고 사령관인 대통령을 비롯하여 장관·협회 및 조합 등 각종 단체의 장·기업 총수 등이 앞장서서 우리 것을 아끼고 솔선수범한다면 한국은 곧바로 크나큰 저력을 발휘할 수 있게 되는 것입니다. 이것이 우리 국민들의 특성인 신바람을 불러일으켜 막대한 에너지를 축적시키는 지름길입니다. 변화를 유도해야 합니다.

또한 국민들은 외국에서만 애국심을 가질 게 아니라 작게는 가족 사랑에서부터 사회·국가를 사랑하는 마음은 물론, 자기 맡은 바 책임을 다하는 것만이 세계 경쟁력을 강화할 수 있는 촉진제라는 사실을 잘 알아야 합니다.

■ **좀 더 구체적으로 말씀해 주시죠.**

한국사회는 독특한 민족성을 지녔다고 봅니다. 미국은 돈과 질서로 혹은 통일된 종교로 국가력을 집중시키고 있으나, 우리나라는 통일된 종교도 없고 배달민족이나 단일민족 외에는 달리 내세울 구심체가 없는 게 사실입니다. 그렇기에 한국적 리더십이 요구되는 것입니다.

예로 60~70년대 새마을 운동으로 우리는 국가 경제부흥은 물론 개개인의 삶을 증진시켜 왔습니다. 또 88올림픽 때 보여준 우리네 질서의식은 굉장했다고 생각합니다. 이는 모두 조직의 장이 이끌어낸 결과인 것입니다. 조직의 장은 통치철학을 갖고 미래에 대한 비전을 제시해야 합니다. 만약 한 나라의 대통령이 그 나라 최고급의 의류·신발·생활용품 등 국산품을 사용한다면 국산품의 질적 제고는 당연한 것 아니겠습니까.

■ **국가·사회적으로 위기감뿐만 아니라 가정에서도 위기의식이 팽배한 것같습니다. 사회에서의 올바른 생활은 가정과 학교 교육에서부터 시작된다고 해도 과언이 아닐 것입니다. 현재 한성大 대학원장으로 학계에 몸담고 계시니 좋은 말씀이 기대되는데 올바른 도덕관을 비롯 가정교육·학교교육에 대해 말씀해 주시죠.**

잘 알고 지내는 기업인이 제게 "대학은 불량품을 대량 생산해내는 곳이냐"는 말을 했습니다. 초급과정은 차지하고라도 고등학교·대학에서 인성교육을 통한 참사랑 교육을 강조하고 있으나, 어찌된 일인지 기업에 입사만 하면 "인사를 잘 하자"를 비롯하여 "껌·담배꽁초를 함부로 버리지 말자" 등 기초 예절교육이 제일 먼저 실시되고 있으니 참으로 안타깝습니다. 이는 시간과 재원의 엄청난 낭비일 뿐만 아니라 국가경쟁력을 약화시키는 것입니다. 결국 결여된 가정교육과 도덕관에서 오는 부산물인 것이지요.

명문대 지향주의 입시제도에 만연된 우리나라 실정은, 공부만 잘하면 인사를 좀 안 해도, 버릇이 없어도, 별 문제가 없다는 의식이 자리 잡고 있습니다. 가장 기초적인 가정교육에서 예의범절을 예외로 여기는 치외법권을 만들어 놓은 것입니다. 즉 기초 질서가 흔들리고 있는 상태입니다. 교육은 가정교육이 최우선인 점을 우리 모두 새겨야 하겠습니다.

따라서 부모들의 인식전환이 시급합니다. 저 역시 교육을 담당하고 있는 한 사람으로 지식만 강조하기보다는 사회에서 올바로 생활하면서 자기 역량을 발휘해 나갈 수 있는 '참된사람 만들기'에 주력하겠습니다.

■ "맡은 일에 대해선 으뜸이 되라"라는 좌우명을 생활화하는 분으로도 유명합니다. 특히 수자원공사 사장 재임 시 공기업에 사기업 경영체제 도입으로 화제를 모은 것은 물론 23개 공기업 경영평가에서 1위를 차지한 것은 수공의 발전과 역량을 확대시키는데 큰 공로를 세우신 것으로 평가받고 있습니다. 기억에 가장 남는 일은 무엇입니까?

청와대 출입기자 10년, 기업에서 20년, 그리고 지난 89년 수자원공사 사장으로 취임했습니다. 당시 전문경영인이 공기업에 투입된 첫 사례였기 때문에 외부에서 보는 시각은 우려와 기대가 엇갈렸을 것입니다.

무엇보다도 경영혁신운동을 전개, 공기업으로선 최초로 사기업의 능률성·원가의식을 접목시켜 그 동안 매너리즘에 빠져 역동감이 부족하고 정보가 없던 수자원공사를 변신시켰습니다.

'앞서가는 수자원공사' 라는 캐치프라이즈 아래 쉽고 간단하고 가시적인 것부터 개혁하여 수공을 국내 제일 기업으로, 세계적인 기업으로의 도약할 수 있도록 준비한 것입니다. 현대적인 경영개념 도입과 함께 미래 비전을 제시한 것도 세계기업으로의 도약을 위한 준비 단계였습니다. 특히 업무영역 확대에 주력, 광역상수도 사업을 수공이 전담토록 한 것은 물론 공업단지 건설도 계속 확보하여 확대지향적이고 능동적인 수공만들기에 노력했습니다. 한편 청탁을 일체 근절시

1991년도 정부투자기관 경영평가 1위 보도기사

키고 능력위주의 행정으로 공정하게 인재를 발탁하여 노사간 신뢰확보와 업무 능률을 배가시킨 것입니다.

이 같은 노력으로 91년 23개 국영기업 중 경영평가 1위를 달성했고 3년 연속 노사협조 1등을 지킨 것이 가장 큰 보람으로 기억에 남습니다.

■ '물박사'란 칭호도 얻으셨는데 이는 어떤 연유에서 입니까?

수공 사장시절 얻은 게지요. 수공 사장으로 부임했으니 '물'에 관한 한 전문가가 돼야한다는 생각에서 공부하고 또 공부했습니다. 당시 임원들이 저 때문에 고생깨나 했을 것입니다. 기본적인 경영철학을 갖고 업무영역을 확대하고 비전을 제시했으며 수공 사장으로서 솔선수범, 혼신의 노력을 기울였습니다. 또한 사장실에 앉아 보고에만 의존치 않고 현장에 나가 직접 확인하는 업무 스타일은 저뿐만아니라 전 직원의 전문화를 유도했다고 생각합니다.

■ '특히 공기업 사장으로서 연임돼 주목을 받은 것으로 압니다. 공로를 인정받으신 것인데 자랑 좀 해주십시오.

공기업 사장의 연임은 그만큼 열심히 일했단 증거겠지요. 특히 수공 재임 시 대통령상인 은탑산업훈장은 물론 한국산업교육대상 관리교육상 수상은 또 다른 영광이었습니다.

또한 물의 소중함을 재인식한 기간이었습니다. 수공 사장의 역할으로서가 아니라 물의 귀중함을 알리고 인식제고를 위한 대국민홍보에도 주력하는 한편, '재미있는 물이야기' 1,2권을 저술하기도 했습니다. 이로 인해 정부 경제시책 홍보 모범기관으로 국무총리 표창을 수상했습니다.

■ **앞으로의 계획은 무엇입니까?**

현재 대학교에 몸담고 있는 만큼 교육의 질적 제고는 물론 예절을 강조하는 인간중심의 교육에 힘쓸 것입니다. 지식과 함께 참된 인간교육이 중요한 것이지요.

또한 한국부동산학회 회장직을 수행하고 있으니 이 또한 제가 힘써야 할 부분입니다. 그 동안 투기의 주범과 재산증식의 원천으로 인식돼온 부동산에 대한 이미지 개선과 함께 부동산학을 실용학문으로 정착시키는 것은 물론, 이를 통해 바람직한 부동산 문화를 제시하는데 혼신의 노력을 기울일 것입니다.

지난 30여년 부동산 전문가로 활동해온 경험이 큰 도움이 되리라 생각합니다. 한편 현재 준비 중인 '토지정책론' 집필은 물론, 물 관련 책과 성공한 사람들을 소재로 한 '성공하는 사람은 뭔가 다르다'를 집필 중이며 기자 시절 경험했던 것을 소재로 역사적인 책과 故 이병철 회장의 이야기도 계획하고 있습니다. 좋은 글을 쓰도록 하겠습니다. 이 또한 열심히 사는 모습일 겁니다.

전 한국수자원공사 사장 회고록
워토피아를 향하여

II
세계 일류를 향하여

01

성공적인 삶

신입사원 특강(1990. 1. 8)

　수자원공사의 가족이 된 것을 진심으로 환영합니다. 대단히 치열한 경쟁을 뚫고 합격된 여러분은 어떤 면에서 보면 선택되었습니다. 좋은 직장에서 공직자로서, 사회인으로서 첫출발을 하게 된 지금부터 여러분의 각오는 이전과 달라야 합니다.
　우선 수자원공사의 가족의 되었다는 것은 우연히 된 것이 아니라, 불가에서 이야기한다면 하나의 인연이고 기독교에서 이야기한다면 하느님이 오래 전부터 이런 작정을 한 것이다라고 생각해야 하겠습니다. 절대로 우리 인생에서 우연이나 어떤 기적으로 생긴 일은 없습니다. 모두다 여러분이 일생을 살아가는데 한번은 여기에 와서 일을 해야 한다는 소명이 있었기 때문에 온 것이라는 생각을 가지기 바랍니다.
　그래서 오늘은 수자원공사의 사장이기 전에 여러분의 인생 선배로서 어떻게 살아야 몇몇 선배들이 실패한 전철을 밟지 않고 성공적 인

삶을 살 수 있을까 하는 생각에서 이야기하고자 합니다. 마침 우리 큰애도 금년에 군에서 제대하고 모 그룹에 입사했습니다. 그래서 아들에게 부탁했던 내용을 덧붙여 여러분에게 이야기하고자 합니다.

여러분의 인생 선배로서 말하는 것이, 다른 선학들이나 선현들의 좋은 말을 인용하는 것보다 훨씬 나으리라고 믿습니다.

인생의 세 가지 선택

인간이 살아가면서 세 가지 중요한 선택이 있다고 합니다. 인생에서 보람을 찾음으로써 자아를 실현하고 주변에 자신의 가치를 나타낼 수 있는 세 가지 선택에 대해 말씀드리겠습니다.

첫번째는 우선 인생관의 선택입니다. 어떤 인생관을 선택하느냐 하는 점은 전적으로 본인에게 달려 있습니다. 인생관을 어떻게 선택 하느냐에 따라서 삶이 즐겁고 명랑하고 가치와 보람 있는 과정이 될 수 있는 반면에, 항상 우울하고 비관적이고 매사에 부정적인 태도를 보일 수 있습니다. 그래서 어떤 인생관을 선택하느냐 하는 점이 우리가 첫번째 당면하는 문제입니다.

인생의 의의에 대해서는 많은 사람이 이야기했습니다. 혹자는 인간이 태어나 사는 과정은 남에게 봉사하는 과정이라고까지 이야기합니다. 물론 봉사가 하나의 인생철학이 될 수는 있습니다. 누구나 태어나서 살다가 죽는 과정을 겪게 됩니다. 인간으로 이 세상에서 태어나서 단순하게 결혼하여 자식을 낳고 가족들을 부양하고 죽었다는 것과, 태어나서 이 세상에 무엇인가 역사적 흔적을 남기고 죽었다는 것은 큰 차이가 있으므로, 어떤 인생관을 어떻게 선택하느냐 하는점이 첫번째 중요한 선택입니다.

두번째는 직업의 선택입니다. 서양 사람들은 직업의 선택에 대해 소명이다, 혹은 하늘의 부름이라고 말하여 이른바 천직의식을 가지고 있습니다.

여러분들이 많은 직장 가운데 우리 수자원공사를 선택하여 직장생활을 시작하게 되었는데, 그것은 여러분의 의지에 의해서 선택한 것입니다. 수자원공사가 어떤 회사인지 잘 모르고 들어온 사람도 있겠지만 대부분의 여러분은 우리 공사가 어떤 일을 하는지 알고 있을 것입니다. 여러분이 우리 공사를 잘 알든 모르든 수공의 한 가족이 된 것은 정말 가치 있고 훌륭한 선택이었다고 생각합니다.

우리가 하는 일은 대단위 토목공사입니다. 한 국가의 경제와 경기 순환에 지대한 영향을 미치는 사회간접시설을 건설하는 곳이 바로 우리 수자원공사입니다. 경기가 후퇴하면 회복하기 위하여 제일 먼저 시작하는 일이 주택산업과 대단위 토목사업입니다. 그만큼 토목사업은 국가의 경기에 미치는 영향이 실로 대단합니다. 이른바 연관 산업에 대한 파급효과가 가장 크기 때문에 그렇습니다. 이러한 대단 위의, 정말 남자다운, 스케일이 크고 웅장한 사업에 여러분이 도전했다고 하는 점은 대단히 훌륭한 선택입니다.

우리 인간의 생활이 물에서 시작해서 결국에는 한줌 흙으로 돌아가 물로 흘러가 버린다고 할 때, 우리 인생은 물에서 시작하여 물로 끝난다고 말해도 지나치지 않습니다. 이런 인간 삶의 핵심인 물을 다루는 전문회사 직원이 되었다고 하는 것은 대단히 의미 있고 가치있는 선택이라고 말하지 않을 수 없습니다. 얼마나 스케일이 큽니까?

물은 생명창조의 원천이며 중심입니다. 중국 사람들이 요일을 정할 때 물 수(水)자를 한 가운데에 넣었습니다. 물이 만원의 중심이기 때문입니다. 월요일은 출발이고 토요일은 쉬는 그 한 가운데에 있는 수요일이 가장 왕성하게 일할 수 있는 날인데, 바로 물을 뜻합니다. 이른바 중화사상, 중심사상이 물에서 왔습니다.

물 없는 생활은 상상할 수도 없습니다. 이러한 물을 다루는, 그리고 그 스케일이 웅대한 업무에 여러분이 종사하게 되었다는 것은 대단히 잘한 선택입니다. 직업으로서 매우 훌륭한 선택을 했다고 말하지 않을 수 없습니다.

　물이 얼마나 중요하냐는 점은 앞으로 많은 전문강사들이 나와서 좋은 강의를 해주리라 믿습니다. 우리는 물을 통해 배울 것이 엄청나게 많습니다. 물은 지구 역사 이래 산과 강을 만들어 자연을 창조했습니다. 그 물이 인간에게 대단히 유용하지만, 때때로 인간이 자연을 거부할 때에는 엄청난 재앙을 안겨주기도 합니다. 이런 면에서 물은 마치 신과 같은 존재입니다. 우리에게 필요할 때마다 얼음과 수증기를 제공해주면서 그 형태가 바뀌지만 근본적으로는 모두 물입니다. 고체에서 액체로, 액체에서 기체로, 자유자재로 인간의 필요에따라 변해줍니다. 그리고 물은 항상 자연의 순리대로 높은 곳에서 낮은 곳으로 흘러갑니다. 또한 물은 필요한 경우에 타협을 할 줄 압니다. 굽어서 흐르기도 하고 직선으로 흐르기도 하면서 경우에 따라서는 대단한 장관을 연출하는 폭포를 만들기도 합니다. 우리 인간이 순리에 따르는 물의 속성을 이해하고 적절하게 이용하면 다양한 편의를 누리지만, 그렇지 않을 때는 엄청난 재앙을 안겨주는 존재가 바로 물인 것입니다. 그래서 수공 직원에게는 물에 대한 철학, 물을보는 안목이 대단히 중요합니다.

　이 물을 어떻게 다루냐에 따라 한 나라의 경제가 좌우됩니다. 옛날에는 홍수와 가뭄이 제왕의 덕을 평가하는 척도였습니다. 물에 따라 정치를 잘 하고 못하는 것이 결정됐던 것입니다. 말하자면 치산치수(治山治水)가 곧 국가 주요정책이었으며 흥망성쇠(興亡盛衰)의 핵심이었습니다.

이렇듯 예로부터 중요한 물을 다루고 공업단지를 조성하여 산업을 부흥시키고 국민에게 양질의 수돗물을 공급하여 복지를 향상시키는 여러 가지 업무를 하는 곳이 바로 우리 수자원공사입니다. 여기에서 일생을 한번 걸어보겠다고 하는 생각에서 수공인이 된 것은 실로 예삿일이 아닙니다. 선택된 일이요, 축하할만한 일이고 또한 자랑스러운 일입니다. 여러분이 자부심을 가질만한 선택입니다.

세번째 선택은 바로 배우자의 선택입니다. 학교를 졸업하고 수공에 입사한 여러분에게는 이제 배우자의 선택이 남아 있습니다. 그 선택에 따라 여러분의 일생에 매우 큰 변화를 가져오게 됩니다. 남자가 출세한 이면에는 훌륭한 배우자가 있습니다. 남자가 매우 까다로운 데 비해 아주 융통성 있고 온화한 성품의 여자, 또는 융통성 있는 남자와 매우 치밀한 여자, 이렇듯 대칭되는 만남은 성공한 삶이 될 가능성이 매우 높습니다. 반면에 부부가 서로 대립관계나 경쟁관계로 만나게 되면 서로가 피곤해서 행복하게 살기 힘듭니다. 부부간에 화음이 잘 어울리는 가정이 남자를 성공의 길로 인도할 수 있는 것입니다. 여러분도 이렇듯 중요한 배우자의 선택을 현명하게 해야만 앞으로의 인생이 영광으로 꽃피울 수 있습니다. 여러분은 결혼할 때 외모보다는 마음을 바라보는 수공인이 되어주시기 바랍니다. 여사원들도 남자의 얼굴보다는 얼마나 성실하고 그 사람의 야망이 무엇인가를 보고 선택해 주시기 바랍니다.

꿈을 실현하기 위하여

　이제까지 성공적인 삶에 절대적으로 중요한 인생관의 선택, 직업의 선택, 그리고 배우자의 선택에 대해 말씀 드렸습니다.

　여러분이 직장생활을 시작한 지금부터는 좋게 표현해서 여러분의 꿈을 실현하는 터전에 자리 잡은 셈이지만 극단적으로 이야기하면 전쟁터에 나선 병사라고 할 수 있습니다. 적자생존, 싸워서 이기는 자만이 살아남는 전쟁터에 놓여 있습니다. 이번에 100명의 신입사원이 입사했지만 이 중에서 중역이 될 수 있고 사장이 될 수 있는 사람은 극히 제한되어 있습니다. 그것은 바로 오늘부터 판가름이 나기 시작하는 것입니다. 이제부터 시작된 경쟁에서 앞서기 위해서는 다른 사람하고는 뭔가 달라야 합니다. 인생 선배로서 여러분들이 직장생활을 통해서 가치를 높여서 성공적인 삶을 살 수 있도록 몇 가지 조언하고자 합니다.

　우선 목표를 선정하기 바랍니다. 나는 왜 살며 왜 이 공사에 들어왔는가, 나는 무엇을 할 것인가 뚜렷하게 목표를 세우기 바랍니다. 현대의 경영은 '목표에 의한 관리'입니다. 어떤 목표를 정립해 놓고 줄기차게 밀고 나아가도 성공하리란 보장이 없습니다. 하물며 목표도 없고 추진력도 없으면 절대로 성공할 수 없습니다. 목표를 세우고 그것을 자기가 보이는 곳에 붙여 놓고 끊임없이 암기하고 자기최면을 걸어서 그 목표를 달성하기 위한 1단계, 2단계 세부 계획을 세워야 합니다. 당장은 차이가 나지 않아도 시간이 흐른 다음에, 목표를 세운 사람과 그렇지 않은 사람의 위치는 실로 엄청난 차이가 나게됩니다. 당장 성취하는 것이 보이지 않더라도 목표를 가지고 뛰는사람은, 목표 없이 그저 왔다갔다하는 사람과 근본적으로 차이가 날 수밖에 없습니다. 그렇기 때문에 여러분은 달성 가능하고 확실한 목표를 정립해야 합니다.

그 다음 여러분이 생각해야 할 점은 어학공부입니다. 현대는 지구촌시대입니다. 루마니아 사태를 안방에서 볼 수 있고 천안문에서 쏜 총소리를 들을 수 있습니다. 우리나라에서 일어난 일들이 외국에 바로 전파됩니다. 모두가 한 마을입니다. 이러한 국제화 추세에 맞추어 어학능력을 갖추지 못하면 외부변화에 신속하게 대응해 나갈 수 없습니다. 국제사회에서는 힘이 곧 정의이고 이것이 국제정치의 냉엄한 현실입니다. 우리가 극복해야 할 나라는 우리 주위에 있는 일본, 중공, 소련, 그리고 미국 등입니다. 우리나라는 이들이 주위를 둘러싼 지정학적 현실에 놓여 있습니다. 주위에 있는 강대국을 극복하는 기본적인 자질은 어학실력에 있습니다. 이 나라를 이끌어갈 주역인 여러분들에게 영어는 필수이며 일본어와 중국어도 해야 합니다. 어학을 통해 세계를 보는 안목을 키워야 하겠습니다.

그리고 성공적인 삶을 위해서는 인간관계가 중요합니다. 직장에 들어온 뒤에는 좋은 친구, 바람직한 동료를 사귀어야 합니다. 사람은 자기 혼자의 능력만으로 직장생활을 잘할 수 없습니다. 동료와 협조하지 않고서는 극복할 수 없는 업무가 너무 많습니다. 어려운 일을 당했을 때 자신의 마음을 허심탄회하게 열어 놓을 수 있는 길을 마련해야 합니다. 소위 스트레스를 풀 수 있는 친구를 많이 만들어 놓아야 합니다.

　여러분들이 직장 선배들을 볼 때, 때로는 어리석어 보이는 경우도 있을 것입니다. 중요한 점은 겸허한 자세를 갖고 있어야 한다는 점입니다. 하루라도 먼저 태어난 사람에게서 무엇을 배울 것인지 먼저 생각하면서 선배를 무시해서는 절대 안 됩니다. 그 사람 나름대로 대단한 경험과 지식이 있기 때문에 현재의 직위를 감당하고 있다는 사실을 명심하십시오. 한 사람 한 사람 선배는 모두가 다 여러분의 스승입니다. 여러분은 훌륭한 선배 적어도 한두 사람과 가까이 지내야 합니다.

　다음은 최소한 은사 한 분도 있어야 한다는 점을 말씀드리겠습니다. 우리 인생에 있어서 가장 중요한 것 중 하나는 애프터서비스적인 생을 살아야 한다는 점입니다. 고맙게 해준 사람, 도와준 사람, 정신적으로 위로해 준 사람들에게 반드시 보답을 해야 합니다. 지금까지 여러분이 성장할 때까지 지도해주신 은사에 대해 고맙다는 생각을 갖지 못하면 성공하기 힘듭니다.

　그리고 기업의 생명은 계속성에 있습니다. 기업이 계속 생존하기 위해서는 고객이 있어야 합니다. 고객이 있기 위해서는 사전에 서비스를 하고, 물건을 판 다음에는 사후관리를 해주어야 합니다. 우리 인생에 있어서도 마찬가지입니다. 여러분들이 선배, 은사, 친구에 대해서 이런 사후관리 정신으로 인생을 살지 않으면 나중에 반드시 실패하게 됩니다. 오늘의 여러분이 있기까지 도와준 부모, 형제, 은사, 선배, 친구 등 모두의 기대에 어긋나지 않는 사람이 되어주기 바랍니다.

마지막으로 당부하고 싶은 것은 최종 승부는 건강에 의해 좌우된다는 점입니다. 건강이 뒷받침 되지 않고는 절대로 성공할 수 없습니다. 지금부터 자기 취향에 맞는 운동과 취미생활을 통해 어떤 형태로든 건강을 관리해야 하겠습니다. 육체적 건강과 함께 정신적 건강관리도 병행되어야 합니다. 육체와 정신이 모두 건강할 때 여러분은 매사에 적극적이고 긍정적인 수공인이 될 수 있습니다.

덧붙인다면 우리 회사에 어려운 일이 닥쳤을 때 가장 앞장서서 나설 수 있을 적극적이고 패기에 찬 수공 여러분이 되어 주기 바랍니다.

다시 한번 여러분이 우리 수자원공사의 일원이 된 것에 대해 진심으로 축하드립니다. 짧은 교육기간이지만 이 기회에 여러분들이 어떠한 자세로 교육에 임하느냐에 따라 여러분의 인생이 어느 정도 판가름이 난다는 생각을 가지고, 열심히 최선을 다해 교육에 임해주시기 바랍니다. 또한 이 기간 중에 동료들을 서로 알아 놓을 수 있는 기회로 삼기 바랍니다. 그리하여 명실공히 자랑스러운 수공가족이 되어 주기를 진심으로 바라마지 않습니다.

감사합니다.

02

좋은 기업의 사풍

월례조회 훈시 (1989. 5. 1)

일반적으로 좋은 기업이 되려면 다섯 가지 사풍을 갖춰야 한다고 말합니다. 이것은 공기업은 물론 개인기업도 동일한 여건이라 할 수 있습니다. 오늘은 이 다섯 가지 사풍에 대해 말씀드릴까 합니다.

우량기업의 다섯 가지 사풍은, **첫째 회사가 하나의 목표를 향해서 뭉쳐야 한다는 점입니다.** 모든 조직원이 서로 합심하여 뚜렷한 목표를 향해 끊임없이 도전하고 달리는 목표지향적 의식을 가질 때 회사가 발전합니다.

둘째, 회사에 활기, Vitality가 넘쳐야 합니다. 즉 생동감이 있어야 합니다. 진취적이어야 합니다. 도전적이어야 합니다. 조용히 있거나 후퇴하거나 현상유지하는 자세는 회사의 발전에 아무런 기여를 할 수 없습니다.

셋째, 상하좌우의 협조가 유기적으로 이루어져야 합니다. 동료들 간에는 수평적으로, 상사와 부하 간에는 수직적으로 협조가 잘 이루어질때 원활하게 업무를 수행할 수 있고 회사가 발전할 수 있습니다.

넷째, 현장위주의 사고방식이 정착되어야 합니다. 어떤 회사는 참모 기능이 일선 기능 위에 군림하는 경우도 있습니다. 물론 어느 한쪽이 너무 강화되어서 조직의 균형이 깨지는 것은 바람직하지 않지만, 본사는 현장을 지원하는 조직이라는 기본적인 사고방식이 정착되어야만 발전을 이룰 수 있습니다.

다섯째, Bottom-up과 Top-down 조화가 필요합니다. 다시 말하면 상사의 뜻이 부하에게 정확하게 전달되고 부하의 의견이 상사에게 합리적으로 전달되는 언로가 트인 회사가 발전한다는 사실을 잊으면 안 됩니다.

이상과 같이 다섯 가지 사풍을 갖췄을 때 발전하는 회사, 장래성있는 회사, 미래지향적인 회사가 될 수 있다는 사실을 우리는 알고 있습니다. 이러한 원론적인 개념을 바탕으로 우리 회사에 필요한 사항을 몇 가지 제시하고자 합니다.

첫째, 수자원전문회사로서의 기반을 구축해야 하겠습니다. 이미 정부의 방침이 결정되었습니다만, 수자원개발부터 사후관리까지 모두 일관되게 관리할 수 있도록 모든 체제를 완비해 나가야 하겠습니다. 계절에 관계없이 깨끗한 물을 국민에게 공급하는 것이 우리의 사명입니다. 물론 현재 우리가 관리하는 댐과 수도사업만으로도 회사가 현상유지 될 수 있는 정도는 된다고 보입니다. 그러나 더욱 발전하기 위해서는 수자원분야에서 새로운 신규사업을 과감하게 개발하고 영역을 확대해나가야 할 때입니다.

그리고 수자원 전문기술인력 양성과 확보, 기술의 자립을 위해서 총체적 힘을 모아야 하겠습니다. 우리의 주수입원이라고 할 수 있는 단지사업 분야에서도 우리가 할 수 있는 데까지, 즉 자립의 기반을 다질 때까지는 이 분야를 계속해서 그대로 밀고 나가야 된다는 것이 우리의 방침입니다.

둘째, 인사제도의 개선과 조직의 활력화입니다. 열심히 일하는 사람, 공적을 남긴 사람, 이익에 기여하는 사람이 대우받는 회사, 이것이 가장 바람직합니다. 적당히 시간을 때우고 안일무사하게 지내는 분위기에 젖은 회사는 변화도 발전도 기대할 수 없습니다.

그레샴의 법칙은 어디에든지 적용되지만 인사문제에서도 악화가 양화를 구축하는 분위기는 어느 조직에서나 볼 수 있는 것이 현실입니다. 공기업에서는 특히 연공서열이 인사제도의 기반 중 하나입니다. 그러므로 연공서열을 완전히 무시할 수 없습니다. 이 연공서열의 바탕 위에서 능률과 공헌을 참작한 방향으로 인사제도를 운영할때 우리 공사가 더욱 발전할 수 있으리라 믿습니다. 또한 인재를 채용할 때는 조직에 반드시 필요한 인재를 발탁해야 생동감과 박력이 넘치는 조직이 될 수 있으며, 그렇게 이끌어 나가야만 치열한 경쟁시대에서 살아남을 수 있습니다.

다음에는 임원과 간부의 정예화입니다. 임원과 간부는 지도자입니다. 지도자의 사고방식과 의지가 어떠냐에 따라서 조직의 사활과 장래가 결정됩니다. 그렇기 때문에 임원과 간부는 더욱 정예화되고 자기의 맡은 분야에서 일어나는 일에 대해서는 모든 책임을 지겠다는 각오를 가져야 합니다. 그리고 부하직원이 자발적으로 따를 수 있는 자질을 구비해야 되리라고 믿습니다. 그러기 위해서는 자기희생을해야 하며 솔선수범하는 자세가 요구됩니다. 그런데 솔선수범이란 말처럼 쉽지 않습니다. 작은 일부터 스스로 솔선수범하는 분위기가 조성되어야 합니다.

기능직 직원에 대해서는 장래에 대한 기대를 할 수 있도록 인사제도가 개선되도록 노력해야 합니다. 흔히 말하길 공평하게 나누는 것이 가장 좋은 것이라고 생각할 수 있지만, 회사에 공로가 없고 아무런 기여를 하지 않는 사람이 공정한 대우를 받는 것은 가장 큰 불공평의 원천입니다.

그렇기 때문에 열심히 일하고 노력하고 애쓴 사람에게는 그만한 대우를 할 수 있는 분위기 조성이 중요하다고 믿습니다. 그리고 우리 공

사의 인사제도에 있어서, 혈연과 지연과 학연 등은 반드시 배제해 나가도록 우리 모두 노력하고 이해해야 하겠습니다.

셋째, 연구 개발하는 분위기의 조성입니다. 전임 이상희 사장께서도 이러한 분야에 엄청난 관심을 가졌던 것으로 알고 있습니다만 우리 전체가 공부하는 자세를 가져야 하겠습니다. '나는 부족하다', '나는 모른다'는 겸손한 자세를 갖고 있을 때 자기발전이 있을 수 있습니다. 그렇지 않고 단편적인 지식과 경험에서 우러난 아집을 갖게 되면 동료와 부서 간에 협조와 인화를 기대할 수 없습니다. 이런 바람직하지 않은 태도는 실력이 부족한 것을 깨닫지 못할 때 흔히 나타납니다. 우리 자신이 스스로 부족하다는 겸허한 자세로 공부하는 분위기를 만들어 나가야 되겠습니다.

중국의 유명한 시인 도연명은 이러한 이야기를 했습니다.

"젊은시절은 두 번 없고 하루의 아침은 한 번 있다. 때에 따라 공부할 것이며 세월은 인생을 기다리지 않는다."

우리는 과연 현재 위치에만 안주하고 편안하게 하루하루를 그냥 보내고 있지 않은지 스스로 반성해야 합니다. 그래서 앞으로는 교육을 더욱 강화해서 이 정보화시대의 치열한 국내경쟁과 국제경쟁에서 살아남을 수 있는 자생력을 갖춰야 합니다. 새로운 지식과 새로운 기술을 도입하고 연구개발해서 확대 발전하는 분위기가 조성되지 않고는 기업이 발전할 수가 없습니다. 그렇기 때문에 공로가 있는 사람이 그에 합당한 대우를 받을 수 있도록 모든 제도적 뒷받침을 강구해야 하겠습니다.

넷째, 책임경영체제의 확립입니다. 지난 '84년부터 정부투자기관에 책임경영제가 도입되어 있는 사실은 모두 알고 있습니다. 책임경영제도라고 하는 것은 말로 되는 것이 아닙니다. 흔히 권리만 주장하고 책임을 완수하는 자세가 부족한 것이 우리의 현실입니다. 권한에는 반드시 책임이 수반된다는 사실을 명백히 인식해야 되겠습니다.

사업본부별로 맡은 업무에 있어서 어떤 일이 있어도 성과에 대한 책임을 지는 풍토가 조성되어야 합니다. 모든 임직원이 성과에 대해서 책임의식을 갖고 자율적으로 행동하는 용기와 신념이 있어야 책임경영체제가 확립될 수 있다고 생각합니다.

특히 제가 보기에 우리 공사는 대경관리에 비교적 약한 편으로 보입니다. 경영에 있어서 미국이나 유럽처럼 합리주의가 지배하는 사회에서는 대경관리가 별로 필요치 않습니다. 원칙론에 치중하면 되기 때문입니다. 하지만 우리나라의 경우는 대경관리에 특별한 관심을 가져야 합니다. 인간관계가 정책에 영향을 미치는 경우도 많이 있습니다. 그렇기 때문에 더욱 대경관계를 철저히 기하여, 현재 있는 각 인간관계 루트를 찾아서 섭외력을 더욱 강화해야 되겠다고 생각합니다.

마지막으로 우리 공사가 국내에서는 물론 세계적인 기업으로 발돋움하기 위해서는 우리의 의식을 개혁해야 하겠다는 생각입니다. 의식개혁은 회사의 발전뿐만 아니라 자신의 발전에도 도움이 됩니다. 그래서 아직 확정된 슬로건은 아닙니다만 '앞서가는 수자원공사 운동'을 전개할 필요성이 있다고 생각합니다. 앞서간다는 것은 옆에 있는 동료보다, 과보다, 부서보다, 본부보다, 다른 회사보다, 다른 나라보다 한걸음 더 앞서가자는 것입니다. 앞서간다는 것은 예측적이고, 예방적이고, 장기적인 안목에서 자기의 업무를 수행하는 의미입니다. 가뭄때 장마를 생각하고, 장마 때 가뭄을 생각하는 그러한 예비적인 조치를 말하는 겁니다. 우리 공사의 장래가 앞으로 어떻게 전개될 것인지 지금 현 시점에서 예측하여 대책을 준비하는 예비적, 장기적 안목에서 모든 사고를 전개해 나가는 것이 앞서가는 수자원공사 운동의 방향이라고 할 수 있습니다.

그러기 위해서는 매사에 긍정적이고 적극적이며 미래지향적인 사고를 가져야합니다. 회사의 경영은 바로 미래의 변화를 인지하고 이에 대한 대책을 세우는 것입니다.

지위 고하를 막론하고 우리 모두가 수자원공사의 장래를 짊어진 주인공들입니다. 저는 여러분들에게 봉사하기 위해서, 도움이 될 일을 찾기 위해 왔습니다. 이제 제가 앞장서서 뛰겠습니다. 여러분들도 자기의 맡은 분야에서 열심히 뛰기 바랍니다.

이제 우리는 과거에 집착하지 말고 미래에 대해서 도전하고 내일에 대한 희망을 가지고 앞으로 나아가야 할 것입니다. 임원이 알아서 사원들에게 무엇을 해줄 것이라고 기대해서는 안 됩니다. 여러분 스스로 개척해야 합니다. 임원도 여러분도 모두가 한 가족입니다.

미국 케네디 대통령은 국가가 국민을 위해서 무엇을 해주기를 기대하기 전에, 국민이 국가를 위해서 무엇을 할 것인가를 먼저 생각할때 뉴프론티어 정신이 성공할 수 있다고 말했습니다. 여러분 스스로 공사를 위해서 무엇을 할 것인가, 어떻게 할 것인가를 먼저 생각하는 분위기가 조성될 때, 우리 공사가 국내는 물론 세계적인 기업으로 발돋움할 것입니다. 그 일을 할 주인공은 바로 여러분입니다. 그렇게 해서 정말 멋있는 기업, 훌륭한 기업을 만들어서 우리 후배들에게 멋있는 한국수자원공사를 유산으로 남겨주는 역사의 주인공이 되도록 간절히 부탁드립니다.

다시 한번 일선 현장에서 고생하시는 임직원 여러분들과 이 자리에 모이신 여러분들의 노고에 진심으로 감사드리고 또한 가정에도 언제나 평화와 건강이 함께 하기를 기원합니다.

03

새해 새출발을 위한 간부의 역할

(1992. 1. 8)

　임신년 새해를 맞이하여 수공의 주역인 부과장 여러분들에게 올해는 계획한 모든 일들이 순조롭게 성취되기를 진심으로 기원합니다. 연초에는 누구나 여러 가지 희망찬 계획을 세우게 됩니다. 여러분들도 각자 올해에 성취할 목표를 정하여 새출발을 다짐하리라 믿습니다.

　오늘 이런 시간을 갖게 된 것은 새해를 맞이해서 우리 스스로를 한번 냉정하게 돌이켜보는 시간을 가짐으로써, 여러분 개인적으로나 공사 전체적으로 의미 있는 새해 새출발을 갖고자 하기 위해서입니다.

　1989년 5월로 기억하고 있습니다만, 우리 수공을 스스로 진단하면서 우리는 과연 어떤 일을 하는 사람들인지 생각해보자고 말한 적 있습니다. 그때 제가 이런 말을 한 것으로 기억납니다. "우리는 엄청난 잠재력과 능력을 지니고 있는 간부들이며 모든 수공인들이 순수하고 착하고 아름다운 마음을 가진 물과 같은 존재들이다. 그러나 이같이 좋은 장점이 있는 반면에 한편으로는 너무 차분하고 자극이없다. 그래서 현실에 안주하는 매너리즘에 빠져있는 생활을 반복하고 있다. 그런 면에서 우리 수공의 간부들을 스스로 댐을 창조하는 동물인 비버로 비교한다면 잠자고 있는 비버, 외침을 받지 않는 비버, 환경의 변화에 능동적으로 대처하지 못하고 있는 비버이다"라고 강조한 바 있습니다.

그 같은 문제를 치유하기 위한 방법으로 여러분에게 제창한 것이 바로 앞서가는 수자원공사 운동이며 그것이 한 단계 진화해서 'MIND-90' 운동으로 명칭이 바뀌었습니다. 그로부터 정확하게 2년 9개월이 지났습니다. 그 동안 우리 수공 각 조직에서 긍정적인 변화가 있었고, 전체적으로도 새로운 변화의 조짐이 나타나고 있습니다.

그러나 아직도 우리 수공 간부들은 일부 분야에서 시골티를 벗어나지 못하는 면모를 보이고 있습니다. 엄밀하게 따져서 우리는 아직도 잠자고 있는 비버와 같은 존재라고 할 수 밖에 없습니다.

성공을 위한 자화상

거창한 경영학 용어나 혹은 철학적 표현을 쓸 것 없이 스스로 한 번 솔직하게 생각해 보십시오. 간부 여러분들은 오늘 새벽부터 밤까지 하루의 일과를 어떻게 시작하고 어떻게 마무리하고 있습니까. 아침 일찍 일어나서 먼저 자신과 가족, 크게는 수공과 이 나라의 발전을 위해서 무엇을 해야겠다고 다짐합니까? 그리고 적어도 출근하기전에 조간신문을 모두 읽고 있습니까? 또 출근해서 업무가 개시되기전에 모든 업무를 수행할 수 있는 정신자세를 가다듬고 있는지 돌이켜 보십시오. 외부로부터 정보와 자극을 받기 위해서 대내외 전화를 하루에 몇 통이나 하고 있는지, 또 몇 사람의 동료와 만나고 주위 사람과 인간관계를 잘하기 위해서 스스로 얼마나 노력을 하고 있는지 돌이켜 보십시다. 그리고 업무가 끝나고 난 다음에 집에 가면 일과 중에 있던 일을 한번 돌아보십시오. 또한 여러분보다 많은 정보와 지식을 갖고 있고 모든 면에서 배울 수 있는 사람과 일주일에 몇번이나 만나는지 돌이켜보십시오.

이런 점을 솔직히 생각해 봅시다. 제가 보기에 여러분들은 거의 똑같은 생활을 반복하는 매너리즘에 빠져있습니다. 아침에 일어나서 별다른 다짐 없이 출근해서 시간을 보내다가 일을 마치면 그냥 집으로 돌아가지는 않습니까? 친구와 모여서 시시콜콜한 잡담이나 하고 헤어지는 분들이 상당수 있지 않나 생각됩니다. 이렇게 하루 이틀 쌓여서 한 달이 가고 일 년이 가며, 또 10년이 흐르고 한 평생이 됩니다. 과연 그런 식으로 무의미한 날만 보낼 때 국가나 민족, 수공은 물론 여러분 개인의 발전을 기할 수 있겠습니까? 자신이 현재 처한 위치와 사고와 행동에 대해서 아무런 변화의 필요성을 인식하지 못하고 있습니다.

사장인 저는 여러분의 인생 선배로서 여러분들의 모습을 볼 때 이대로 가다가는 그야말로 촌사람으로 전락하고 말겠다는 걱정을 하지 않을 수 없습니다. 제가 전원에서 농사짓는 사람을 무시하는 말이 아니라 여러분들이 현대 정보사회에 적응하는 태도를 보았을 때 시골사람이라는 뜻입니다.

여러분은 진심으로 인생의 목표를 어떻게 정립했습니까? 그 목표를 달성하기 위해서 매일 세분된 일과를 어떻게 만들어가고 있으며 자기 암시를 통해서 그 목표를 몇 번이나 되새기고 있습니까? 올해는 어떻게 하든 부장이 되겠다, 처장, 본부장이 되어야겠다고 생각한다면 그 목표를 달성하기 위한 수단을 어떻게 강구하고 있느냐는 말입니다. 저는 여러분들이 그런 면에서 치밀하지 못하다고 생각합니다. 여러분들은 10년, 20년 후의 자화상을 그려본 적이 있습니까? 현재 사장과 본부장들의 모습을 보면서 '나는 10년 후, 20년 후에 어떠한 모습으로 이 조직에 존재하고 있을까' 라는 생각을 해본 적 있습니까?

성공한 사람들의 공통적인 특징은 목표를 정하고 그 목표를 항상 되새기면서 목표달성을 위한 세부 수단을 실천하는 태도입니다. 하루 업무의 우선순위를 정해서 거기에 따라 하나하나 단계를 거쳐 목표에 접근해 나가는 삶을 살고 있다는 것입니다. 그런 과정이 모일때 여러분의 인생이 판가름 난다는 것을 명심해야 합니다.

여러분은 온 세계가 지구촌화하고 있는 이 시점에 국제화된 정보사회에 적응할 수 있는 국제인이 돼가고 있습니까? 여러분은 하루에 외국어를 몇 분이라도 공부하고 있습니까? 영어, 일어 등 외국어 공부는 물론 여러 나라에 대한 정보를 꾸준히 입수하고 있습니까? 하루에 한 줄의 원서도 보지 않고 있다면 간부자격이 없다고 할 수 있습니다.

국제화 사회에 적응할 수 있는 인물이 될 수 없습니다. 현대는 정보지향의 사회입니다. 그 정보를 수집하는 가장 좋은 방법중 하나가 외국어를 이용해서 첨단 정보를 직접 입수하는 것입니다. 그 수단이 바로 어학입니다. 그럼에도 불구하고 여러분들은 과연 어떤 어학공부를 얼마나 하고 있습니까. 여러분은 한 달에 서점을 몇번이나 갑니까? 최근에 잘 팔리고 있는 책이 무엇인지 알고 있습니까? 자기계발을 위한 노력을 하지 않고 그저 시간만 보내는 분들은 철저히 반성해야 합니다.

우리 한번 생각해 봅시다. 여러분 장래의 설계를 위해서 성공한 사람들의 책을 몇 권이나 읽었으며 또 거기서 받은 교훈을 얼마나 기억하고 있는지 곰곰이 생각해 보십시오. 흔히들 성공한 사람들이 줄을 잘 서서, 또는 우연한 기회를 잡았다고 생각하기 쉽습니다. 그러나 그 사람들이 그 지위에 올라간 것은 절대로 우연이 아닙니다. 엄청난 노력을 했기 때문에 오늘의 그들이 있는 겁니다. 머리는 좋은데 사회성이 없는 사람, 사회성은 있는데 지식의 뒷받침이 없는 사람, 지식은 탁월한데도 불구하고 지혜가 따르지 않는 사람들을 주위에서 얼마든지 볼 수 있습니다.

여러분들의 선배를 통해서 훗날 여러분들의 자화상을 그려보아야 합니다. 사장인 저를 통해서 여러분들이 배울 것도 있을 것입니다. 저 사람은 이러저런 면에서는 우수하지만 이런 면에서는 우리가 배워서는 안 된다, 본부장을 통해서 이런 면은 우리가 취해야 되겠지만 저런 면은 버려야 되겠다고 판단할 줄 알아야 합니다. 그렇게 취사선택함으로써 잠재력을 키워야 합니다. 선배가 곧 여러분의 스승이요, 미래에 대한 자화상입니다. 그들을 보고 미래를 그릴 줄 알아야 합니다. 직접 경험하지 못한 세계를 살펴보고 대면하지 못한 훌륭한 사람들의 삶을 배우는 가장 좋은 방법은 책을 읽는 것입니다. 일 주일 혹은 한 달에 몇 권 읽겠다는 목표를 세우고 실천하세요. 공부하지 않고 지식을 쌓는 것은 절대 불가능하다는 사실을 명심하십시오.

현실안주는 실패의 지름길

리더십은 조직을 이끌어가는 간부가 반드시 갖추어야할 덕목입니다. 그런데 우리 공사와 같은 조직에서 리더십을 발휘하기 위해서는 지식이 뒷받침되어야 합니다. 부하를 지식으로 설득하지 않으면 승복하지 않습니다. 리더십은 우선 업무에 대한 지식에서 출발하기 때문입니다. 또한 업무를 떠나 기타 분야에 관한 여러 가지 지식을 갖추어 부하가 보고배울 수 있으면 리더십은 배가됩니다. 그런 면에서 여러분이 얼마나 준비를 하고 있는지 돌이켜보시기 바랍니다. 국제적인 감각을 느낄 수 있는 호텔도 가볼 필요가 있습니다. 외국인들이 와서 활동하고 활발하게 움직이는 모습을 체험하고 있습니까? 리더십을 개발하기 위해서는 다양한 방면에서 지식과 경험을 쌓아야 합니다.

대전이라는 조용하고 한적한 시골에 살면서 아침이면 출근하고 퇴근하면 잠자는 세월만 보내서야 되겠습니까? 공무로 서울에 출장갔을 때 왜 당일날 내려옵니까? 진심으로 여러분들이 발전하려면 출장갔을 때 필요한 사람을 많이 만나야 합니다. 현재 여러분의 모습은 어떻습니까? 건설부에 갔다가 실무자를 만나고 끝나기 무섭게 내려옵니다.

대전이 여러분들의 낙원은 아닙니다. 여러분들은 세계 지향적인, 국제 지향적인 인물이 되어야 합니다. 그럼에도 불구하고 우리는 서울조차 따라가지 못하고 있는 실정입니다.

한 가지 예를 들어 이야기하겠습니다. 이화여대 국문과를 수석으로 졸업한 한 아주 예쁜 학생이 있었습니다. 대학을 졸업하고 이상적인 교육학자의 꿈을 가지고 시골로 갔습니다. 그 지역사회, 그 학교에 선생이 여섯 명밖에 되지 않았는데 그 중에서도 제일 나은 사람과 사귀다가 결혼했습니다. 그곳에 있을 때에는 무한히 행복했다고 합니다. 그런데 10년 후 서울에서 열린 동창회에 가보니 자기는 가장 초라한 사람이 되어있었다는 것입니다. 물론 가치판단의 기준을 어디에 두느냐에 따라서 기준이 다를 수가 있습니다. 그러나 보편타당한 논리로 생각해본 그 여선생은 엄청난 충격과 좌절감으로 정신병까지 얻게 되었다고 합니다.

어쩌면 지금 수자원공사 간부들이 대전에서 하고 있는 행태와 사고가 바로 그 여선생이 한적한 시골에서 단꿈을 꾸고 있는 것과 같은 상태가 아닌가 생각됩니다. 진정 여러분들은 이 단꿈에서 깨어나 국제적으로 노도와 같이 밀려드는 변화에 적응해야 됩니다. 적응을 하려고 노력해야 합니다. 왜 노력하지 않고 만족만 하고 있느냐는 말입니다. 여러분의 무대는 세계라는 사실을 명심해주시기 바랍니다.

수자원공사는 적어도 국내에서는 제일이요, 세계적인 기업으로 발돋움해야 합니다. 그 일에 중추적 역할을 하는 부과장 여러분들이 대전에 안주하여 아침이면 별 생각 없이 출근하고 저녁이면 퇴근해서 텔레비전 앞에서 시간을 보낸다면 앞으로 어떤 역할을 할 수 있겠습니까.

인간관계는 창조하는 것

이 세상 모든 일이 인간관계에서 출발한다고 볼 때 인간관계는 스스로 만들어 창조하는 것입니다. 예를 들어 동창관계도 그렇습니다. 입학할 때 이미 인간관계의 기초가 형성됩니다. 그러나 그 후 대화와 커뮤니케이션이 이루어지고 의기상통하여 인간적으로 가까워지는 것은 스스로 창조하고 노력하는 과정에서 만들어지며 그것이 결국 인간관계를 맺는 것입니다.

회사가 어려움에 봉착했을 때 여러분이 일조할 수 있는 길은 하루 빨리 촌티를 벗어나는 것입니다. 여러분들은 스스로의 상태를 잘 모르고 있습니다. 얼마나 촌스럽고 얼마나 안일무사하며 매너리즘에 빠져있는지, 그 자체를 여러분들 스스로 진단하지 못하고 있습니다.

이것이 가장 무서운 병입니다. 우리가 도전하고 지향해야 할 목표와 올라야할 고지가 엄청나게 넓고 높은 데도 불구하고, 아주 한적한 시골에서 유유자족하며 현실에 안주하고 있습니다.

여러분은 중·고·대학 동창들과 유대관계를 어떻게 유지하고 있습니까? 적어도 모임이 있을 때 연락이 옵니까? 이미 잊혀진 사람이 되었다면 여러분들은 이미 시골사람이 되었다는 증거입니다. 만약 여러분 모두 그렇게 지낸다면 우리 수공의 대외섭외력은 보잘 것 없이 되고 맙니다. 여러분들 한 사람 한 사람이 살아 움직이고 대인접촉을 활발히 할 때, 이것이 결집이 되어서 우리의 섭외력이 되는 것입니다. 상층부에서 아무리 뛰고 열심히 노력해도 하부에서 뒷받침하지 못할 때에는 아무런 성과가 나타나지 않습니다. 그런 면에서 우리가 꼭 한번 생각해야 하겠습니다.

다시 한번 말하지만 여러분은 자신의 상황과 위치를 잘 모를 수 있습니다. 사장인 제가 여러분들을 객관적인 입장에서 볼 때 이 평가에 결코 오류가 있다고 생각하지 않습니다. 모두에서도 말씀드렸지만 간부 여러분들은 엄청난 잠재력과 선하고 순수한 인간성과 오염되지 않는 마음을 가지고 있습니다. 그러나 불행하게도 시간이 지날수록 시골화 되어가고 있고 자극도 받지 않으며 공부도 하지 않고 매너리즘에 젖어들고 있습니다. 올해는 이것을 과감하게 떨치고 일어나서 여러분들이 바로 수공의 주인이며, 수공의 운명을 좌우하는 존재들이라는 것을 확인해 보는 기회를 갖도록 합시다.

간부는 수공의 주인공

　판자촌에서 여덟 명이 모여 시작한 것이 중국 공산당입니다. 그렇게 시작되어 현재는 세계 인류의 20% 이상을 지배하고 있는 공산국가가 되어 있습니다. 마찬가지로 여기 모인 부과장 여러분들이 우리 수공의 주인공입니다. 여러분들의 사고와 행동이 바로 수공의 미래상입니다. 진심으로 여러분들이 세계지향적인 목표를 세우고 매일같이 공부하고 서로 격려하고 자극을 받고 서울의 움직임, 세계 움직임을 보고 자신을 연마해야 우리 수공이 발전합니다.

　출근하고 퇴근해서 텔레비전만 보고 자는 무능력한 생활형태에서 완전히 벗어나야 합니다. 그래서 금년도에는 다시 한번 MIND-90 운동에 활력을 불어넣고 재창조하는 한 해로 나가야 하겠습니다. 의식의 개혁과 경영의 혁신, 이 두 가지 가운데 경영의 혁신보다 오히려 의식개혁에 보다 큰 비중을 두고 이끌어 가야겠다는 생각입니다.

　진정으로 여러분들은 무한한 잠재력을 가진 우리 수자원공사의 희망이요 주인공이며 주역입니다. 여러분들의 말과 행동과 사고, 이것이 수자원공사의 미래상인 것입니다.

　그러한 책무를 생각해서 올해는 과감하게 촌티를 벗어야 하겠습니다. 그렇게 하기 위해서는 무엇보다 공부하는 자세가 요구됩니다. 공부는 신문이라도 완벽하게 읽어나가는 것에서부터 시작해야 합니다. 자기 업무에 대해서는 누구보다 정통해야 하며, 국제인에게 필수적인 어학실력을 쌓기 위해 매진해야 합니다. 한편 자신의 건강을 돌보고 건전한 사고를 함으로써 주위 사람과 가족과 사회를 좋은 분 위기로 이끌어야 합니다. 새해를 맞아 여러분들에게 강조하고자 하는 것은 경영성과에서 의미 있는 실적을 거둘 뿐만 아니라, 올해야 말로 철저한 의식개혁을 통해서 모든 수공인이 거듭나야 하겠습니다.

그리고 이를 바탕으로 우리 수공이 문자 그대로 국내에서 제일가는 기업, 세계적으로 인정받는 기업으로 발돋움합시다. 그 주역은 바로 부과장 여러분입니다. 여러분에게 거는 기대가 대단하다는 것을 알고 의식의 혁명을 통해서 무엇인가 보여주는 한 해가 되기를 거듭 부탁드리겠습니다.

04

워토피아 창조의 주역

신입사원 특강 (1991. 1. 7)

먼저 우리 수공가족이 된 여러분들을 진심으로 환영합니다. 여러 가지 어려운 여건에서 교육 받느라고 수고가 많습니다. 이렇게 보니 모두 미남이고 몇 분 숙녀들도 다 미녀라 더욱 반갑습니다. 엄청난 경

'91년 신입사원 특강

쟁률을 뚫고 시험에 합격해서 수공인이 되었다 하는 것은 우선 여러분 개인들에게 큰 영광이고, 범위를 확대하면 여러분 가문의 명예이고, 나가서는 출신 모교의 명예입니다. 그리고 여러분들이 이렇게 좋은 곳에서 사회의 첫 발을 디뎠다는 점은 행복한 인생에 들어선 행운이라고 생각합니다.

수공인은 선택받은 사람

언젠가 안병욱 교수에게서 인간에게는 세 가지의 선택이 있다는 이야기를 들었습니다. 그리고 저는 신입사원들에게 언제나 그 말을 합니다.

안병욱 교수가 말한 세 가지 선택은 **첫째, 직업의 선택, 둘째, 배우자의 선택, 셋째, 인생관의 선택**입니다. 인간이 하느님으로부터 생명을 받아 이 세상에 태어나서 일생을 마치는 과정은 누구나 똑같습니다. 하지만 이 세가지 선택을 어떻게 하느냐에 따라서 이 세상에 큰 족적을 남기고 인류의 사회, 그리고 자기의 직장과 가정에 큰 보탬과 가치를 창조하고 세상을 하직하는 사람이 됩니다. 반면에 태어나 살다가 소리없이 그냥 사라지는 인생도 있습니다.

인생의 가치를 찾기 위해서는 이 세 가지 선택을 현명하게 해야합니다. 여기에 따라 일생이 좌우됩니다. 이 선택이 잘못되었을 때 우리의 인생은 출발부터 어긋날 수 있습니다. 그 중에서 첫번째인 직업의 선택은, 우연히 결정한 사람도 있고, 어떤 목적의식을 가지고 선택한 사람도 있을 겁니다. 어쨌든 우리 수자원공사의 가족이 되었다고 하는 것은 결코 우연이 아니라고 생각합니다.

이것을 불교식으로 이야기한다면 만세 전부터 어떤 인연이 있었다고 말할 수 있겠고, 기독교식으로 이야기한다면 하나님이 작정하신 대로 그 일정에 맞추어진 숙명이라고 생각합니다. 여러분이 인생의 첫 직장생활을 수자원공사하게 되었다는 것을 영광이라고 말하는 것에 대해 지나친 표현이라고 생각하는 분도 있을지 모르겠지만 제가 보기에는 정말로 큰 영광입니다. 여러분은 지금 그 이유를 잘 모를 것입니다. 그러나 시간이 지나면 지날수록 과연 여러분이 수자원 공사의 가족이 된 것이 얼마나 행복한 일인지 느끼게 될 것입니다.

내가 왜 여러분이 직업인으로서 수자원공사를 선택한 것이 왜 훌륭하고 멋진 선택이었는지 몇 가지 설명 드리겠습니다.

우선 수자원공사는 민간기업도 아니고 그렇다고 공무원이 일하는 국가기관도 아닙니다. 우리 공사는 국가의 기간산업을 직접 건설하고, 관리하고, 운영하는 곳입니다. 구체적으로 댐의 건설과 관리, 수도의 건설과 관리, 공업단지의 건설과 관리, 신도시의 건설과 관리 등의 업무를 수행하고 있습니다. 이러한 일들은 공공의 이익이라는 성격 상 민간기업이 맡기 힘듭니다. 그렇다고 국가 공무원이 할 수 있는 일도 아닙니다. 바로 공기업인 우리 수자원공사이기 때문에 할 수 있는 일입니다.

처음 입사해서 퇴사할 때까지 이윤추구를 위해서 전력을 투구하는 일을 수행하는 것이 민간기업의 생활이라면 공무원은 주어진 여건에서 공직을 수행합니다. 그러나 공기업은 민간기업의 윤리와 공무원으로서의 국가에 대한 봉사, 이 두 가지를 겸비한 자리입니다. 그렇기 때문에 여러분은 사사로운 직장에 근무하는 것이 아니라 공직자입니다.

좋은 직장의 조건

얼마 전 일본 신문을 보니까 일본의 젊은이들 가운데 대학졸업자들이 선호하는 직장이 바뀌었다고 합니다. 과거에는 졸업과 동시에 전부 상사를 원했습니다. 소위 일본의 5대 상사라고 하는 마쓰이, 미쯔비시, 스미또모, 모이또, 이또오 같은 종합상사를 선호하는 경향이 대단히 강했습니다. 그런데 일본에는 지금 이야기한 5대 상사만 있는 것이 아닙니다. 그보다 더 좋은 평판을 받는 상사들도 있습니다. 개열별로는 조금 다르지만 아지노모도, 아사이 가라사, 그리고 도오쿄오 마린, 동경해상 등은 일본에서 가장 우수한 대학 졸업생이 들어가는 회사입니다. 그 다음이 바로 앞에서 말한 5대 상사입니다.

왜 그 회사들을 선호하느냐! 그것은 졸업하자마자 바로 해외로 뛰면서 자기 꿈을 실현할 수 있는 여러 가지 이점이 있기 때문입니다. 그런데 이런 경향이 바뀌었다는 것입니다. 최근의 경향을 보면 일본의 젊은이들 모두 우리와 같은 공기업을 선호합니다. 그 이유가 첫째는 직업의 안정성입니다. 민간기업은 능률과 결과를 중시하기 때문에 그 성과를 가지고 바로 결판납니다. 그래서 능력이 없으면 쫓겨나기도 합니다. 그런데 공기업은 특별히 잘못하지 않는 한 그렇지 않습니다. 일반적으로 신분이 보장되는 직장은 역시 공기업이나 공무원입니다. 둘째는 국가의 발전과 국토의 개발에 여러분이 직접 참여해서 기여할 수 있다는 장점이 있습니다. 그 다음은 연금제도가 철저히 되어 있어 노후에 아무런 걱정이 없습니다. 이런 점들 때문에 최근 일본 젊은이들은 민간기업보다 오히려 공기업, 공무원을 더 선호하는 경향이 있습니다.

우연의 일치인지 모르겠지만 이 시점에 여러분이 우리 수자원공사의 가족이 되었다는 것은 시대를 앞선 훌륭한 선택인 것입니다. 우리 공사는 우선 이윤추구를 위해서 스트레스 받아가며 아침부터 밤까지 일하는 곳이 아닙니다. 그러면서 국가의 기간산업, 혹은 Infra Structure를 건설하고 개발하는데 참여하여 국가에 기여하고 사회에 봉사하면서 생활할 수 있는 공기업입니다. 이런 면에서 여러분들이 수공인이 되었다는 점은 어떤 개인기업에 입사하는 것보다 훨씬 나은 선택입니다.

이런 직업의 안정성, 국가에의 봉사 등도 좋지만 우리 공사야말로 공해 없는 쾌적한 곳에서 일하는 직장입니다. 여러분 주위의 친구들 가운데서 그 직장에 공해가 심하거나, 공해로 다른 문제가 파생되어 정상적인 직장생활을 하지 못하고 중도탈락하는 사람이 많습니다. 그런데 우리 수자원공사가 벌이고 있는 공사 현장이나 지금 우리가 위치하고 있는 이 연수원이나 본사의 위치를 봤을 때, 공해가 전혀 없습니다. 이런 직장이 어디 있습니까. 여러분들이 좋다 나쁘다 하는 것은 비교우위인데 다른 직장과 이런 측면에서 비교해 보십시오. 이렇게 공기가 좋은 데가 어디에 있습니까? 아주 건강하게 직장생활을 하는 곳입니다.

사회가 발전할수록 쾌적한 환경에 대한 가치가 주목받게 됩니다. 주택의 위치는 물론 직장의 위치도 중요한 고려사항입니다. 최근에는 도시학을 전공하는 사람들이 주택이나 조경을 놓고 가치를 산정하기도 합니다. 즉 쾌적성 가격을 산출합니다. 말하자면 공기가 좋고 지내기 편리한 쾌적함이 큰 가치를 창조하는 것입니다. 그런 면으로 따지면 여러분들은 이런 쾌적한 환경에 근무하는데 대가로 사실 월급을 절반 정도만 받아도 충분하다는 생각이 들 정도입니다. 예를 들어 공해가 심하고 환경이 좋지 않은 직장에서 한 30년 근무하다 건강이 악화되어 사망하는 것과, 월급을 절반만 받고 60살까지 총각이나 처녀와 다름없을 정도로 건강하게 산다고 하면 여러분은 어느 쪽을 선택하겠습니까? 그런 면에서 우리 공사는 정말 훌륭한 직장이고 여러분들은 큰 행복을 차지한 것입니다.

지난번에 한번 우리 수자원공사 임직원 부인들을 모두 불렀습니다. 그리고 여러분의 남편이 다니고 있는 이 직장이 얼마나 훌륭한 직장인지 알고 있느냐고 물었습니다. 그런데 한 사람도 몰랐습니다. 직장은 모두 이런 곳이라고 생각하고 있었습니다. 모든 직장이 이렇게 환경이 좋고, 사람들이 좋고, 하는 일도 바람직한 줄 알고 있었습니다. 그래서 제가 부인들 보고 그랬습니다. 오늘 집에 가거든 옆집 사는 친구를 불러서 물어봐라. 그래서 우리 공사가 좋다는 것을 깨닫는 다면, 남편이 퇴근하고 돌아왔을 때 좀 속된 말로 서비스를 기차게 해주라고 이야기했습니다. 그런데 직원 모두 예외 없이 그날 퇴근했더니 부인들이 전부 방긋방긋 웃으면서 서비스가 정말 좋아졌다고 말했습니다. 그리고 "제발 사장님이 한번씩 불러서 부인들을 교육 좀 시켜달라"고 하더군요.

흔히 너무 좋은 조건으로만 생활하면 이 세상 전체가 다 좋은 줄 압니다. 우물 안 개구리가 되어 다른 세상을 모르기 때문입니다. 우리 애들한테 우리 젊었을 때나 대학 다닐 때는 이러 이러 했다고 말하면, 그것은 영화나 소설에서나 나오는 이야기처럼 여기고 말이 통하지 않습니다. 물론 세대차이에서 올 수도 있겠지만 더 중요한 원인은 체험이 없기 때문입니다. 혹시 이곳이 얼마나 좋은 직장인지 여러분이 깨닫지 못하지 않을까하는 노파심에서 말씀드렸습니다.

다음으로 우리 공사는 자본금 1조 5천억원, 종업원 3천 5백명이고, 전국에 걸쳐서 지사, 사무소, 출장소가 없는 데가 없습니다. 민간기업으로 말하자면 대그룹에 해당됩니다. 매출액이 거의 1조원에 육박하는 이런 광대한 조직은 정말로 드뭅니다. 우리 조직의 임원은 다른 민간기업의 그룹인 경우 각자 사장입니다. 사장인 나는, 말하자면 민간대그룹 회장이라고 말할 정도로 조직이 광대합니다. 조직 자체 크기만 큰 것이 아니라 얼마나 멋있는 직장입니까. 여러분들이 교육을 통해서 여러 가지 설명을 모두 들었기 때문에 충분히 알고있으리라 생각합니다.

물의 유용성

물은 인간 생활의 원천이요, 물 없이는 어떤 생물도 살 수 없습니다. 물은 생명의 근원이면서도 우리의 삶에 필요한 철학을 가르치고 있습니다. 물을 다루는 우리들은 그것을 깨닫고 배워야 합니다. 우리가 물에서 배울 수 있는 철학을 이야기하겠습니다.

첫째 유용성입니다. 물은 우리 인간에게 굉장히 유용합니다. 물로, 얼음으로, 수증기로, 또 안개로, 눈으로, 여러 가지 형태로 변하면서 인간에게 기여하고 있습니다. 물을 아이스크림으로 즐기고, 찬물로 시원하게 목을 축이고, 또 뜨거운 커피를 마시면서 유용하게 이용합니다.

그리고 물은 높은 데서 낮은 곳으로 순리대로 흘러갑니다. 언제인가 성철 스님께서 "산은 산이고 물을 물이다"라고 말씀하셨습니다. 이것은 당연한 이치같지만 대단한 철학이 들어 있는 명언입니다.

또한 물은 엄청난 융통성을 지니고 있습니다. 직선으로 흐르다가 어떤 때는 굽이굽이 돌아서 흐르기도 하고 폭포를 만나면 높은 데서 떨어지기도 하고 넘어가기 어려우면 지하로 스며들기도 합니다. 또 어떤 때는 용트림해서 올라오기도 합니다. 이렇게 물은 상황에 따라서 얼마든지 다양하게 변합니다. 우리는 이런 물의 융통성에서 인생을 살아가는 철학을 배울 수 있습니다.

또한 물은 빨리 흐르기도 하지만 아주 천천히 흐르기도 합니다. 사람이 보기 싫을 때는 지하로 잠적해 버리기도 합니다. 그리고 때로는 노도와 일어나 자연 전체를 삼킬 것 같은 홍수를 일으키기도 합니다. 그 뿐만 아닙니다. 물로 전기를 발전해서 유용하게 사용합니다. 농업용수, 공업용수로, 또 우리가 마시는 음료수로 쓰이는 등 얼마나 유용합니까. 우리가 물을 통해서 배울 수 있는 철학이 엄청나게 많습니다. 물의 융통성, 물의 다양성과 유용성, 바로 우리가 그런 물을 직접 다루고 있습니다. 우리는 물로부터 인생을 어떻게 살아가야 하는지 배울 수 있습니다.

우리 한번 조용히 생각해 봅시다, 우리는 과연 물처럼 그렇게 순리대로 살아가는지. 또한 물처럼 상황이나 여건의 변화에 철저히 적응해서 살 수 있는 융통성을 갖고 있는지 말입니다. 다양한 형태로 변화해서 우리 인간에게 여러 가지 공익을 제공하는 물에서 배울 점이 참으로 많습니다. 인간은 여건이 조금만 변해도 불평하거나 또는 너무 좋아하고 슬퍼하지만 물은 언제나 변함없습니다. 때로는 굽이굽이 돌아가지만 결코 비겁하지도 않은 태도를 배워야 합니다.

물은 실로 많은 것을 우리 인간에게 가르치는 위대한 선생인데, 그 물을 항상 가까이 대하며 생활하는 직장이 대한민국 어디에 있습니까? 바로 우리 수자원공사입니다. 우리는 소크라테스니 공자니 맹자니 하는 위인보다 물이라는 훌륭한 선생을 모시고 삽니다. 매일 위대한 스승과 같이 생활하고 호흡하면서, 이를 우리 인간에게 유용하게 하기 위해서 조사하고 개발하고 건설하고 관리하는 업무를 하고 있습니다. 그런 면에서 물을 다루고 있는 우리 공사야말로 정말로 멋있는 직장이라고 생각합니다.

수자원공사의 자랑

한편 우리 수자원공사의 인적 자원, 즉 여러분들의 선배는 아주 훌륭한 분들입니다. 이 나라의 산업역군으로서 선구자로서 첨병으로서 지금까지 활동해 왔습니다. 여러분들이 지금까지 마음껏 물을 마시고 필요한 형태로 공급받아서 생활할 수 있도록 노력해온 사람들이 여러분들의 선배입니다. 그리고 세계적으로 인정받는 댐 건설 기술자도 있고 수도 기술자도 있습니다. 또 우리 공사에는 세계적으로 인정받는 도시계획 관련 부서가 수두룩합니다. 수자원공사에서 기술분야 기술사 자격을 갖지 못한 사람은 능력을 인정받기 힘듭니다. 또 행정분야에도 일당백의 인물들이 많습니다. 여러분들은 그런 훌륭한 선배와 같이 일한다는 것을 명심하고 자부심을 가져야 합니다.

제가 국제회의에 참석할 때마다 느끼는 점이 있는데 우리 공사의 임원이나 처장들 중에는 국제적으로 인정받는 사람이 한둘 아니라는 점입니다. IBRD나 ADB에서 우리 수자원공사의 보고서라면 절대적으로 신뢰할 정도입니다. 한 글자도 수정할 필요 없이 완벽하게 작성할 수 있는 사람이 수두룩합니다. 영어를 원어민처럼 하는 사람은 물론 일본어도 잘 합니다. 저는 그런 훌륭한 인적자원을 상당수 보유하고 있다는 점에서 우리 수자원공사를 대단히 자랑스럽게 생각하고 있습니다.

그리고 여기에 있는 사장도 비교적 괜찮은 사람 중에 하나입니다. 남들은 어떻게 평가할지 모르지만 나 자신이 생각할 때 제법 괜찮은 사람이라고 생각합니다. 왜냐하면 열심히 노력하고 공부하기 때문입니다. 직장에서 일을 하면서 박사학위를 받은 사람은 많지 않은데 저는 주경야독으로 학위를 받았으므로 스스로 자랑스럽습니다. 그래서 언젠가 기회가 된다면 여러분에게 공부하는 방법에 대해서 이야기하겠습니다.

경영은 사람이 하는 것인데 우리 조직은 훌륭한 인적자원을 갖고 있으므로 정말 좋은 곳입니다.

국가도 사람이 관리합니다. 크게는 국가부터 작은 조직까지 모든 조직의 관리능력은 소속된 인적자원의 능력과 의지와 추진력에 따라서 결정되며, 그 조직의 발전 가능성이나 미래의 비전도 조직원의 자세에 달려 있습니다. 사장인 저는 누구보다 확실하고 현실적인 우리 공사의 비전을 제시하면서 여러분이 희망과 꿈을 갖고 일할 수 있도록 노력하고 있습니다. 그런 면에서 여러분은 어느 국영기업체 보다 가치 있는 공사에 들어왔다고 자부해도 조금도 틀림없다고 생각합니다.

의식개혁과 경영혁신

제가 이 공사에 온지 2년 되었는데 그 동안 훌륭한 능력을 가진 사람이 많다는 것을 알게 되었지만 반면에 몇 가지 문제점도 발견했습니다.

첫째 위치가 대전에 있다는 점에서 장점도 있지만 동시에 단점도 있습니다. 정보가 부족한 시골에 있으니까 사람들도 시골사람들이 되어가지 않느냐는 생각이 들었습니다. 그것은 전체적인 조직의 분위기가 안일무사주의로 되고 있다는 뜻입니다. 시골 고을원님이 한가하게 놀듯이 우리 공사 직원들도 노는 풍조가 만연돼 있습니다. 세상이 넓은 줄 모르고, 세계가 얼마나 빨리 변하는 줄 모릅니다. 그 결과 비전 없이 자기만족감만 느끼고 있습니다. 이 대전에서 우리 공사보다 나은 곳이 어디 있느냐고 말하는데, 사실 문제입니다. 서울에 가면 처지는데도 불구하고 여기서 잘 나가다보니 언제나 일등인 것으로 착각합니다. 그렇게 되니까 아무 자극도 받지 않습니다. 자극이 없으니 행동도 변하지 않습니다. 아침에 출근해서 적당히 일하고 때 되면 퇴근하는 걸 직장생활의 전부인 것으로 착각하는 사람이 많습니다.

자극이 없다보니 정보에 둔감합니다. 가뜩이나 수도권에서 떨어져 있다보니 정보가 부족한데 그나마 적은 정보마저 도외시합니다. 지금은 정보화 시대이므로 정보가 없다는 것은 시대에 뒤떨어져서 결국 도태될 수밖에 없다는 걸 의미합니다. 정부가 어떤 의도로 어떤 방법으로 어떻게 국토를 계획하고 관리하고 건설해 가는지에 대한 정보가 전혀 없습니다. 정보를 찾으려 노력하지도 않습니다. 시골에 살면서 서울에 출장을 가서 한두 사람 얼굴만 잠깐 보고 그냥 돌아옵니다. 이래가지고서는 INFORMAL SIMULATION이 되겠느냐 말입니다.

사무실에 가서 얼굴 보고 이야기 몇 마디하고 돌아와 버립니다. 미국이나 일본 같은 경우에는 이런 형태의 출장이 가능합니다. 그러나 우리나라의 특수한 정서에서는 적어도 저녁에 같이 앉아서 식사하면서 술 한 잔하며 인간적인 대화를 나누어야 합니다. 그렇게 인간관계가 형성되어야 나중에 긴밀한 협조관계가 이루어지는 것이 한국적인 상황입니다. 그런데도 조직이 대전에 위치하고 있으니까 서울 가면 잠깐 낮에 만나 일 보고 저녁에 돌아와 버립니다. 그렇게 시간이 지나면 우물 안 개구리가 되고 맙니다. 그리고 공부도 하지 않습니다. 우리 공사의 직원들이 이렇게 행동해서는 국내의 여건 변화는 물론 세계적인 추세에 따라가기는 고사하고 자꾸 뒤처져 무능한 사람이 되고 말 겁니다.

그래서 제가 제창한 것이 앞서가는 수자원공사를 만들자는 캠페인입니다. 앞서가는 수공운동의 요체는 의식을 개혁하자는 것입니다. 생각을 바꾸자, 나는 부족하다, 나는 모른다, 나는 정보가 없다, 이런 겸허한 자세로 새로운 것을 끊임없이 받아들이려는 노력을 하자는 것입니다. 어제보다 오늘이 낫고, 오늘보다 내일이 나은 의식의 혁명적 변화가 와야겠습니다. 의식개혁을 통해서 경영혁신을 이루어야 합니다. 의식개혁과 경영혁신을 통해서 적어도 우리나라 국영기업체 가운데 1등을 하고 그 여세를 몰아 우리 공사가 세계적인 기업으로 발돋움해야 한다고 생각합니다. 그러기 위해서는 긍정적 사고가 필요합니다. "Yes I Can" 정신을 말합니다. "아니요", "안되겠습니다"가 아니라 "예, 할 수 있습니다"라는 긍정적 사고는 여러분의 의식을 개혁하고 공사의 경영혁신을 가져올 것입니다.

간부가 부하를 불러서 까다로운 과제를 줄 때 긍정적으로 대답하는 사람과 부정적으로 대답하는 사람이 있습니다. 해결방법을 생각조차 하지 않고 무조건 "이건 어려울텐데요"라고 대답하는 부하가 있는가 하면, 뻔히 못할 줄 알면서 시켜도 "죽어도 한번 해보겠습니다"라고 대답하는 부하가 있습니다. 상사의 입장에서 어떤 부하가 마음에 들겠습니까? 처음부터 안 된다는 말부터 시작하는 사람은 아마 보기만 해도 기분이 상할 것입니다.

여러분 중에는 학생운동, 반정부 활동, 기타 다른 활동을 한 분도 있겠지만 그런 운동을 하는 사람들이 갖고 있는 가장 큰 문제는 부정적 사고입니다. 만사를 부정적으로 보면서 안 되는 쪽만 지적합니다. 그런 태도가 몸에 배면 직장생활에서도 결코 성공할 수 없습니다. 여러분들의 과거는 이제 다 지나간 일입니다. 지금부터는 누가 더 긍정적 사고를 갖느냐가 중요합니다. 보험 세일즈맨은 매일 아침에 일어나서 "나는 할 수 있다"라는 말을 수차례 반복한다고 합니다. 그렇게 하다 보면 자기 암시가 되고 행동으로 옮겨지게 됩니다.

세일즈맨 교육의 첫째는 "나는 할 수 있다", "나는 해야 한다"는 긍정적 사고를 키우는 훈련입니다. 의식의 개혁은 긍정적 사고와 적극적 실천의지로 이루어지며 훈련을 통해 효과가 배가됩니다.

IBM이 내세우는 사훈은 "THINK AND ACTION"으로 "깊이 생각하라, 그리고 행동하라"는 의미입니다. 분석적인 사고로 냉철하게 생각하되 결정되면 적극적으로 결사적으로 행동에 옮기는 것이 IBM의 사훈입니다. 이것은 앞서가는 수자원공사를 만들기 위해서도 필요합니다. 그리고 그 실천방법에서 내가 다른 사람보다 앞서가야 한다는 것을 명심하십시오. 다른 부서보다 앞서가겠다는 의지, 또 다른 공사보다 앞서가겠다는 자세가 필요합니다. 우리 공사의 모든 임직원의 그런 노력이 결집될 때 최종 결과는 우리나라가 다른 나라를 앞서가는 것입니다. 옛날에는 우리가 일본 사람들을 교육시켰는데 왜 일본보다 못하게 되었습니까. 일본을 뛰어넘는데 우리가 앞장서는 것은 역사적 사명이기도 합니다.

이런 막중한 임무를 수행하기 위한 행동강령은 무엇이겠습니까? 우선 쉽고 간단하며 눈에 보이는 가시적인 것부터 하나씩 고쳐나가야 합니다. 어제까지는 아침 8시에 일어났는데 오늘부터 아침 7시에 일어나서 책을 보는 것도 하나의 방법입니다. 이렇게 쉽고 간단하고 가시적인 것부터 시작하면, 어렵고 복잡하고 눈에 보이지 않는 일까지 해나갈 수 있으며 이것이 바로 앞서가는 수자원공사를 만드는 길 입니다.

다음으로 동료나 여러분이 속하지 않은 다른 부서보다 앞서가기 위해 반드시 필요한 것은 공부입니다. 여러분이 지금까지 학교에서 배운 것은 사회생활을 하기 위한 기초과정이었습니다. 지금부터 해야 하는 공부가 여러분을 성공적인 생활로 인도할 것입니다. 여러분은 지금 전부 똑같은 출발선에 서 있습니다. 그러나 10년, 20년 후에는 그 위치가 천차만별일 것입니다. 중도에 탈락하는 사람도 있을 것이고, 건강을 유지하지 못해서 죽는 사람이 있을 것이며, 또 어떤 사람은 직장을 옮기기도 할 테지만 이중에서 임원이 되고 사장이 되는 사람도 있을 것입니다.

지금은 동일한 출발선에 서있는데 왜 그런 차이가 나겠습니까? 그것은 바로 지금 이야기하는 긍정적 사고와 적극적 행동을 했느냐 안 했느냐에 달렸습니다. 제가 대학을 졸업하고 들어간 첫 직장은 언론계였습니다. 한국일보 정치부 기자로 입사해보니 선배들이 한심해 보였습니다. 저런 사람들이 어떻게 월급을 받고 있느냐는 생각이들 정도였습니다. 어리석게도 얼굴표정만 보고, 겉으로 드러난 모습만 보고 실력이 없을 것이라고 짐작했습니다. 선배들이 내면적으로 얼마나 많은 시련을 통해서 성장했고 또 위기에 처해있을 때 어떻게 극복했는지 몰랐던 것입니다. 그러나 시간이 지나면서 큰일이 벌어졌을 때 선배들이 의사결정을 하여 행동하면서 부하를 리드하는 것을 보고, 또 그들이 얼마나 많은 공부를 하고 있는지 알게 되었을때 깜짝 놀라지 않을 수 없었습니다. 단지 겉모습만 갖고 평가했던 제 자신이 부끄러웠습니다.

목표는 성공으로 이끌어준다

그러므로 여러분은 항상 공부하면서 노력해야 합니다. 모두 동일한 출발선에 있는 이제부터 성공적인 삶을 살기 위해서는 어떻게 해야 되느냐! 여러 가지 있겠습니다만 우선 가장 쉬우면서 실천할 수 있는 목표를 정해야 합니다. 여러분이 왜 여기에 왔는가, 무엇을 할 것인가, 앞으로 인생을 어떻게 관리해서 어떠한 가치를 창조하려고 하는 목표를 정립하세요. 여기에 입사했으니까 20년 내에 사장이 되겠다, 또는 어느 분야에 제1인자가 되겠다, 이렇게 하나의 목표를 정해야 합니다. 목표가 확실한 사람과 그렇지 않은 사람의 생활은 1년만 지나도 완전히 다르게 됩니다.

저는 지금도 아침저녁으로 차타고 다닐 때 영어 회화와 일본어 회화 테이프를 듣고 있습니다. 지금 나이가 60세를 바라보는 처지에 들어봐야 머리에 잘 들어오지 않습니다. 그러나 나와의 싸움이다, 항상 공부하는 자세가 필요하다고 생각하면서 듣고 있습니다. 여러분 나이라면 한 시간만 들으면 될 것을 저는 10시간을 들어도 기억이 잘 안됩니다. 그러나 아침저녁마다 꼬박꼬박 듣습니다. 죽을 때까지 배우려는 자세를 갖고 있기 때문입니다. 가끔 가까운 친구들이 제 차를 탔다가 손자 보는 나이에 지금도 공부를 하느냐고 말합니다만 중요한 것은 자세입니다.

제가 고등학교 다닐 때 교장 선생님의 연세가 쉰여섯이었는데 그분은 그때부터 영어공부를 시작해서 몇 년 후에는 미국에 혼자 왔다갔다 했습니다. 나이는 아무 관계가 없습니다. 우선 인생의 뚜렷한 목표를 정립하는 것이 시작입니다. 나는 이 나라를 위해서 무엇을 할 것인가, 이 사회를 위해서 어떻게 봉사할 것인가, 내 가정을 위해서 어떻게 인생을 설계할 것인가 하는 뚜렷한 목표의식을 먼저 가져야 합니다. 그 다음은 목표달성에 필요한 공부를 하는 것입니다.

이제는 국제화 시대입니다. 국제화 시대에 외국어에 능숙하지 못해서는 배겨날 수 없습니다. 영어, 일본어, 그리고 최근에는 소련어, 중국어까지 있습니다. 영어와 일본어 정도는 필수적으로 해야 합니다. 그렇게 하지 않고는 임원이 될 수 없습니다. 아직 한국말은 국제회의에서 사용하지 않고 있습니다. 아직까지 우리나라는 불행하게도 약소국가이기 때문에 강한 나라의 말을 배우지 않고는 그들과 커뮤니케이션이 되지 않습니다. 지금도 늦지 않습니다. 공부하십시오.

전문가 시대

그 다음으로 여러분이 성취해야 할 것은 어느 한 분야의 전문가가 되는 일입니다. 지금은 전문가 시대이기 때문입니다. 광범위하게 많이 아는 것은 참 좋습니다. 그러나 어느 특정 분야만큼은 대한민국에서 제1인자가 되도록 노력해야 합니다.

과거에 제가 외국인을 만나서 상담한 일화를 말씀드리겠습니다. 제가 취급한 상품을 바이어이게 기술적으로 완벽하게 설명하기 위해서는 대여섯 명이 있어야 할 만큼 복잡한 지식이 필요했습니다. 그런데 독일에 칼스스타트라는 아주 유명한 백화점 구매관이 왔습니다. 그 친구는 평생 똑같은 일만 하다보니 색깔만 보면 다 알았습니다. 우리 측 몇 사람의 전문가가 할 일을 혼자 처리했습니다. 동물적인 감각으로 불량품인지 아닌지, 일본제에 비해서 20% 싸야 되고 대만제에 비해서는 5% 비싸야 된다고 판정했는데 전문적인 지식과 경험으로 대단히 정확하게 판단했습니다. 그 친구 말은 대법원의 최종판결과 마찬가지입니다. 우리가 친구한테 이론적으로 당할 수 없었습니다. 무식해서, 즉 공부를 안 해서 망신을 당한 일도 있습니다.

또 하나의 사례는 70년도의 일이었습니다. 일본의 이또우찌 상사의 임업 관계자와 계약을 하게 되었습니다. 우리는 원목에 대해 설명했습니다. 카리만타가 어떻고 보루네오가 어떻고, 몇 년 공부한것 가지고 이야기했는데 나중에 회담이 잘 안되는 것이었습니다. 그 이유는 우리 한국 측이 전문지식을 갖고 있지 못했기 때문이었습니다. 저쪽은 대학원 과정인데 우리는 국민학교 수준이니까 대화가 잘 될 리 없지요. 그럭저럭 회담을 끝마치고 식사를 하게 되었습니다. 저녁에 술을 한잔하면서 저에게 인도네시아에 몇 번 가봤느냐 물었습니다. 세 번 가봤다고 대답했는데 그 친구는 20년을 살았답니다. 우리가 그런 사람하고 상담하는 것은 꼭 불도저 앞에서 삽질하는 격이었습니다.

우리나라에는 전문가가 드뭅니다. 어설프게 조금씩 알 뿐 참다운 전문가는 거의 찾아볼 수 없습니다. 여러분은 전문가가 되어야 합니다. 적어도 내가 맡은 분야에서는 대한민국에서 제일이고, 세계적인 수준에 따라갈 수 있다는 각오와 확신을 가질 수 있도록 노력해야 합니다. 그렇게 해야만 날로 다양화되는 정보화시대에 접어든 이 시점에서 우리 자리를 고수할 수 있습니다. 평범한 지식으로는 불가능 합니다. 조직이라는 것은 언제든지 늘어날 수 있지만 반대로 줄어들 수도 있습니다. 조직의 크기가 줄면, 이른바 감원하게 되면, 비전문가부터 나갈 수밖에 없습니다. 자기보호를 위해서라도 반드시 어느 한 분야에서 전문가가 되어야 합니다.

인간관계

그 다음에는 인간관계를 잘 해야 한다는 말씀을 드리고자 합니다. 좀 전에 물의 철학에 대해 이야기했습니다만 여러분들도 물처럼 순리대로 처신해야 합니다. 여러분들은 모두 자기의 행동에 대해 스스로 책임져야 하는 어른입니다. 누구도 이래라 저래라 이야기하지 않습니다. 설사 여러분이 잘못 가더라고 고치라고 말해주지 않고 그냥 내버려 둡니다. 아무도 가르쳐 주지 않습니다. 그러므로 자기 스스로 항상 반성하고 행동해야 됩니다.

어떤 면에서는 동료도 경쟁자입니다. 그렇기 때문에 진실로 여러분이 직장생활에서 성공하려면 주변 사람들을 유심히 살펴서 인생을 논의할만한 인물을 찾아야 합니다. 마음에 드는 선배가 있으면 찾아가십시오. 조직에서 어떻게 행동하고 말은 어떻게 해야 하는지 가르쳐 달라고 말하십시오. 훌륭한 선배들에게 하나하나 배워야 합니다. 또 선배뿐만 아니라 은사도 찾아뵙고 자문을 구하세요. 적어도 한 달에 한 번 정도는 찾아갈 은사가 있어야 합니다. 만약 여러분 주변에 훌륭한 선배도 없고 은사도 없다면 정말 큰 문제입니다. 인간관계를 좋게 하기 위해서는 선배와 은사의 역할이 중요합니다. 지금부터라도 존경할만한 선배를 찾으십시오. 그 선배는 수없는 시행착오와 많은 비용과 시간을 들여 경험하고 취득한 지혜를 갖고 있습니다. 여러분은 그것을 자기 것으로 습득해야 합니다. 그러나 지식은 많아도 지혜가 부족한 사람이 있다는 것을 항상 새기고 있어야 합니다. 지혜는 결코 공부 잘 한다고 해서 생기는 것이 아닙니다. 지혜와 지식은 다르며 지혜는 결코 지식이 많다고 해서 얻어지는 것도 아닙니다. 여러분들은 선배로부터 또 존경하는 은사로부터 지식과 지혜를 얻어서 인간관계를 성장시켜야 합니다.

옛말에 이르기를 인간관계는 창조되는 것이라고 했습니다. 또 가만히 앉아 있어서는 다른 사람과 친해질 수 없습니다. 여러분 스스로 인간관계를 창조해야 합니다. 선배와의 좋은 인간적 유대관계를 만들기 위해서는 조용히 집으로 모셔서 식사를 하거나 차 한잔이라도 대접하는 기회를 가지십시오. 그렇게 하는 것이 인간관계를 창조하는 길입니다.

악연

앞으로 여러분이 인생에 성공하느냐 못하느냐는 절대적으로 인간관계에 달려 있습니다. 특히 지방대학 출신들은 인간관계에 핸디캡을 가지고 있다는 사실을 명심해야 합니다. 현실을 솔직하고 냉정하게 극복하기 위한 노력을 해야 합니다. 아무리 지방대학에서 일등을 했더라도, 서울 경제기획원에 가서 담당자를 만나려고 하면 쉽지 않습니다. 어떤 사람인지 모르기 때문에 대화가 안 되기 때문입니다. 그런데 이른바 일류대학 출신들은 선배를 찾아 전화만 하면 연결됩니다. 그런 면에서 일류대학 출신들은 엄청난 메리트가 있는 것입니다. 반대로 지방대학 출신들은 핸디캡을 갖고 있습니다. 그 핸디캡을 극복하기 위해서는 지금부터 인간관계 창조에 더 많은 노력을 기울일 수밖에 없습니다. 긍정적인 사고방식으로 극복해야 합니다. 만약 여러분들이 서울지역에 배치받는다면 괜찮은 대학원에 진학하는 것도 좋은 방법이며 각종 모임에 적극적으로 참여하는 것도 도움이 됩니다.

지금 우리 수자원공사는 대외적인 인간관계에 어려움이 하나도 없습니다. 현재 임원과 처장은 모두 서울에 전화 한 통화만 하면 연결될 수 있도록 네트워크를 만들어 놓았습니다. 그러나 지금 들어온 신입사원들은 그렇지 않습니다. 물론 굉장히 불리합니다. 그러나 현실을 겸허하게 받아들어야 합니다. 그래서 그 어려움을 극복하기 위한 방법을 스스로 강구해야 합니다. 극복하는 방법 중에는 우선 실력으로 상대를 제압해야 것도 있습니다. 모두 노력하십시오.

만약 인간관계가 형성되지 않으면 대외업무에 상당한 애로사항이 발생합니다. 건설부와 경제기획원, 그리고 청와대 등과 원활한 업무협조가 이루어지지 않습니다. 우리 사회는 그렇게 되어 있습니다. 여러분들이 업무처리 능력을 발휘하기 위해서는 미리 인간관계가 구축되어 있어야 합니다. 예컨대 업무상 반드시 협조 받아야할 기관에 동창이 있는 사람은 그냥 가서 만나면 이야기가 되지만, 다른 사람의 소개를 받아서 가면 통성명부터 하게 됩니다. 그런 상태에서 편하게 대화를 나눌 수 있는 사이로 발전시키려면 얼마나 많은 시간과 노력이 걸리겠습니까. 평소에 노력해서 극복해야 됩니다.

제가 수자원공사 사장이 된 이래 기회만 있으면 여러분에게 외부의 자극을 받아라, 정보를 더 많이 확보해라, 공부해라, 이렇게 강조하고 있습니다. 그래서 과거와 달리 지금은 박사과정에 입학한 직원들도 있고 또 최근에 석사과정에 입학한 사람도 굉장히 많아졌습니다. 외국유학도 여러 명 보내고 있습니다. 우선 여러분의 동창관계를 활용하기 위해서 서울에 개설된 석사과정 등에도 적극적으로 참여할 수 있도록 도울 생각입니다. 우리 공사의 위치 때문에 오는 핸디캡을 그렇게 해서라도 극복할 수 있도록 제가 특별한 노력을 기울일 겁니다. 그런 노력이 없이는 우리 공사가 국내에서 제일가는 위치를 지킬 수 없습니다. 먼저 국내에서 최고의 위치를 확보하고 그 다음 세계적인 기업으로 발돋움해야 합니다. 서울에 출장 갈 때마다 틈을 내서 인간관계를 구축하라고 말씀드리는 이유는, 그들을 통해 정보를 입수하고 자극을 받아 여러분이 부족하다는 것을 스스로 느낌으로써 발전의 계기를 삼으라는 목적도 있지만, 국내 제일가는 세계적 기업을 향한 원대한 차원에서 말씀드리는 겁니다.

건강관리

마지막으로 여러분이 생각해야 할 점은 건강관리를 철저하게 해야 한다는 점입니다. 건강이 좋지 않으면 중도에 탈락할 수밖에 없습니다. 지금부터 스스로 관리해서 마지막 최종 승리를 거두기 위해서는 건강해야 합니다. 나날이 인간관계가 복잡해지고 스트레스가 많아지고 또 도시공해가 심해지는 현대사회에서 건강관리를 제대로하지 않으면 정말 견디기 어렵습니다. 성공적인 직장생활을 위해서 건강관리에 각별히 유념하시기 바랍니다. 자신의 업무를 수행하는데 지장이 없도록 건강을 유지하는 것은 가족을 위해서도, 또 조직을 위해서도 절대적으로 중요한 일입니다. 자기 건강을 관리하지 못하면서 남을 관리한다는 것은 불가능합니다.

다시 한번 엄청난 경쟁을 뚫고 우리 대수자원공사의 신입사원이 된 여러분을 진심으로 환영합니다. 여러분들은 앞으로 우리나라 수자원의 조사, 개발, 건설, 관리 업무를 수행하는 주축이고 사회간접 시설을 만드는 역군입니다. 앞으로 일주일 이상 남은 교육기간 동안 정말 나는 부족하다, 나는 모른다, 나는 어리다, 이런 겸허한 자세로 공부하고 연구해서 이 교육이 끝난 후에 집에 돌아가면 사람이 달라졌다는 이야기를 듣기 바랍니다. 여러분들이 의식면에서, 행동면에서 혁명적 변화가 올 계기가 되길 기대합니다. 앞서가는 수자원공사의 주역으로 활약하면서 모두 다 성공적인 직장생활을 하는 여러분이 될 것을 간절히 바랍니다.

05

간부는 수자원공사의 근간

초급관리자반 연수교육 강의 (1990. 1. 18)

편안한 자세로 들어주시기 바랍니다. 우선 승진을 축하하며 짧은 시간에 여러분들하고 이야기하고자 하는 것은 초급간부로서 행동해야 할 방향과 가져야 할 정신자세가 주제입니다.

우리 수자원공사는 물을 다루고 있는데 우리가 다루는 물에 대해서 여러분들이 얼마나 관심을 가지고 있는지 묻고 싶습니다. 우리는 물을 매일 마시면서도 너무 쉽게 얻을 수 있기 때문에 당연한 걸로 생각하고 오히려 그 중요성을 인식하지 못한 경우가 대단히 많습니다. 일반인들이라면 당연히 그럴 수 있겠지만 물을 다루는 수공인이 물의 중요성을 깨닫지 못하면 안됩니다.

과거에 우리 선조들은 비가 내리는 것을 "비가 오신다"고 표현했습니다. 비가 오신다고 표현한 것은 수자원이 우리 인간생활에 얼마나 중요한지 시사하는 바가 큽니다. 그리고 한 주간, 월화수목금토일에서 수(水), 물 수자가 들어가는 물의 날이 일주일의 네 번째 한가운데에 있습니다. 물은 인간생활에 필요한 여러 가지 중에서 중심에 있다는 것을 상징하지 않나 생각됩니다. 옛 사람들은 물을 가장 중심에 놓고 생각할 정도로 물은 우리 인간생활과 뗄 수 없는 필수 불가결한 존재입니다.

인간 삶의 과정을 생각해봅시다. 인간은 어머니 태중에서 물로 삶을 시작해서 마지막에는 한줌의 흙이 돼서 물에 씻겨갑니다. 즉 요람에서 무덤까지 물로 시작해서 물로 끝나는 것이 인생입니다. 그러면서도 이 물의 중요성을 제대로 깨닫지 못하는 실정입니다.

물에 대한 철학

물이 지니고 있는 속성과 특성, 그리고 물을 통해서 우리가 배울 수 있는 철학에 대해서 알아보고자 합니다.

무엇보다 첫째 물이 지니고 있는 유용성입니다. 우리 인간에게 물이 제공해주는 유용성은, 하늘이 우리에게 준 세상의 어느 것보다 가치가 있다고 생각합니다. 인간의 신체는 거의 90 몇 프로가 물로 돼 있어서 잠시라도 물이 공급되지 않으면 살 수 없습니다. 식물도 물이 공급되어야만 자랄 수 있습니다.

인간생활에서 중요한 역할을 하는 것이 커뮤니케이션인데 물의 특성에서 그 역할을 깨달을 수 있습니다. 물은 깨끗한 것과 더러운 것을 모두 합치고 녹이고 융화시킵니다. 우리는 물의 이 특성을 배워서 커뮤니케이션을 원활하게 해야 하겠습니다. 즉 커뮤니케이션이 원활하게 이루어지기 위해서는 물처럼 다양한 사람들의 생각을 합치고 융화시켜야 합니다.

물의 중요성을 인식하여 물을 잘 다루는, 이른바 치수(治水)를 잘하면 인간은 편익을 누리지만 만약 물을 경시하고 아무렇게나 방치해서 제대로 다루지 못한다면 크나큰 재앙을 초래합니다. 때때로 홍수나 폭우로 인해 막대한 피해를 입는 경우가 있습니다. 더구나 지금과 같이 수질오염이 가속된다면 우리는 상상하기조차 힘든 재앙을 맞게 될 것입니다.

그리고 물은 융통성과 다양성을 지니고 있습니다. 물은 비가 되고 안개가 되고 구름이 되고 우박이 되고 눈이 되고 얼음이 되는 융통성과 다양성을 갖고 있습니다. 물이 만약 한 가지 형태로만 존재한다면 우리에게 다양한 편익을 제공하지 못할 것입니다. 얼음냉수를 마시고 아이스크림을 먹고 또 수증기가 되어 여러 가지 음식을 조리하고 피곤할 때는 더운 물에 목욕을 할 수 있습니다. 겨울에는 함박눈이 내려 추위에 얼어 죽는 뿌리를 보호하는 기능도 합니다. 또 눈이 내린 풍경은 우리에게 낭만을 주고 스키와 같은 겨울 스포츠도 즐기게 해 줍니다.

물은 이런 다양성을 갖고 있으면서 자연을 거역하지 않습니다. 주어진 상황에 맞게 한결같이 흐르는 게 바로 물입니다. 내려가다가 경사가 급한 곳에서는 속도가 빨라지고 완만하면 천천히 흐릅니다. 웅덩이가 있으면 쉬어갈 줄 알고 경우에 따라서는 폭포로 떨어지기도 합니다. 또 땅 속으로 흘러들기도 합니다.

이와 같이 물은 주어진 여건과 환경에 맞추어 흐르면서 다양하게 적응하는 속성을 가지고 있습니다. 한편 물은 비굴하지 않습니다. 자기의 속성과 본질을 절대로 버리지 않고 그대로 지니고 있으면서도 주어진 여건과 환경에 적응해 나갑니다. 또 높은 곳에서 낮은 곳으로 흐르는 순리를 절대로 어기지 않습니다.

우리는 이런 물의 유용성과 물의 다양성, 융통성을 인생철학으로 받아들여야 합니다. 과연 우리가 인간으로 이 세상에 태어나서 자신이 속해 있는 가정과 이웃, 나아가서 여러분이 몸담고 있는 직장과 국가에 얼마나 유용한 존재인가. 그리고 조직의 일원으로 생활하는데 있어서 어느 정도 융통성과 다양성을 발휘하면서 주어진 여건 내에서 자기의 몫을 다하고 있는지 돌아봐야 하겠습니다.

물로부터 비롯된 철학은 대단히 심오하고 수준 높은 것입니다. 우리는 물을 다루는 사업에 종사하고 있기 때문에 특별히 물의 철학을 배워야 합니다. 우리 수공인은 물을 잘 다루기만 하면 어떠한 환경에서도 융통성과 유용성과 다양성으로 많은 혜택을 준다는 점에서 스스로 철학을 깨우쳐야 합니다.

만약 댐이 잘못돼서 터졌다, 혹은 상수도관이 끊겼다, 수질이 오염됐다, 이런 일이 발생하면 그 결과는 어떻습니까? 우리 공사 전체가 사회와 국가로부터 받는 비난받는 것은 물론, 그에 따르는 책임이 보통 심각한 문제가 아닐 수 없습니다. 그런데 과연 우리는 수자원공사의 간부로서 그러한 물의 중요성과 우리가 다루고 있는 업무가 국가와 사회와 가정에 얼마나 중요한 일인지 스스로 느끼고 있는지 궁금합니다. 그냥 회사에 나오니까 나오고 물은 그저 물인가 보다 하면서, 그 중요성을 제대로 느끼고 있지 못하고 있는 것이 우리 현실이 아닌가 하는 생각이 듭니다. 지금 이 시간부터 우리의 사명감과 물의 중요성을 재인식해야 되겠습니다.

간부의 자세

여러분은 직위에 상응하도록 자신이 변해야 합니다. 물이 어떤 환경과 여건에 있더라도 거기에 적응하여 자신의 유용성을 발휘하는것과 마찬가지로, 여러분의 사회적 위치가 변한 만큼 거기에 맞춰서 정신적인 자세부터 가다듬어야 합니다. 모든 면에서 쇄신하여 철학이 변하고 행동이 변해야 합니다.

여러분은 이제 한 조직의 리더입니다. 육군사관학교에서 "나를 따르라"는 교육을 가장 먼저 시키는 것처럼 우리 공사에서도 부하들이 따르도록 해야 합니다. 그렇게 하려면 어떻게 해야 하겠습니까? 우리 사훈대로 '솔선수범'해야 합니다. 간부가 되기 전에는 불평과 불만을 갖고 권리를 주장할 수 있었지만, 이제부터는 의무와 이에 따르는 책무가 더욱 커진 것입니다. 거꾸로 권리보다 의무가 더 많아졌다는 사실을 명심하십시오. 가정에서 여러분에게 기대하는 책무, 우리 공사가 여러분께 부여한 책무, 이 모든 것은 국가가 여러분에게 기대하는 바와 같다고 생각합니다.

이제 어느 누구도 여러분을 지도해주지 않습니다. 스스로 알아서 행동해야 합니다. 여러분에게 옛 어른들의 말씀을 하나 해드리겠습니다.

"남들보다 뛰어나기는 그렇게 어렵지 않다. 조금만 노력하면 남들보다 뛰어날 수 있다. 더 어려운 것은 무언인가! 어제의 자신보다 오늘의 자신이 변하는 것, 그것이 더 어렵다."

남들보다 뛰어난 것보다도 어제의 나 자신보다 오늘의 나 자신이 더 나아지고 변화하는 것이 위대하다는 말입니다. 이것이 바로 쇄신이고 의식개혁입니다. 여러분은 홀로서기를 해야 합니다. 누구도 "이렇게 해야 한다, 저렇게 해야 한다"라고 말하지 않습니다.

그러므로 진정한 의미의 경쟁은 이제부터입니다. 지금까지는 적당히 가운데 쯤에 머물면 됐습니다만, 이제부터는 경쟁을 해서 앞서나가야 합니다. 여러분 가운데 몇 년 후에 사장이 나오고 부사장이 나오고 본부장이 나와야 합니다. 그리고 우리나라를 움직이는 경영자가 나와야 합니다. 장관이 나와야 합니다. 시험 쳐서 합격했으니까 이제 됐다는 생각은 금물입니다. 신병교육을 마치고 전투에 참가한 병사처럼, 참다운 전투현장에 놓여진 것입니다.

전투현장처럼 치열한 삶의 현장에서 살아남기 위해서는 어떻게 해야 하겠습니까? 간부는 아무나 되는 게 아닙니다. 투철한 사명감과 비전과 철학을 가진 사람이 간부가 되어야 합니다. 간부가 돼서는 안될 사람이 간부가 되면 부작용만 커집니다. 조직의 인화가 깨어지고 부하들이 힘겨워지며, 수평적·수직적으로 커뮤니케이션이 이루어지지 않으면 조직이 허물어지고 맙니다. 여러분 주위에서 "어떻게 저런 사람이 간부가 되었을까"하고 한심하게 생각되는 사람도 있을 것입니다. 그런데 여러분이 한심하게 보는 그 사람이 바로 여러분 자신일 수 있습니다. 여러분이 남들에게 차가운 시선을 받지 않기 위해서는 오늘부터 변해야 합니다.

변한다는 것은 환경에 적응하는 것입니다. 환경에 적응하지 못하면 결국 개인이나 조직이 도태되고 맙니다. 한때 지구를 지배했던 공룡이 어떻게 멸종해버리고 말았습니까? 기후, 생태계의 변화에 적응하지 못해서 전멸했습니다.

여러분, 아르헨티나를 아시지요? 2차 세계대전이 끝났을 때 아르헨티나는 세계 제8위의 부국이었습니다. 많은 자원, 아름다운 경치, 온화한 기후, 거기에다 근면한 국민성으로 세계 각국에 농산물과 공산품을 수출해서 한때 세계 금의 절반 이상이 아르헨티나로 몰렸다고 말할 정도로 부국이었습니다. 그 아르헨티나가 불과 40~50년만에 몰락해버리고 말았습니다. 새로운 이론을 들어 국가사회주의를 건설했는데 결국 어떻게 됐습니까. 노동자에게 무한정 파업권을 주고 무제한 임금인상을 실시한 결과, 국제경쟁력을 상실하고 말았습니다. 기업가들은 국내기업을 버리고 자본을 빼내서 다른 나라로 갔습니다. 그들은 미국으로 이민 갔고 공장도 전부 외국으로 옮겼습니다. 그 결과 나라의 재정기반이 완전히 무너지고 남은 기업가들마저 계속해서 외국으로 탈출해버렸습니다. 마침내 제조업 분야에 공동화 현상이 생겼고 빈 동네가 속출하면서 나라가 망했다고 말해도 과언이 아닐 정도로 쪼그라들었습니다. 지금은 세계48위로 처졌는데 그나마 비옥한 땅이 있기 때문에 농산물로 버티는 것입니다. 정치가들이 국내외 정세에 적응하는 정책을 펴지 못했기 때문에 불과 반 세기도 못되어 나라가 그 꼴이 된 것입니다.

이것은 나라뿐만 아니라 개인과 기업도 마찬가지입니다. 환경에 적응하지 못하면 도태됩니다. 여러분들은 오늘 임명장을 똑같이 받았기 때문에 똑같은 출발선 상에 서있습니다. 그러나 앞으로 시간이 흐르고 나면 어떤 사람은 사장이 되기도 하고 어떤 사람은 그대로 머물러 있기도 할 것입니다. 그 차이는 어디에서 오느냐! 이제부터 여러분의 자세와 태도에 의해서 결정됩니다. 여러분은 실감나지 않을지 모르겠습니다만 지금 내 이야기를 분명히 기억하세요.

IBM이 세계적인 대기업으로 성장할 때 경영이념은 "Think"였습니다. 모든 직원이 일을 깊이 있게 생각한다. 또 항상 긍정적인 생각을 갖고 이 일은 반드시 성공할 것이라는 확신으로 일해서 오늘의 대기업으로 성장한 것입니다. 제가 여러분에게 부탁드리고 싶은 말씀은, "Think"에 "Action"을 더하라는 것입니다. 깊게 생각하고 냉철하게 사고해서, 그것을 바탕으로 과감하게 행동에 옮기라고 여러분에게 간곡하게 부탁하는 바입니다. Think가 이상이라고 한다면 Action은 이상과 현실을 잘 조화시켜 결실을 맺는 것을 뜻합니다. 여러분은 이상과 현실을 병행시켜서 생각하는 삶, 그리고 실천하는 삶을 살도록 부탁드립니다. 한문으로 말하면 정사역천(精思力踐)입니다.

목표에 의한 관리

깊이 생각하고 강력하게 추진하는 실천을 기본 바탕으로 여러분이 우리 수자원공사에서 성공하는 간부가 되기 위해 필요한 사항을 몇 가지 말씀드리겠습니다.

첫째, 목표를 세우는 것이 대단히 중요합니다. 여러분들은 앞으로 무엇을 어떻게 할 것인지, 어떤 사람이 될 것인지, 목표를 정해놓고 목표를 향해 끊임없이 정진하십시오. 이것을 '목표에 의한 관리'라고 합니다. 목표에 의한 관리는 기업에서만 필요한 것이 아니라 개인에게도 필요한 것입니다.

목표를 정립했으면 그 목표를 달성하기 위해서 아침저녁으로 암송해서 잠재의식 속에 자리 잡도록, 신념으로 되도록 해야 합니다. "10년 후에는 공부를 해야 하겠다", "20년 후에는 사장이 돼야 하겠다"고 목표를 반복해서 가슴에 새김으로써 신념으로 자리잡도록 노력하십시오.

미국에서 부동산 대가로 아주 유명한 Mr. 네일이라는 사람이 있는데 이런 말을 했습니다. "**목표를 세우고 그 세운 목표를 자기가 혼자 자주 머무르는 곳에 붙여놓아라**" 여러분, 20년 후에 사장이 되겠다, 장관이 되겠다, 백만장자가 되겠다는 등의 목표를 여러분의 서재나 안방에 붙여놓고 매일 본다면 어떻게 되겠습니까? 처음엔 우습기도 하겠지만 자꾸 생각하고 반복하다보면 그것이 신념이 되고 확신이 되어 실현이 가능해지는 것입니다. 뚜렷한 목표를 정하고 나아가는 사람과 매일 그냥 아침저녁 출퇴근하는 사람은 근본적인 차이가 나게 되어 있습니다.

둘째, 목표를 세웠으면 그 목표가 달성될 수 있도록 계획을 세워야 합니다. 계획은 단기계획, 중기계획, 장기계획으로 나누어 각각 정해야 합니다. 장기계획은 대개 10년, 20년 계획이고 중기계획은 5년 내외, 단기계획은 주로 1년 단위입니다. 그리고 이 계획들에 따라 하루 일과를 짜야 합니다. 장기계획도 결국 하루의 일과가 모이고 쌓여서 이루어지는 것입니다. 장기계획 따로 있고 하루 일과 따로 있으면 아무 것도 이룰 수 없습니다.

하루의 일과는 세 가지로 세워야 합니다. 첫번째는 오늘 반드시 해야 할 일, 두번째는 가능하면 했으면 좋겠다는 일, 세번째는 해도 그만 안 해도 그만인 일, 이렇게 세 가지로 크게 분류하고 그 분류마다 세 가지씩 세부계획을 세우세요. 그리고 세부계획마다 우선순위를 정해놓아야 합니다. 그렇게 해서 저녁에 반드시 점검해야 합니다. 하루 일과를 마치고 보니 반드시 해야 할 일 가운데 우선순위가 바뀌었다든가 또는 달성하지 못했다든가 확인해야 합니다. 그리고 그 다음날 전날 달성하지 못한 것을 다시 검토, 수정해서 개인의 목표를 차근차근 달성해나가야 합니다. 여러분이 개인적으로 그렇게 목표를 달성하기 위한 계획을 수립하는 것이 쌓여서 우리 공사가 목표를 달성하게 됩니다.

셋째, 여러분은 적어도 한 분야에 전문가가 되어야 한다는 것입니다. 우리 사회는 점점 다양화되면서 세분되는 추세입니다. 상품은 무거운 것에서 가벼운 것으로, 두꺼운 것에서 얇은 것으로, 긴 것에서 짧은 것으로, 큰 것에서 작은 것으로 변해갑니다. 사람의 욕구도 집단의식에서 개인의식으로 바뀌고 있습니다. 예를 들어서 과거에는 음식점에서 주문할 때 한 사람이 선택하면 대개 같은 걸로 주문하곤했지만 이제는 각자 다르게 주문하는 추세입니다. 이런 점도 우리사회가 복잡 다양화되는 것을 보여 주는데 이 같은 상황에 적응하기 위해서는 전문가가 되어야 합니다.

예를 들어 수질분야에서는 대한민국에서 내가 제일이 되겠다는 각오가 필요합니다. 이를 위해서는 우선 우리 공사에서 제1인자가 되어야겠고, 그 다음 국내 제1인자가 되고, 또 세계 1인자가 되겠다고 다짐해야 합니다. 사무개선 분야에서는 나를 따를 자가 없다, 또 인사행정 분야에서 특히 노무 분야에 관한 한 제1인자가 되겠다고 마음먹어야 합니다. 아울러 전문가로 인정받는 방법 중 하나는 자격증 취득이므로 관심을 갖고 준비하기 바랍니다. 만약 여러분이 어느한 분야에서 전문가가 되면, 우리 공사를 떠나서라도 어디에서나 대우받을 수 있습니다.

예전 같으면 레크리에이션업으로 생계를 유지하기란 대단히 어려웠습니다. 그러나 지금은 레크리에이션을 직업으로 가진 사람이 많습니다. 편지만 대신 써주고 심부름을 해주고 청소년문제 카운셀링으로 먹고사는 사람들이 많을 만큼, 우리 사회가 다양하게 전문화되면서 바뀌고 있습니다.

우리 공사에서도 전문화를 유도하기 위해 여러분이 맡은 업무 가운데 특수한 분야의 자격증은 물론, 석사나 박사, 또는 기술사 자격을 취득하면 응분의 대가를 지급할 계획을 가지고 있습니다.

국제화 시대와 커뮤니케이션

다음은 국제화시대에 대해 말씀드리고자 합니다. 지금 유럽은 한 나라로 변하고 있을 만큼 국경이 허물어지고 있습니다. 이런 상황에서 우리나라가 살 길은 무역과 국방외교 두 가지입니다. 우리나라는 부존자원이 없으므로 무역을 할 수밖에 없습니다. 외국의 원자재를 들여와서 가공하여 수출하는 길만이 경제를 꾸려가는 방법입니다. 그리고 우리나라의 지정학적 위치는 불행하게도 세계의 빅파워들이 포진하고 있기 때문에 이런 상황에서 살아남기 위해서는 능숙한 외교수완을 발휘하지 않으면 안 되게 되어 있습니다.

우리나라가 이처럼 무역과 외교 과제를 수행하면서 국제화시대에 계속 성장하기 위해서는 외국과의 커뮤니케이션이 중요합니다. 외국 사람을 만나고, 외국의 전문정보를 입수해서 활용해야 합니다. 그러므로 어학실력은 국가의 생존이 걸릴 만큼 중요하게 부각되고 있습니다. 영어는 필수이며 일본어나 중국어, 또 여러분이 지향하는 목표를 달성하기 위한 어학실력 연마에 노력을 기울여야 합니다.

관리자와 인간관계

　이제 간부가 되어 관리자의 길에 들어선 여러분은 여러 가지 난관에 부딪치게 될 것이며, 그 때마다 헤쳐 나가기 위해서는 여러분보다 경험과 지식을 많이 갖고 있는 스승과 선배, 그리고 친구의 도움을 받아야 합니다. 여러분들 가운데 일 년에 단 한번만이라도 스승을 찾아가는 분이 얼마나 됩니까? 스승은 인생을 살아가면서 참교육, 살아있는 교육을 하는 분입니다. 현명하게 처신하기 위해서는 언제나 찾을 수 있는 스승 한 분 정도는 알고 있어야 합니다.

　흔히 선배에 대한 존재를 중요하지 않게 여길 수 있지만 여러분은 그렇지 않으리라고 생각합니다. 생각하기에 따라 어떻게 저런 선배가 본부장을 하고 처장을 하고 부장을 하느냐는 생각이 들 때도 있겠습니다. 그러나 그 사람은 남다른 노력을 하고 특징이 있기 때문에 그 자리에 올라갔다는 사실을 명심해야 합니다. 어떻게 해서 그 사람이 그 위치에 올라갈 수 있었는지 한 발 물러서서 연구하는 태도가 필요합니다.

　샐러리맨들이 퇴근하고 모여서 술 한잔 할 때 상사들 흠을 보면서 쾌감을 느끼는 건 있을 수 있습니다. 그러나 여러분이 생각해야 할 점은 그 사람이 결코 우연히 그 자리에 올라간 것이 아니라는 사실입니다. 적어도 그 위치까지 갔을 때는 어떤 노력과 태도를 가졌으며 어떤 철학을 갖고 있는지 먼저 생각해봐야 합니다. 공자는 어린애에게도 배울 게 있다고 말했습니다. 이 세상에서 가장 장래성이 없는 사람은 남을 욕하는 사람, 자기는 하지 못하면서 남의 흉을 보는 사람입니다.

자기자신을 알지 못하고 허둥대는 사람을 보면 측은한 생각까지 들 정도입니다.

그리고 세상을 살아가면서 진실한 친구가 필요한 것처럼 직장생활에서도 친구가 필요합니다. 친구의 진심어린 충고는 때때로 현명한 판단에 큰 도움을 주기 때문입니다.

스승와 선배, 그리고 친구가 필요하다는 것은 결국 인간관계의 중요성을 말해줍니다. 여러분은 시험을 쳐서 간부가 되었지만 지금부터는 인간관계를 어떻게 하느냐에 달렸습니다. 사장이 3,200명 직원의 신상을 모두 알 수는 없습니다. 일일이 한 사람 한 사람 면접할 수도 없습니다. 그러므로 외형적으로 나타난 실력, 그 다음 개인 기록을 바탕으로 한 80%의 객관적인 자료와 20%의 주관적인 판단에 의해서 인사를 결정합니다. 대한민국에 훌륭한 사람이 많지만 장관이 되고 안 되고는 시험으로 결정되는 것이 아니라 인간관계 능력에 달려 있습니다.

인간관계는 출세와 밀접한 관계가 있는데 의리를 지켜야 한다는 점을 빼놓을 수 없습니다. 유치한 이야기 같지만 의리의 중요성을 알아야 합니다. 사람은 아프터서비스적 인생을 살아야 합니다. 기업이 상품을 만들어서 고객에게 판매하는데 판매로 끝나버리면 그 기업은 망하게 됩니다. 아프터서비스를 외면하는 기업을 고객이 다시 찾을 리 없기 때문입니다. 그러므로 제대로 성장하기 위해서는 세일즈를 한 다음에 아프터서비스를 잘 해야 합니다. 사후관리를 해줘야 계속 번창할 수 있습니다. 인간관계에서 의리를 저버리는 것은 애프터서비스를 외면하는 것과 같습니다. 내가 다소 손해보고 불리한 일이 있더라도 의리를 지켜야만 여러분도 발전할 수 있습니다.

초급간부는 공사의 근간

여러분은 이제 초급간부로서 우리 공사의 근간입니다. 앞으로 공사를 이끌어나갈 입장에서 마라톤이 시작되는 것입니다. 본격적인 전투에 투입된 병사입니다. 그런데 마라톤에서, 전쟁에서 승리하는 뒷받침은 건강입니다. 건강관리는 과거와 달리 육체적 건강만으로는 부족하며 정신적 건강도 병행해야 합니다. 천하를 얻은들 목숨을 잃으면 무슨 소용이 있겠습니까? 아무리 대단한 것을 얻었다 하더라도 죽어버리면 무의미합니다. 성공적인 삶을 위해서는 건강관리에 매진하십시오. 스스로 건강관리 방법을 찾아서 체력을 단련하고 정신을 연마해야 하겠습니다.

마지막으로 이제 여러분은 우리 공사의 대표입니다. 어디를 가더라도 수자원 공사의 과장으로, 우리 공사를 대표하는 외교관이 되어야 합니다. 행동면에서 또 언어면에서 우리 공사의 분위기를 심취시키는 사람이 돼야 합니다. 아울러 여러분은 문자 그대로 공인입니다. 물을 다루는 공인으로서 물처럼 깨끗해야 합니다. 머리도 단정하게 다듬고 복장도 단정하게 하시기 바랍니다. 간부로서의 체통을 유지하면서 물처럼 청결한 이미지를 주어야합니다.

여러분들에게 거는 가족, 친지, 동창 그리고 우리 공사의 기대에 걸맞게 말과 행동면에서 간부다운 간부가 되어달라는 부탁을 끝으로 마치겠습니다.

06

환경변화에 적응해야 생존

중급관리자반 연수교육 (1990. 1. 15)

바람직한 기업은 경제활동을 통해 이익을 창출하고 사회적 사명을 완수하면서 발전합니다. 그리고 기업이 유지 발전하기 위해서는 급격하게 변하는 외부의 환경에 어떻게 빨리 적응하느냐가 관건입니다.

1990. 1. 15 중급관리자반 연수교육 후 기념촬영

70~80년대에 고도성장을 구가하던 우리나라 경제와 기업이 지금 어려운 환경에 처해 있습니다. 국제 경쟁력을 상실하고 침체된 원인은 급격한 노임상승, 노사분규의 발생, 원화의 절상 등에 있습 니다. 여기에다 기업가가 투자의욕을 상실하고 노동자가 노동에 대한 관념을 경시하면서 우리나라가 총체적 위기를 맞게 되었습니다. 만약 이 상태에 계속 머문다면 장차 더 큰 위기를 맞을 수밖에 없습니다.

우리나라 주변 상황은 엄청나게 변했습니다. 일본은 제2차 세계대전 이후 비무장이란 명목으로 계속 경제적인 발전을 이룩했습니다. 그런데 다시 아시아 전체를 손아귀에 넣으려는 예전 분위기가 강해지고 있습니다. 중공은 현대화를 위해 몸부림을 치고 있고 소련은 개방을 통해서 우리에게 계속 접근해오고 있습니다. 한편 미국은 자국의 산업을 보호하기 위해 여러 가지 보호무역 정책을 실시하면서 우리에게 여러 가지 경제적 압력을 가하고 있습니다. 이런 상태에서 우리가 살아남기 위해서는 어떻게 해야 하겠습니까? 모든 국민과 기업이 정신을 똑바로 차려서 주변 환경변화에 적응하지 않으면 살아남을 수 없습니다.

생존의 조건

환경에 적응하지 못해서 실패한 기업의 사례는 얼마든지 있습니다. 그리고 기업활동의 핵심에는 간부들이 있습니다. 즉 기업이 환경

변화에 적응하느냐 못하느냐는 간부에게 달려 있습니다.

지금은 망하다시피 했지만 한때 세계적으로 유명했던 스미스코로나라는 타이프라이터 회사가 미국에 있습니다. 그들은 타이프라이터의 기능을 개선할 의지가 부족했으므로 환경의 변화에 적절하게 대응하지 못했습니다. IBM에서 손만 대면 작동하는 전동타자기를 개발하고 있을 때, 이 친구들은 군납에 만족하며 기술혁신에 전혀 관심을 갖지 않았다가 몰락하고 말았습니다.

그리고 스위스가 세계적인 시계강국으로 이름을 날리다가 일본이 전자시계를 개발하고 난 뒤에 얼마나 많은 시장을 빼앗겼는지는 주지의 사실입니다. 뒤늦게 파산위기에 직면하자 할 수 없이 자기들도 전자계산기를 개발하고 동시에 마케팅에 총력을 기울이면서 고급손님은 역시 핸드메이드 제품을 선호한다는 전략으로 겨우 명맥을 유지해 가고 있습니다.

이런 사례에서 알 수 있듯이 환경의 변화에 대처하지 못하는 기업은 사라지고 맙니다. 도전과 응전, 우리가 상황에 어떻게 도전하고 대처하는 지는 두말할 필요 없이 중요합니다. 사람이나 기업도 생물과 마찬가지로 환경변화에 적응하지 못하면 도태되고 맙니다. 한때 지구를 지배했던 공룡은 자연환경 변화에 적응하지 못했기 때문에 멸종하고 말았습니다. 덩치가 큰 맘모스, 역시 적응에 실패하여 지구에서 사라졌습니다.

우리는 한때 지구를 지배했던 동물이 멸종하고 세계적인 기업으로 유명했던 기업이 사라지는 것을 보면서, 환경변화와 그에 대한적응이 얼마나 중요한지 깨달아야 합니다.

개인이나 기업이 환경에 적응하기 위해서 먼저 할일은 목표를 정립하는 것입니다. 우선 내가 어떻게 살 것인가, 무엇에 보람을 느낄 것인가, 좌표를 정해야 합니다. 그런데 막연한 목표만으로는 곤란하며 구체적인 노력이 따라야 합니다. 예를 들어 '앞으로 10년 이내에 본부장이 되겠다'고 마음먹었다면, 물론 본부장이 되는 것이 목표입니다. 그리고 이 목표를 달성할 수 있는 구체적인 행동을 해야만 합니다. 지금까지 봐온 본부장들보다 좀 색다르게 우리 공사를 발전시키겠다는 비전을 제시할 수 있어야 합니다. 직원들에게 희망을 주고 나아가서는 경영비전을 제시하고 공사에 큰 업적을 남기는 그런 본부장이 되겠다는, 자기 나름대로의 목표를 정립하고 구체적인 방법을 연구해달라고 부탁드리는 바입니다.

Specialist의 시대

목표가 정해졌으면 다음은 그 목표를 달성하기 위한 전략을 세워야 하는데, 여기에 반드시 필요한 것은 전문지식입니다. 현대는 전문가, Specialist의 시대로 그 의미는 광범위한 상식만으로는 부족하다는 것입니다. 적어도 어느 한 분야에서는 권위자가 되어야 하겠습니다. 댐 시공분야에 관한 한, 수질검사에 관한 한, 경리분야에 관한 한, 경영분석에 관한 한, 수도관리부문에 관한 한, "내가 대한민국에서 제일이다"라고 말할 정도로 완전한 전문가가 되어야 새로운 시대의 주역으로 활동할 수 있는 것입니다.

Specialist의 시대, Specialist가 존경받는 시대에 대해 좀더 말씀드리고자 합니다. 세계를 선도하는 강대국 미국을 움직이는 사람들중에는 극소수의 유태인 엘리트 집단이 있습니다. 소수민족이면서도 미국을 움직이는 이면에는, 그들이 자녀들을 각계각층의 전문가로 교육시켰던 노력이 크게 작용했습니다. 유태인들은 선비 사(士)자가 붙은 직업에 폭넓게 진출했습니다. 즉 공인회계사, 변호사, 의사, 감정사 등 각계에서 전문가로 활동하고 있습니다. 또한 대학교수, 변호사, 외교관, 재벌, 의사 등 각 전문분야에 진출해서 서로 협조한 결과 모든 면에서 미국을 장악하게 되었습니다. 전문직의 중요성을 일찌감치 간파한 유태인의 지혜는 현대사회에서도 시사하는 바가 큽니다.

그런데 유태인 한 사람이 법률적으로 불리해지면 유태인 변호사가 나서서 해결해 주고 재판비용이 부족할 때는 유태인 재벌이 지원해주고 있습니다.

한편 장사를 하는 유태인들은 상품 가운데 여성들만 상대하는 비즈니스를 합니다. 산업이 고도화되고 가정 중심으로 되면 남자보다 여자의 파워가 신장되는 것이 세계적인 추세입니다. 실질적인 구매력은 누구에게 있는가. 남자는 아침부터 저녁까지 돈만 벌어오고 고생하지만 정작 돈을 쓰는 것은 여자의 몫입니다. 그러므로 장사하면서 남자에게 관심을 둘 필요가 없는 것입니다.

미국에서 여성을 상대로 하는 고급 비즈니스, 즉 고급 옷감, 악세사리, 귀금속 등은 전부 유태인들이 맡고 있습니다. 유태인은 철두철미하게 사업속성을 연구하여 여성을 상대로 한 비즈니스에 뛰어들었습니다. 남성을 상대하는 비즈니스는 망하는 수도 있지만 여성을 상대로 한 비즈니스는 망하는 법이 없습니다. 남자는 자기의 피와 땀을 흘려서 돈을 벌기 때문에 돈을 쓰는데 벌벌 떱니다. 그러나 여자는 팍팍 씁니다. 유태인들은 장사를 해도 전문분야에서 했던 것입니다.

이제는 전문가의 시대입니다. 이제 우리나라에서도 어떤 분야의 전문가가 되면, 직장을 퇴직하고 나서도 얼마든지 생활하는데 지장이 없습니다. 그래서 자기 적성과 공부한 분야와 업무를 바탕으로한 분야의 전문가가 되어야 한다고 말씀드리는 것입니다.

요즘은 희귀한 신종 직업이 많습니다. 사람의 이력사항만 잘 알면 컴퓨터에 입력하여 데이터베이스화하고 중매를 해서 일년에 몇 억원을 버는 사람이 있습니다. 일류대학을 졸업하는 사람들을 전부 컴퓨터에 입력 시켜서 돈을 법니다. 그럴 정도로 세상이 다양화, 전문화 되고 있습니다.

전문화 시대에 살아남아 안정된 생활을 하기 위해서는 어느 한 분야의 권위자가 되어야 하는데 저는 그런 면에서 선두주자로 자부하고 있습니다. 대한민국에서 주택, 토지, 부동산 정책에 대해서는 자칭 제1인자로 평가받습니다. 그 분야에서 박사학위를 받은 선구자로 인정받고 있습니다. 박사학위를 받은 사람들은 많지만 제 이야기가 훨씬 설득력 있습니다. 왜냐하면 오랜 실무를 통한 경험에서 우러난 말을 하기 때문입니다.

부동산 정책의 이론과 실무가 매치된 저의 말은 누구에게나 호소력이 있기 때문에 정부의 자문에 자주 응하게 되고 강연해달라는 요청도 이어지고 있습니다. 제가 부동산을 연구하여 박사학위를 받은때는 1970-1985년입니다. 한 분야에 전문가가 되는데 15년 걸렸다는 말입니다. 여러분 나이는 이제 한창입니다. 지금부터 시작해도 어느 한 분야에서 얼마든지 제1인자가 될 수 있습니다. 그러한 생각을 갖고 열심히 뛰어 주시기 바랍니다.

전문가의 조건

다음은 전문가가 되기 위한 전제조건에 대해 말씀드리겠습니다. 오늘날 국제화 시대에 부응하여 전문가가 되기 위해서는 외국인과의 커뮤니케이션이 필수이므로 어학을 익히지 않으면 안 됩니다. 영어는 당연하고 일본어, 중국어 등 반드시 어학공부를 병행해야 합니다. 지금 나이에 무슨 어학공부를 하느냐고 생각하는 분들도 있을지 모르겠지만 절대 그렇게 생각하면 안 됩니다. 제가 고등학교 시절에 50대 중반의 교장 선생님께서 영어공부를 한 사례를 말씀드리겠습니다.

그 분은 일제시대에 사범학교를 나오셨는데 그 연세에 영어공부를 시작하셨습니다. 고등학생이던 저는 어린 마음에 비웃었습니다. '교장선생이 드디어 노망들기 시작했구나', '주책없이 왜 저러느냐'라고 생각한 것입니다. "I am a boy"가 나오는 중학교 1학년 영어책을 가지고 공부를 시작한 그 분은 매일 하루에 한 시간씩 영어선생한테 자기 방에서 교육 받았습니다. 얼마나 열심히 했는지 몇 년 후 아침조회 시간에 'News week'를 읽고 학생들한테 해석해 주었습니다. 그러므로 공부를 하는데 있어서 나이는 문제가되지않습니다. 열정과 노력입니다. 최선을 다하면 되지 않은 것이 전혀 없습니다.

전문가가 되기 위한 노력은 나이에 관계없습니다. 여러분들도 이제부터라도 어학공부를 부지런히 하십시오. 어학을 하지 않고는 전문가가 될 수 없습니다. 국내 서적으로는 한계가 있습니다. 외국 사람과 만나서 이야기를 하고 외국어 서류를 통해서 핵심을 파악할 수 있어야 합니다. 어학에 능숙하지 않고는 본부장까지 올라갈 수 없습니다.

그리고 학력이 부족하다는 생각을 가져서도 안 됩니다. 제가 아는 분 중에 초등학교 3학년만 다녔으면서도 사전을 만든 사람이 있습니다. 이것만 봐도 정성과 자세만 가지면 무슨 일이든지 할 수 있다는 것을 알 수 있습니다. 전문가만 살아남는 국제화시대를 사는 여러분들은 어학공부, 건강관리에 힘쓰면서 필요한 전문지식을 끊임없이 습득해야 합니다.

리더십과 지식

여러분이 집에서 그런 노력을 한다면 그 자체가 여러분들의 가정교육이기도 합니다. 집에 가서 애들에게 공부하라고 강요할 필요가 없어요. 자식들은 부모가 어떻게 행동하는지 보고 그대로 배웁니다.

리더인 가장의 행동 그대로 가족들이 따라 합니다. 여러분이 집에서 영어책을 보면서 공부하고 있으면, 부인이 그 시간에 앉아서 무슨 다른 생각을 하겠습니까? 자연히 책을 보게 됩니다. 여러분들의 자녀들도 그 분위기 때문에 공부하게 됩니다. 가장이 모범을 보이면 온 가족이 공부하는 분위기가 자연스럽게 형성됩니다.

리더십의 근본은 지식입니다. 지식이 뒷받침이 되지 않고는 절대로 리더십이 발휘되지 않습니다. 그러므로 공부를 하게 되면 자신이 생기고 리더십을 갖게 됩니다. 이것은 가정에서나 회사에서나 똑같이 적용됩니다.

회사에서는 직원들이 사장의 행동을 무의식중에 따라합니다. 사장이 항상 깨끗하게 하고 다닌다고 처음에는 비꼬는 말도 할 수 있을지 모르겠지만 시간이 지나면 닮게 됩니다. 사장이 정리정돈을 철저히 하고 모든 것을 원칙에 입각해서 처리하면 직원들도 그렇게 따라가게 됩니다.

권위를 갖춘 상사가 부하 직원에게 일을 시키면 승복합니다. '저 사람은 나보다 더 많은 지식을 알고 있기 때문에 복종해야 된다'는 생각을 갖게 되는 것입니다. 직원이 보기에 상사가 별 것 아니라는 생각이 들면, 겉으로는 복종하는 것 같지만 속으로는 우습게 대하게 됩니다.

지식에 바탕을 두고 의사결정을 해서 명령을 내렸을 때 호소력이 있다는 사실을 반드시 기억해야 합니다. 지식이 없으면 절대로 따르지 않습니다. 여러분들이 지도자로서 관리자로서 직원들을 통솔하려면 지식이 뒷받침되어야 합니다.

미국에서 초급장교가 받는 첫번째 교육은 "나를 따르라"입니다. 솔선수범이 가장 중요하다는 것부터 배우는 것입니다. 여러분이 앞장서서 남보다 아침 일찍 나오고 퇴근은 조금 늦게 해야 합니다. 이번에 신년도 업무보고를 받았지만 각 사업장이 일을 잘 하고 있는지 확인하는 방법이 있습니다. 조직이 기능을 발휘하고 소기의 목적을 달성하려는 움직임이 보이느냐의 여부는, 출근시간 10분 전에 그리고 점심시간 10분 후에 가보면 알 수 있습니다. 사장이 어떤 조직의 간부가 부하를 제대로 관리하는지 확인하기 위해서는 현장에 가서 보는 것만으로 충분하며 다른 설명이 필요 없습니다. 그러므로 간부는 솔선수범해야 하는데 가장 먼저 사장부터 앞장서겠습니다. 제 시간에 나오고 제대로 일을 하고 공사를 위해서 몸과 마음을 바쳐서 뛰지 않으면 직원들이 따르지 않습니다.

이제 여러분들은 부하속성, 졸개근성에서 완전히 벗어나야 합니다. "나를 따르라", "내가 모범이다", "어려운 일은 나한테 맡기고 최선을 다 하자" 라는 식의 솔선수범이 절대적으로 필요한 시점입니다.

간부에게 요구되는 덕목

간부들은 지금까지 이야기한 여러 가지 사항을 겸허하게 받아들여 겸손한 마음가짐을 갖기 바랍니다. 스스로 자기를 높이는 사람은 낮아지고 겸손하게 행동하는 사람은 높아집니다. 겸손한 자세로 나는 부족하다, 나는 모른다는 자세로 동료와 부하를 대할 때, 상사를 대할 때 스스로 높아지는 것입니다. 나는 잘났다, 내가 제일이다 라고 교만하게 행동하면 낮아지는 것이 인생의 철칙입니다. 겸손하면 절대로 손해 보지 않습니다.

그러나 겸허하되 비굴하지는 않아야 합니다. 정정당당하면서도 상대방에게 예의를 갖추는 자세가 반드시 필요합니다. 겸허한 자세가 결국 삶의 승리를 이끕니다. 겸손한 마음가짐으로 자기를 희생하면서 노력하면 절대 손해 보는 일 없이 부하로부터 존경받을 수 있습니다.

다음으로 간부들에게 요구되는 것은 부하들의 고충을 완전히 파악하라는 것입니다. 부하의 성장과정과 가정형편과 사고방식과 행동거처가 어떤지 파악하고 있어야 합니다. 부하를 다루는 첫째 요체는 적을 알고 나를 알면 백전백승한다는 평범한 원칙입니다. 부하의 장점과 단점을 완전히 알아야 맞는 일을 부여할 수 있습니다. 부하가 어떤 가정환경에서 자랐고 어떤 교육을 받았으며 어떤 배경을 갖고 있는지 아는 상사가 훌륭한 상사입니다. 부하에 대해 잘 이해하고 있으면 어떤 문제에 부딪쳤을 때 어떻게 행동할 것인지 예측하는데도 도움이 됩니다.

오늘날 우리나라 민간기업을 대표하는 현대그룹과 삼성그룹은 몇 가지 면에서 대조적입니다만 특히 관리 면에서 큰 차이를 보입니다. 똑같이 역사가 깊은 대재벌이지만 현대그룹은 사람에 대한 서브웨이와 스터디가 모자란다고 보입니다. 재벌이 형성되는 과정에서 삼성은 철두철미한 원가관리와 인력관리 과정을 거쳐서, 현대는 방대한 규모의 물량을 투입하는 건설회사로 컸기 때문에 매니지먼트 방식이 달라진 측면은 있습니다. 삼성그룹은 부하직원들이 일을 마치고 퇴근할 때까지의 과정을 모두 체크합니다. 그런데 현대그룹은 그러한면에서 상당히 부족합니다. 그 결과 한쪽에서는 노사분규가 일어나고 한쪽에서는 일어나지 않았습니다.

삼성에서 노사분규가 일어나지 않은 이유는 바로 사람에 대한 철두철미한 관리 때문입니다. 여러분들도 부하가 한가한 시간에 무엇을 하는지 완전히 파악하는 것이 인력관리의 출발점이라는 사실을 기억하기 바랍니다. 그렇게 파악한 다음 분석해야 관리방안이 나옵니다. 부하를 철두철미하게 분석하고 관심을 갖는 것은 간부에게 반드시 요구되는 덕목입니다. 성격이 급한 직원은 자제시키고 너무 느린 직원은 빨리 하도록 이끄는 것이 여러분의 임무입니다.

성경에 남의 눈에 있는 작은 티를 보고 험담하면서도 자기 눈에 들어있는 것은 보지 못한다는 말이 있습니다. 그리고 아이들은 장난삼아 웅덩이에 돌을 던지지만 맞는 붕어는 생명이 위험합니다. 장난으로 한 마디 던진 말이 한 부하의 명예와 자존심, 그리고 아픈 상처를 건드리는 경우가 많습니다. 유능한 간부는 부하의 단점을 보기전에 먼저 장점을 찾고 동기를 부여하여 스스로 일을 찾아서 하도록 분위기를 이끌어 줍니다.

그 다음에는 여러분들의 선배에 대해 존경심을 가져야 합니다. 선배로서 자리를 확보했다 하는 점은 무언가 여러분보다 나은 점이 있기 때문입니다. 자기의 맡은 일을 열심히 하거나 섭외력이 뛰어나거나 상사가 원하는 것을 100% 충족시키는 능력이 있기 때문입니다. 또는 대인관계가 탁월하거나 다른 여러 가지 장점이 있기 때문입니다. "저런 사람이 어떻게 본부장이 되었을까? 참 한심하다"고 비난하거나 부정적으로 받아들일 것이 아니라, 여러분이 볼 때 단점 투성이 사람이 어떻게 본부장 자리에 올랐는지 연구해야 합니다. 남다른 장점이 무엇인지 파악한다면 여러분에게 큰 도움이 될 것입니다. 선배들이 단점을 어떻게 커버해 나가고 있는지 배워야 합니다.

부하직원에게 어려운 일을 맡겼을 때 반응에 대해 한번 생각해봅시다. 애로점이 있을 것 같지만 돌파하겠다며 "Yes, I Can"이라고 대답하는 것과 무조건 처음부터 "No"라고 대답할 때 받아들이는 느낌은 천양지차입니다. 윗사람이 지시할 때는 비록 명백한 문제가 있더라도 우리 공사를 위해서 이익이라는 판단이 섰을 때는 실행하는 방향으로 적극적, 긍정적으로 일해야 합니다. 여러분들이 매일 하는일은 의사결정의 연속입니다. 이 시간부터는 할일을 결정하는 중요한 디시전 메이킹에서 다음과 같이 생각하도록 노력하십시오.

디시전메이킹 우선순위는 첫째 국가적으로 이익이 되느냐, 둘째 우리 공사에 이익이 되느냐, 그리고 마지막으로 나에게 이익이 되느냐에 대해 숙고해야 합니다. 이렇게 3단계로 판단하면 실수가 없습니다. 이 패턴이 잘못되어서 나에게 이익이 되는 것을 우선순위로하면 우리 공사와 국가에 희망이 없어집니다. 우리는 모든 의사결정의 기준을 먼저 나라와 공사, 그 다음에 자신을 생각하는 방향으로해 나가야 합니다.

여러분들이 간부로서 성공적인 생활하기 위해서 하나 더 당부드리고 싶은 사항은 건강관리입니다. 아무리 좋은 아이디어와 능력을 갖고 있어도 이를 뒷받침할 체력이 뒷받침되지 않으면 안 됩니다. 그래서 스스로 건강을 관리하는 자체가 여러분에 대한 매니지먼트입니다. 자신을 관리하지 못하는 사람이 남을 관리할 수 없습니다. 여러분의 건강관리는 지금부터 신경을 써야 합니다. 인생은 마라톤이기 때문에 결국은 오래 사는 친구가 성공합니다. 건강은 그냥 얻어지는 것이 아닙니다. 여러분은 건강할 때 건강을 관리하면서 일해주시기 바랍니다.

건강관리에 힘쓰는 분의 사례를 말씀드리겠습니다. 서울에 개성상회라는 한약방 회사가 있는데 주인은 전형적인 개성상인 한창수 회장이라는 분으로 올해 일흔네 살입니다. 그분은 항상 유쾌한 생각을 갖고 계시며 나이 쉰 살부터 운동을 시작했는데 하루에 두 시간 정도 기계체조 링을 합니다. 천정에 줄을 매달고 다리를 쭉 뻗고 올라갔다가 내려옵니다. 그 나이에 건강관리를 위해 그 어려운 기계체조에 도전한 것입니다.

마지막으로 지난번에도 이야기했습니다만 성공하는 사람과 실패하는 사람의 차이를 다시 한번 강조하겠습니다. 성공하는 사람은 놀 때는 아주 잘 놀고 일할 때는 정신없이 일합니다. 실패하는 사람은 일할 때도 일하는 것 같지 않고 놀 때도 노는 것 같지 않습니다. 놀때 놀고 일할 때는 일하면서 쌓인 스트레스를 풀어야 합니다. 스트레스를 해소할 수 있는 길을 각자 개발해서 성공적인 삶이 될 수 있도록 노력해 주기 바랍니다.

07

변화는 발전의 원동력

사장 특별훈시 (1989. 5. 20)

제146회 임시국회가 지난 18일 끝났습니다. 대체로 무난하게 끝난 점에 대해 여러분들의 노고를 감사하게 생각합니다. 임시국회 준비 과정에서 다소 미흡한 점이 있었는데, 업무를 종합하고 조정하고 통제하는 기능에 미약한 느낌이 있어서 개선해야 할 점을 말씀드리고자 합니다.

먼저 이번 임시국회 동안 회사 전체가 국회로 이동한 듯한 느낌이 들어서 깜짝 놀랐습니다. 특히 본부장들이 맡은 바 소관업무를 완전히 이해하지 못하는 것 같은 직감이 들었고, 국회에서 말하는 것과 사장 앞에서 이야기하는 것이 다르다고 느꼈습니다. 그 이유는 자신감이 결여되어 있기 때문 아닐까 생각합니다. 결과적으로 엄청나게 많은 직원이 서울로 이동하게 되었고 막대한 시간과 경비를 축내고 말았습니다.

여러분들이 업무를 수행하는 과정에서 때때로 국회에 보고하거나 외부감사를 받는 일이 있습니다. 이처럼 외부와 관련된 업무에 과잉 대처하거나 준비가 너무 소홀해서도 안 됩니다. 이번에는 여러분들이 자율적으로 수행하도록 보고만 있었던 바, 그 결과는 예상과 비슷했습니다. 앞으로 본부장들은 맡은 바 자기소관의 업무를 보다 철저하게 파악하여 국회업무를 혼자서 감당할 수 있어야 하겠습니다. 국회개원 시 관련 업무는 부득이한 경우 과장까지 수행하되, 한 부서에서 세 사람 이상 서울에 가는 일이 없도록 하여 본사 고유 업무가 마비되지 않도록 유념하시기 바랍니다. 앞으로는 개선되기를 기대하며 7월 임시국회 때 진행사항을 지켜보겠습니다.

5월 조회훈시에서 경영방침에 대해 말씀드렸습니다만 아직까지 그에 대한 변화가 전혀 보이지 않아 실망스럽습니다. 최고 경영자가 경영의지에 변화의 조짐을 보이면, 실질적으로 업무에 반영되어 가시화되어야 하는데, 미사여구(美辭麗句)로 꾸민 업무추진계획만 보고될 뿐 실질적인 변화를 느끼지 못하고 있습니다. 다시 말하면 사장에게 보고하는 것으로 끝나고 실질적으로 실천에 옮기지 않는다는 뜻입니다. 서류상의 보고는 거창합니다. 온갖 그럴듯한 수식어구를 동원해서 이렇게 하겠다, 저렇게 하겠다, 좋은 말은 많지만 그에 따르는 구체적인 움직임이나 변화가 없어 안타깝습니다.

물론 국회행사라는 큰일을 치렀기 때문에 그렇다고 이해는 합니다만, 큰일을 하면서 동시에 일반 업무도 차질 없이 수행해야 한다는 점을 강조하고 싶습니다. 감사를 받는다고 해서 일상임무가 전부 중단된다든가, 국회 일을 한다고 해서 거기에 매달린 나머지 일반 업무가 마비되는 것은 결코 바람직하지 않습니다. 앞으로 일반 업무와 특별하게 발생하는 업무가 반드시 병행해서 처리되도록 배전의 노력을 당부 드립니다.

바람직한 다섯 가지 사풍

바람직한 회사의 다섯 가지 사풍에 대해 이미 말씀드린 바 있습니다. 목표를 위해 모든 조직원이 단결하고, 활기가 넘쳐야 하며, 상·하, 좌·우의 협조가 이루어져야 합니다. 그리고 현장위주의 사고가 정착되어야 하며, bottom-up과 top-down의 조화가 이루어져야 바람직한 사풍이 조성된다고 말씀 드렸습니다. 그렇게 총체적인 조화를 이루어 앞서가는 수자원공사를 만들어야 한다고 천명했습니다.

여러분들이 제 의도를 실천하려는 의지를 다소 보여주긴 합니다. 그런데 사장이 있을 때와 없을 때, 근무기강에 상당한 차이가 있다는 것을 알게 되었습니다. 제가 몇 차례 현장을 점검하려다가 그만 두었습니다. 왜냐하면 일선 근무자들이 제가 가는 것을 두려워한 나머지, 갔을 때 그 자리를 피하거나 일을 하지 않고 있으면 얼마나 당황할지 걱정됐기 때문입니다.

그렇지만 앞으로는 수시점검도 하려고 합니다. 다만 그 방법에 있어서 현장사정을 고려하지 않고 획일적으로 점검하진 않겠습니다. 제가 현장을 방문했을 때 자리에 없다고 해서 잘못됐다고 지적하진 않겠다는 말입니다. 여러분은 언제든지 자리를 비울 수 있습니다. 다만 그 이유가 개인의 이익이나 사적인 일을 처리하기 위한 것인지, 또는 회사 업무와 관련된 것인지 이 점만은 반드시 체크하겠습니다. 업무와 관련됐다면 일주일 동안 비워도 상관없습니다. 경우에 따라서는 친구와 함께 차를 마실 수도 있고 자녀가 아파서 병원에 갈 수도 있습니다. 자리에 없었다는 이유만 들어 획일적으로 "너는 잘못되었다"고 질책하지 않겠다는 이야기입니다. 솔직히 말씀드려서 각 부서에 누가 무슨 일을 하는지 또는 노는지 부서장들이 다 알고 있습니다. 그런 상황에서는 평소에 직원을 불러서 당신은 이러한 일로 업무를 게을리 하고 있으니까 앞으로 열심히 일하라고 1차경고만 해도 됩니다. 직원들 상황을 뻔히 알고 있으면서, 열심히 하다가 하루쯤 자리에 없었다고 해서 심하게 지적하고 시말서를 쓰게 만들어서는 안 됩니다.

그리고 제가 제일 안타깝게 느끼는 것은 Top-down도 안 되고 Bottom-up도 안 된다는 점입니다. 참으로 안타까운 일입니다. 사장이 경영방침으로 지시한 내용을 밑에 전달하는 과정에서 저의 본뜻이 전달되지 않고 있습니다. 즉 지시사항이 하달되면 그 의미를 잘 생각해 보지 않고 획일적으로 덜렁 전달만 하고 마는 것입니다. 그렇게 몇 단계 거치고 나면 밑에서는 전혀 다르게 알게 됩니다.

예를 들어서 우리 회사의 섭외력이 약하니까 섭외력을 강화하기 위해 연고관계를 조사하라고 했습니다. 건설부나 청와대나 유관기관에 인간관계가 잘 되어 있는 사람이 있으면 필요할 때 나서서 회사에 도움이 되도록 하기 위해 조치였습니다. 그랬더니 획일적으로 전 사원들에게 "너 아는 사람을 적어내라"고 지시하고 말았습니다. 자세한 인간관계 등 상세하게 파악해야지 맨 말단직원을 안다고 이름만 적어내면 업무에 무슨 도움이 되겠습니까? 부서장이면 누가 모장관의 동생이라는 정도는 알고 있어야 합니다. 그런 관계를 정리해서 필요할 때 도움받자는 의도였는데, 무턱대고 적어내라고 하니까 신입사원까지 안다고 적어낸 것을 보고 참으로 답답했습니다.

 인맥을 이용해서 부정하게 청탁하자는 것도 아니고 불필요한 시행착오를 줄이면서 잘 모르는 점을 미리 챙겨서 효과적으로 업무를 추진하자는 의미였지 다른 뜻은 전혀 없었습니다. 이처럼 Top의 의지와 뜻이 전혀 스크린 되지 않고 그대로도 아니고 엉뚱하게 전달되고 말았습니다. 말단직원들이 뭐라고 하는지 압니까? 신원조사 하느냐고 말합니다. 간부들이 그 정도로 경직된 사고로 Top의 의지가 왜곡되게 전달한다는 것은 심각하게 생각해 보아야 합니다. 이것은 단지 하나의 예일 뿐, 제가 보기에 한두 가지 아닙니다. 사장의 지시니까 무조건 하라고 뚝 잘라 말하는 것은 잘못입니다. 사장도 이공사의 한 구성원일 뿐입니다. 저도 사람이므로 전지전능할 수 없고 실수가 있을 수 있습니다.

 저의 지시가 엉뚱하게 전달된 다른 사례를 하나만 더 들어보겠습니다. 여직원 복장을 세련되고 품위 있게 만들어 보라 이야기했더니 그 지시가 어떻게 내려갔는지 아십니까? 제 뜻은 우리 여직원들이 보다 세련되고 품위 있는 유니폼을 입고, 외출할 때 입고 나가도 수자원공사는 모든 면에서 세련되었다는 소리를 듣게 하려는 의도였습니다. 조금만 관심을 가지면 여직원들이 외출할 때 입을 수 있는 옷을 만들 수 있습니다. 그런데 전달 과정에서 말을 어떻게 했는지 올라온 보고는 기가 막혔습니다. "우리가 세일즈맨이냐", "어떻게 여자직원의 옷에 관심이 있느냐"는 말이었습니다. 이 정도로 간부들이 사장의 뜻을 아래로 제대로 전달하지 못하고 있습니다. 그 밖에도 제 뜻이 엉뚱하게 전달된 것이 많지만 일일이 언급하지 않겠습니다. 여직원 복장이 뭐 그리 중요하냐, 왜 사장이 관심을 갖느냐 하면 작은 일이지만 그런 것부터 시작해서 분위기를 쇄신하자는 뜻입니다.

일사분란한 움직임이 조직을 살린다

그리고 4대 공사 사장 중에 명찰을 달고 다니는 사람이 있는 줄압니까? 저뿐입니다. 보기도 좋지 않습니다. 그럼 왜 다느냐! 그 이유는 위에서부터 솔선수범하기 위해 그런 겁니다. 친구들이 와서 제 명찰을 보고 놀랍니다. 사장이 점잖지 못하게 명찰을 달고 있다고 말입니다. 조직의 일은 솔선수범하지 않으면 안 되게 되어 있습니다. 간부여러분, 모든 일에 솔선수범 하십시오. 그러면 직원들이 따라하게 되고 여러분은 능력 있는 간부로써 승진이 보장될 겁니다.

이런 사소한 문제뿐만 아니라 중요한 업무에서도 문제가 많습니다. 예를 들어 4월 결산이 20일이 지난 지금에야 나왔습니다. 어느 회사가 이렇게 하고 있습니까! 경영분석은 왜 하느냐, 결산은 왜 하느냐 이겁니다. 결산과 경영분석은 경영자가 평가된 결과, 숫자를 바탕으로 공사의 경영목표를 달성하기 위한 의사결정에 참고하기 위한 것입니다. 사장은 천재가 아니고 자료를 바탕으로 경영합니다. 그런 나침판 역할을 하는 지표가, 버스가 지나간 다음에 나온들 무슨 소용이 있느냐 이겁니다. 시기를 놓쳐 쓸모없는 자료를 왜 지금 가져옵니까? 게을러서 방치하다가 늦게 갖고 와서는 눈 하나 깜짝하지 않고 "조금 늦었습니다"라고 말하면서 여러 가지 핑계를 대곤합니다. 여러분, 부끄럽게 생각해야 합니다. 그것은 간부로서 직무유기입니다.

우리나라 국영기업체 가운데 제일 낫다고 하는 우리 공사가 이렇게 해서 되겠느냐는 말입니다. 이런 이야기뿐만 아니라 제가 지금 현장에서 듣고 있는 여러 가지 이야기들도 많습니다만 일일이 말하지 않겠습니다.

전체적으로 보았을 때 사장이 경영방침을 천명했으면 전 직원이 그에 대하여 일사분란한 움직임을 보여야 합니다. 쉬운 것부터 시작해서 어려운 것까지 개선해 나가야 합니다. 여기 모이신 본부장 이하 여러분들이 이 회사의 기둥 아니겠습니까. 여러분들이 움직이지 않으면 아무런 움직임도 없습니다. 여러분의 태도가 변화되어 움직임이 있을 때 밑의 직원들이 움직이지, 여러분들에게 변화가 없으면 움직이지 않습니다. 꼼짝도 안 합니다. 그러므로 여러분들은 앞으로 매사에 변화가 있도록 각별하게 마음먹기 바랍니다.

조직의 목적달성

그 다음은 업무를 처리하는데 있어서 형식에 너무 구애되어서는 안 된다는 말을 하고자 합니다. 예컨대 무슨 입찰을 할 때 20% 이상 수익 계약할 수 있다는 원칙에 맞추어서 업무를 처리하듯이, 모든 업무를 요식행위에 맞추어 안일무사한 방식으로 처리하고 있습니다.

특히 사고만 내지 않으면 된다는 생각을 갖고 일을 적게 하는 사람이 그렇게 행동하기 쉽습니다. 뛰어난 실적이 보이는 사람이 돼야 한다는 이야기입니다. 형식주의에 물들면, 좋은 학교 나와서 아무사고 안 내고 안일무사하게 자리만 지키면 승진하게 되어있다는 사고방식을 갖게 됩니다. 회사에서는 공적을 나타내는 것이 가장 중요합니다. 물론 우리는 공기업이기 때문에 형식에 많은 구애를 받긴합니다. 그러나 모든 것이 형식에 구애되어서는 안 됩니다. 다소 융통성을 보여야 합니다.

우리 조직은 목적이 있습니다. 친목단체가 아닙니다. 친목단체에서는 무능하고 능력 없고 안일무사한 사람도 공존해 갈 수 있습니다. 그러나 일을 하는 조직에서는 그렇지 않습니다. 국가를 위해서, 사회를 위해서, 전체 종업원을 위해서, 일을 위해서 있는 사람들입니다. 열심히 일하고 노력하는 사람이 대우 받을 수 있도록 분위기를 조성해야 하겠습니다.

사장에게는 여러 가지 임무가 있지만 그 중에서 가장 중요한 것은 종업원들에게 비전을 제시하는 것입니다. 그 다음으로 중요한 임무가 출자한 주주에게 이익을 돌려주는 것입니다. 수자원공사는 국가가 출자했기 때문에 국가에 이익을 돌려줄 책임이 있습니다. 세번째 사장의 임무는 사회와 국가에 기여하도록 경영하는 것입니다. 제가 임무를 완수하기 위해 노력하듯이 여러분들은 각자 관리하는부서의 목적을 달성하기 위해 최선을 기울여주시기 바랍니다.

희생정신과 커뮤니케이션

이미 몇 차례 이야기한 바 있지만 제가 취임한 이래 여러분에게 긍정적인 변화가 있기를 간절히 바라고 있습니다. 여기에 모이신 간부 여러분이 단지 월급을 받아 생활하기 위해 근무한다면 불행한 삶일 것입니다. 보다 중요한 것은 성취감 아닙니까? 간부 여러분이 성취감을 느끼기 위해서는 먼저 희생한다는 생각을 갖고 솔선수범해야 합니다. 그리고 맡은 일에 대해서 책임을 질 줄 알아야 합니다. 왜냐하면 성취감은 책임감에서 오기 때문입니다.

어떤 면에서 본다면, 간부는 책임만 무겁고 권한은 오히려 적다고 볼 수 있습니다. 미국에서는 최근 간부를 하지 않겠다는 사람이 많아졌습니다. 왜 책임을 맡아서 골치 아픈 일을 자처하느냐는 의식이 점점 팽배되고 있습니다. 책임은 커지는데 반하여 받는 대우는 그에 비례하지 않는다는 생각이 지배적입니다. 희생정신을 갖고 있지 않은 간부는 진정한 간부가 아니라는 것을 반증하는 사례입니다.

책임감, 희생정신과 함께 간부에게 필요한 자질은 회사의 경영방침과 경영철학을 충분히 이해하여 소신을 갖고 일에 임해야 한다는 점입니다. 한 기업이 제대로 운영되고 성장하기 위해서는, 즉 회사의 사활을 결정하는 원동력은, 그 회사 간부의 자세와 각오에 있습니다. 간부는 사장과 일선 실무자의 연결고리, 즉 허리의 역할을 하는 사람들입니다. 그러므로 간부가 그 역할을 제대로 하지 못하면 회사의 위아래가 따로 놀게 되어 제대로 돌아갈 수 없습니다. 사장은 사장대로 불만을 갖게 되고 직원은 직원대로 불평하는 결과가 된다는 말입니다.

허리가 아프다고 생각해 보십시오. 중요한 의사결정을 앞두고 고민하기도 귀찮아지고 그렇다고 어디로 나가서 바람 쏘이며 머리를 식힐 엄두도 나지 않을 겁니다. 간부의 마음가짐에 따라 경영의 성패가 갈린다는 사실, 진리를 명심하기 바랍니다. 그렇다고 해서 제가 사장의 지시사항을 그대로 받아들이라고 강요하는 건 아닙니다. 그것을 현명하게 해석하고 응용해서 지휘 통솔해 활용해야 합니다. 그냥 받아들이지 말고 각자 능력에 맞게 소화시키도록 하십시오.

결국 사장과 직원을 연결하는 간부에게는 원활한 커뮤니케이션이 반드시 필요한 덕목입니다. 사장의 명을 받아 부하들에게 지시할 때는 그 의미를 지혜롭게 해석하고 판단하는 것이 중요합니다. 관리자의 기본적인 능력은 개괄적이고 막연한 것을 체계화하는 것입니다.

그렇게 해야 핵심이 명료하게 전달됩니다. 사장의 의지가 간부를 통해 정확하게 전달되어야만 전 조직원이 일치된 행동을 할 수 있기 때문입니다. 그 일치된 행동은 바로 경영목표의 달성입니다.

사장이 온갖 지시를 다하자면 끝이 없습니다. 간부들은 그 중에서 핵심을 파악하여 정리하고 종합해서, 부하들이 일할 때 오해가 생기지 않도록 간단하게 지시해야 합니다. 여러분들은 이 점을 충분히 인식하여 간부의 소임을 다해주시기 바랍니다. 권한이 주어지지 않아서 못한다고 말하는 사람은 권한을 주어도 못합니다. 관리자의 책임이라는 것은, 권한이 얼마나 주어지느냐의 문제가 아니라 자기 스스로 일을 찾아서 행동하는데 있다는 것을 명심하기 바랍니다.

앞으로 원활한 커뮤니케이션이 이루어지도록 제 말을 긍정적으로 받아들이기 바랍니다. 제가 이런 말을 하는 이유가 있습니다. 5월 월례조회를 하고 20일이 지났습니다. 물론 그 사이 국회 행사가 있었기 때문에 전체 간부들이 바쁘긴 했습니다. 그렇더라도 월례조회에서 지시한 내용이 전혀 실천되지 않고 있습니다. 아무리 바쁜 업무가 있더라도 부하직원들이 사장이 제시한 경영방침에 따라 움직이도록 각별히 관심을 두어야 하겠습니다. 제가 말한 경영방침은 방침자체로 끝나는 것이 아니라 우리 공사가 지향해야 할 목표를 구체화하고 보다 적극적으로 실천하는 수단이라는 것을 알기 바랍니다.

변화의 의지

다음에 말씀드릴 사항은 간부 여러분들이 단지 지시사항을 수행하기 위해서 일을 해서는 안 된다는 겁니다. 지시사항을 회사업무와 연결시켜 유기적으로 추진되도록 적극적으로 검토, 시행해야 한다는 뜻입니다. 제가 지시하는 것은 전부 우리가 하고 있는 업무로 회사 전체의 목표달성에 필요한 사항을 그때그때 제시하는 것입니다. 사장 지시사항을 별도 업무처럼 인식하는 것은 절대로 안 되며 일반적으로 수행하는 업무의 큰틀 안에서 진행되어야 한다는 것을 반드시 기억하시기 바랍니다.

제가 5월말을 기점으로 해서 부서별로 변화의 조짐을 한번 유심히 지켜보도록 하겠습니다. 먼저 쉽고 간단하며 가시적인 성과를 내는 것부터 행동에 옮겨서, 우리 공사에 실질적인 변화의 움직임이 있어야 하겠다는 것이 저의 바람입니다. 앞서가는 수자원공사 운동이 되기 위해서는 어떻게 되어야 하겠는지 여러분들이 보다 적극적으로 받아들여야 하겠습니다. 조금 전에도 말씀드렸지만 앞서가는 수자원공사운동이 구호로 끝나서는 안 되며 항상 접하는 일상 업무부터 개선하고 발전시키는 효과를 내야 합니다. 이를 위해선 업무처리에 있어 탄력적인 자세로 우리가 지향하는 목표를 앞당겨 달성하겠다는 의지가 절대적으로 필요합니다. 형식보다는 내실에 중점을 두고 전개해야 하겠습니다.

마지막으로 여러 가지 어려운 여건에서도 임시국회 준비에 만전을 기해주신 여러분에게 감사하다는 말씀을 드리겠습니다. 앞으로도 중요한 대외업무에 성심을 다해주시리라 믿습니다.

우리공사는 계속 발전해야 합니다. 그러기 위해서는 특별한 업무 때문에 일상적으로 이루어지는 일이 중단되는 공백은 없어야 하겠습니다. 여러 가지 일이 동시다발로 진행되어도 냉정하게 우선순위를 가려서 전체적인 균형을 유지해야 합니다.

수자원공사의 본사는 대전입니다. 대전을 중심으로 전국에서 진행되는 우리 사업이 유기적으로 추진되어야 하겠습니다. 그렇게 되기 위해서 우선 여러분들이 자기소관 업무를 완전히 마스터해야 합니다. 실행과정에서 시행착오를 겪으며 불필요한 인력과 시간과 경비가 낭비되지 않도록 보다 세심한 배려를 부탁드립니다. 그 동안 국회 업무로 공백이 다소 발생했지만 이제 또 감사원 감사가 시작되므로 새로운 마음으로 준비해주시기 바랍니다.

08

새시대의 간부상(幹部像)

경영자와의 대화 (1990. 1. 23)

주말을 보내고 새로운 한 주를 시작하는 월요일 아침, 여러 가지 일로 아직 피로가 제대로 풀리지 않았겠지만 활기찬 마음가짐으로 맞이하시기 바랍니다.

이 달로써 금년의 절반이 지나가고 있습니다. 이 시점에서 금년의 전반부를 돌아보고 후반기에 더욱 업무에 매진하시기 바랍니다. 오늘 확대간부회의를 소집했지만 회의라기보다는 그 동안 미진했던 몇 가지를 강조함으로써 부진한 부분의 업무를 독려하여 전사적으로 금년에 세운 목표를 달성할 수 있는 귀중한 시간을 갖고자 합니다.

올해가 6개월 남았지만 이제 곧 장마철에 접어들고 폭염과 여름휴가철이 시작되면 실질적으로 일할 수 있는 시기는 그보다 훨씬 짧습니다.

기획실에서 그 동안의 업무진행 상황을 점검해 보았습니다. 5월말 현재 각 사업의 예산집행실적 및 공정은, 예산 면에서 계획액의 57%선이고 공정 면에서 약 80%선에 와있습니다. 이 수치만 보았을때 금년도 우리 공사는 경영은 상당히 부진합니다. 이대로 가다가는 금년도에 계획한 5,000억원의 사업계획이 실현될 가능성이 전혀 없을 것으로 예상됩니다. 그래서 심각한 상태라고 인정하지 않을 수 없습니다. 오늘 이 자리에서 각 본부장 이하 간부 여러분들께서 자기의 소관 업무에 최선을 다하여 소기의 목적을 달성할 수 있도록 모든 동원할 수 있는 능력과 힘을 다해주시기를 부탁드립니다.

책상에 앉아서 지시하는 일로는 업무가 진척될 수가 없습니다. 필요에 따라서 간부들이 직접 현장에 나가서 현장 직원들과 대화를 하고 현장 문제를 파악하여 해결해 주시기 바랍니다. 사장이 퇴근하지 않고 있으면 항상 임원실 방에 불이 켜져 있는데, 이것은 어떤 면에서 바람직한 면도 있습니다만 지금 현재 우리가 처한 공사의 진척상황이라든가 업무와 부진상황을 볼 때, 자리에 앉아 있을 만한 시간적 여유가 없다고 생각합니다. 본부장이 진두지휘하고 간부들이 앞장서서 부진한 성과를 회복하기 위해서는 현장 중심으로 뛰어주시기 바랍니다.

우리 공사가 당면하고 있는 문제들은 경영평가, 총리실의 업무조

영천댐 도수로 현장 시찰

주암댐 공사현장 점검

화천댐 현장 점검

경인운하 건설예정지 답사

임하댐 건설현장 시찰

단지 건설현장 시찰

정, 수공법 개정, 안산녹지개발, 시화2단계, 한강주운사업, 그리고 지금 실시하고 있는 감사원 감사 등입니다. 이 자리에서 일일이 무엇을 어떻게 어떤 방법으로 해결하라는 말씀을 드리지 않더라도 각자 능동적으로 대응해 주시기 바랍니다.

특히 현재 진행되고 있는 감사원 감사에 대해서는 임직원 여러분들께서 겸손하고 진지한 태도로 임해주시기를 바라며, 또 감사과정에서 감사관이 현실을 제대로 이해하지 못해서 우리 공사가 불리한 인식을 받는 일이 절대 없도록, 기술적으로나 업무의 내용면에서 충분한 이해와 설득에 만전을 기해야 하겠습니다. 우리가 열심히 일을 하고도 감사관들의 이해 부족과 우리의 설득력 부족으로 불필요한 지적사항을 받고 오해를 받는 일이 절대로 없어야 하겠습니다. 감사에서 마지막까지 유종의 미를 거둘 수 있도록 여러 부서장들께서 최선을 다해 주시기를 당부 드립니다.

리더십의 원천

간부에게 가장 중요한 자질을 단연 리더십입니다. 부하가 하는 실무적인 일을 마음에 들지 않거나 지연된다고 해서 빼앗아 직접 기안하고 처리하는 간부는 자격을 제대로 갖추지 못한 사람입니다. 간부는 일을 직접 처리하는 능력보다 거느리는 사람이 수행하도록 조치하는 것이 중요합니다. 부하직원을 지휘감독하고 그 사람으로 하여금 일을 수행할 수 있는 여건을 조성해주고 외부로부터의 불필요한 간섭과 압력을 배제해주는 역할이 간부의 직무라고 생각합니다. 그러기 위해서는 먼저 윗사람의 지시를 확실하게 이해하고 해석해야 합니다. 그리고 나서 구체적이고 명확한 실천방향을 부하들에게 지시해야 합니다. 간부의 역할은 최고 경영자의 의지가 가장 밑바닥 일선까지 전달될 수 있는 촉매역할을 하는 것입니다.

여기에 필요한 것이 리더십이며 리더십이 없는 사람은 간부의 자격이 없습니다. 그런 사람은 기술적인 혹은 전문적인 Adviser로서의 역할은 할 수 있지만 리더로서는 바람직하지 않습니다. 그러면 리더십, 지도력은 무엇을 바탕으로 이루어지는가! 무엇보다 먼저 소관업무에 대한 지식이 풍부해야 합니다. 업무에 대해 해박한 지식이 없이는 결코 부하를 통솔할 수 없습니다.

그러므로 간부들은 항상 리더십을 발휘할 수 있도록 연구하고 노력해야 합니다. 그 동안은 정부로부터 위임받은 일이 많았던 관계로 우리가 직접 열심히 뛰지 않아도 수주할 수 있는 일들이 대단히 많았습니다. 그러다보니 자연히 리더십에 대한 훈련에 소홀하지 않았나 하는 생각이 듭니다. 리더십은 반드시 달성해야하는 목표를 정하여 부하들이 각자 능력을 발휘하도록 동기를 부여하는 것이 가장 중요한데, 지금까지는 구조적으로 그런 노력에 최선을 다하지 않아도 되는 상황이었기 때문이라고 생각합니다.

리더십을 발휘하기 위하여 업무에 대한 지식 다음으로 필요한 것은 의욕입니다. 아무리 훌륭한 지식을 갖고 있더라도 성취하겠다하는 의지가 없으면 리더십이 발휘되지 않는데, 이런 의지는 성취동기가 있어야만 생깁니다. 그리고 간부에게 필요한 성취동기는 사명감입니다. 자신에게 주어진 역할을 깨닫고 목표를 달성하여 조직과 국가의 발전에 기여한다는 원대한 사명감을 가지십시오. 사명감과 성취동기와 의욕은 시각에 따라 다를 뿐 본질적으로는 같은 것입니다.

 세상에는 비밀이 없습니다. 윗사람이 속에 갖고 있는 생각을 숨기고 겉도는 이야기를 해 봐야 아무 소용없습니다. 부지불식간에 반드시 진실은 표출되기 마련입니다. 그렇기 때문에 간부가 성취를 위한 의욕을 갖고 있느냐 없느냐 하는 것은 부하가 먼저 알게 됩니다. 따라서 억지로 의욕을 가지려는 태도보다 자기의 위치를 확실히 이해하고 자기 임무를 성실하게 수행하는 자세가 중요합니다. 다만 의욕만 갖고는 부족합니다. 의욕보다 중요한 것은 실천입니다. 실천이 뒤따랐을 때 진정한 리더십이 발휘되는 것입니다.

 리더십에는 여러 가지 형태가 있습니다. 민주형도 있고, 독재형도 있고, 권모술수형도 있고, 그 외에 여러 가지 있습니다. 어떤 형태가 가장 바람직한가 하는 점은, 획일적으로 말할 수 있는 성격이 아니고 상황에 따라 다릅니다. 때에 따라서 "무조건 나를 따르라"고 외칠 필요도 있고 차분하게 설득하여 동기를 유발할 필요도 있습니다.

 어떤 방법으로든지 간부는 적절한 방법으로 부하를 통솔하여 주어진 과업을 소정기한 내에 달성할 수 있는 능력을 가져야 합니다.

 그러다보면 부하들에게 술을 사주면서 많은 대화를 나누어 인간적인 고뇌를 해결해주어야 할 때도 있습니다. 또 어떤 때는 부하들을 친형처럼 대해주면서 리더십을 발휘할 수도 있습니다. 또는 실력은 부족하지만 의리로써 부하를 대하는 형태도 있습니다. 부하가 위기에 처해있을 때 도와줌으로써 부하들이 믿고 의지할 수 있는 분위기를 조성할 수도 있는 것입니다. 아무튼 간부 각자의 소질과 능력에 따라서 리더십의 형태가 다르겠습니다만, 기본적으로 소관업무에 대한 남다른 지식이 있어야 리더로서의 기능을 발휘할 수 있습니다.

의사결정 기준

다음으로 간부에게 필요한 항목은 의사결정 기준입니다. 경영은 매일, 하루에도 수십 번씩 Decision Making에 의해 이루어지는데 그 의사결정을 하는 것이 바로 간부가 해야 할 일입니다. 의사결정이 어떻게 이루어지느냐에 따라서 개인과 회사와 사회와 국가에 끼치는 영향이 대단합니다. 그리고 의사결정의 기준이 무엇이냐에 따라서 업무처리를 하고 난 후에 감사의 대상이 되거나 국회의 조사대상이 되기도 합니다.

우리는 공기업이기 때문에 모든 의사결정에 있어서 크게는 국가적으로 이익이 되는지 먼저 판단해야 합니다. 이것이 일반기업의 의사결정 기준과 가장 큰 차이점입니다. 그리고 나서 두 번째는 회사의 이익이 되느냐를 고려하고 마지막 세 번째로 자기의 이익이 되느냐를 판단해야 합니다. 이런 과정을 거쳐 의사결정이 이루어지는 것이 가장 바람직합니다. 원론적인 이야기지만 이 원칙에 맞춰서 의사결정을 하면, 적어도 감사라든가 다른 사람 또는 외부에 설명하는데 아무런 문제가 없으리라 봅니다. 즉 의사결정의 기준을 공익에 바탕을 둔다. 혹은 나보다는 조직의 이익에 바탕을 둔다는 원칙에 충실하면 절대로 실수가 없으리라고 믿습니다.

그 다음에 말씀드리고자 하는 것은 경영계획의 타이밍입니다. 연간계획, 장기계획, 단기계획 할 것 없이 모두 타이밍이 중요합니다. 일이 적기에 착수되고 적기에 끝나는 것이 경영계획을 달성하는 것입니다. 즉 목표대비 실적을 평가하는 지표는 타이밍이라고 할 수 있습니다. 그런데 지금 우리 공사에서 이루어지는 일의 타이밍을 분석해보면 비관적입니다. 놓치고 있는 일들이 많다는 뜻입니다. 예컨대 비오기 전에 공사에 착수했을 때와 열흘 후 착수했을 때, 그 결과는 열흘이 아니라 훨씬 엄청난 차이가 발생할 수 있다는 것을 알아야 합니다. 아무리 기술이 발달하더라도 토목공사에서 날씨가 공기에 미치는 비중은 클 수밖에 없습니다. 장마가 오기 전에, 겨울이 오기 전에 착수하면 공기를 훨씬 앞당기는 경우가 대단히 많습니다.

그러므로 경영의 요체는 타이밍을 놓치지 않는 것이라고 이야기해도 과언이 아닙니다. 저는 지시한 사항을 항상 메모해두고 보는 습관을 갖고 있습니다. 막연하게 떠올라 지시한 것이 아니라 우리 회사가 당면한 문제 가운데 시급하게 해결해야 할 문제들을 지시하고 챙기고 있습니다. 그런데 제가 내린 지시 중에 아무리 시간이 지나도 반응이 없는 것들이 꽤 있습니다. 저는 잊지 않고 계속 follow-up하고 있다는 사실을 마음에 새겨두십시오. 언제 답이 오는지 기다리고 있습니다. 어떤 지시는 사실상 수행하기 불가능한 경우도 있습니다. 또 이행하지 않고 시간이 흐르면 자연스럽게 해결되는 것도 있습니다. 그러나 여러분들이 스스로 불가능하다고 판단하고 내팽개쳐두거나 저절로 이루어질 것이라고 생각하여 지시한 사람에게 보고하는 것을 잊으면 안 됩니다. 반드시 보고해야 합니다. 이것은 이러이러하기 때문에 안 된다든지, 알아보니까 언제 어떻게 해결 될 것 같다든지 일단 보고해야 합니다. 스스로 판단해서 보고를 지체하면 절대 안 됩니다. 왜냐하면 그 지시에 대한 보고를 받아야만 그보다 훨씬 중요한 다음 의사 결정을 해야 하는 경우가 있기 때문입니다. 제가 지시할 때 모든 것을 설명할 수는 없습니다. 또 개중에는 상세하게 설명할 수 없는 성격의 지시도 있습니다.

제가 어떤 지시를 했을 때 여러분은 반드시 follow-up 해야 합니다. follow-up되지 않은 지시는 무의미하며 지시를 내린 제게 실망만 줄 뿐입니다. 저는 지시한 사항에 대해 1차, 2차 기회를 줍니다. 그러나 세 번째는 명백히 경고합니다. 그래도 반응이 없을 때는 강제로 조치할 수밖에 없습니다. 제가 지시하는 사항은 순간적으로 떠오른 것이 아니라는 사실을 명심해야 합니다. 간단한 것 같고 사소해보일지라도, 제가 깊이 생각하고 검토한 사항이기 때문에 반드시 끝까지 follow-up해 주시기 바랍니다. 한번 지시한 사항은 끝까지 follow-up한다는 제 경영 스타일을 이해하시고 여러분도 follow-up하여 차질이 없도록 부탁드립니다.

바람직한 간부상

　다음은 앞서가는 수자원공사 운동에 대해 간부 여러분들이 숙지해야 할 사항을 말씀드리겠습니다. 앞서가는 수공운동은 제가 먼저 주창했고 기획실과 각 부서에서 지금 구체적인 시행방안을 마련해서 준비하는 중에 있는 것으로 알고 있습니다. 앞서가는 수공운동에 대한 본격적인 내용은 23일 회의에서 윤곽이 드러날 것입니다만, 새로운 캠페인이라고 해서 여러분이 현재 수행하는 업무와 전혀 상관없는 새로운 운동을 전개하는 것은 아닙니다. 현행 업무를 체계화하고 조직화하고 목표를 명확하게 정하여 모든 임직원들이 이해해서 쉽게 실천할 수 있도록 캐치플레이즈화한 전사적 캠페인입니다. 절대로 전시효과를 위한 운동이 아닙니다. 이것은 우리의 업무를 보다 능률적으로 효율적으로 수행하기 위한 실천방안으로 전개되어야 합니다.

　앞서가는 수자원공사 운동을 한다니까 paper work만 갖고 오는 분들이 많이 있었습니다. 실천 가능성이 없는 paper work은 아무 소용이 없습니다. 사소한 것 하나라도 실천해야 합니다. 앞서가는 수공운동은 쉽고 간단하고 가시적인 것부터 먼저 실천에 옮기는 것이 핵심입니다. 어렵고 추상적이고 막연한 것이 아니라 쉽고 간단하고 눈에 보이는 것부터 하나하나 실천해 나가는 것이 바로 앞서가는 수공운동의 기본정신입니다. 다시 말하면 우리가 목표하는 일들이 적기에 완성될 수 있도록 우리 전체 수자원가족의 의지와 경영 노력을 결집하고자 하는 운동이라는 사실을 명백하게 아시기 바랍니다.

　다음으로는 간부들이 모든 일에 솔선수범해 주시기 바랍니다. 과거에는 앉아서 지시만 하면 부하들이 따랐습니다. 그러나 이제는 시대가 변하여 따르지 않습니다. 간부들이 직접 현장에 나가서 움직이는 것을 보여야 직원들이 따릅니다. 그런 면에서 본다면 간부 노릇하기가 상당히 고통스러워졌습니다. 과거에는 권한이 대단히 많았는데 이제는 권한이 별로 없고 책무만 엄청나게 늘어났습니다. 어쨌든 시대가 바뀌었다는 인식을 갖고 새로운 시대에 맞는 간부상을 스스로 정립해나가야 할 것입니다.

얼마 전까지만 해도 말 한 마디만 하면 따르던 부하들이 이제는 말을 듣지 않는다고 탓하면 안 됩니다. 웬만한 것은 이의를 제기합니다. 이론을 내세워 자기 나름대로 주장합니다. 이런 분위기에서는 간부가 먼저 행동에 나서는 솔선수범이 부하들을 잘 이끄는 방법입니다.

경영여건이 이렇게 변한 것은 사람들의 의식구조가 선진화되었기 때문입니다. 단순하게 복종을 강요하는 명령은 이제 통하지 않습니다. 나날이 치열하게 전개되는 국제경쟁과 전문화 시대에는 일방적인 명령으로 일을 처리할 수 없습니다. 매사에 솔선수범하십시오. 직접 나서서 먼저 모범을 보이지 않으면 부하들이 따르지 않는다는 것을 인식해야 합니다.

마지막으로 사실상 금년의 절반이 지나간 시점에서 여러분 개인의 일이나 공사의 일을 한번쯤 점검해 볼 시기가 되지 않았나봅니다. 이제 6개월밖에 남지 않았습니다. 특히 하반기에는 여러 가지행사가 겹쳐있습니다. 국정감사, 정기국회, 예산편성, 하기휴가, 장마 등을 빼고 나면 실질적으로 일할 수 있는 시기는 생각보다 짧습니다. 이러한 시기를 맞아 여러분들이 상당히 고달프고 힘드실 줄 알지만 경영은 성과로 실적이 입증됩니다. 우리는 소일삼아 모인 친목 단체가 결코 아닙니다. 반드시 연초에 정한 성과를 내야 합니다. 개인적으로 모인 단체에서는 따뜻한 인간관계만 유지하면 되지만 기업경영의 세계는 아주 냉철하고 엄한 것이 현실입니다. 성과를 내지못하면 조직은 와해되고 맙니다. 앞으로 계획대로 과업을 완수하기 위해서는 공사 관련 점검사항뿐만 아니라 인사원칙과 회계처리 등 모든 업무를 점검해야 하겠습니다.

구체적인 업무에 대한 개별적인 평가는 6월 23일, 확대간부회의에서 case by case로 하나하나 따지도록 하겠습니다. 오늘은 미리원칙론에 입각해서 여러분이 중점적으로 챙겨야할 사항을 몇 가지 말씀을 드리고 우리 공사의 당면한 문제가 무엇인지 말씀드렸습니다.

감사원 감사가 마지막 마무리 단계에 있는데 간부 여러분들이 솔선해서 마지막까지 최선을 다해 좋은 성과가 있도록 협조를 부탁드립니다.

09

공직자의 삶

새질서, 새생활 실천에 대한 특별교육 (1990. 10. 15)

우리는 국민의 세금으로 생활하는 공직자입니다. 공직자는 국가의 가장 핵심적인 요원입니다. 우리는 국가원수의 의지를 실천하고 나아가 이를 달성해야하는 최전방 일선의 역군인 것입니다.

대통령께서 이 시기야말로 정말 온 국민이 전쟁한다는 마음가짐으로 범죄와 폭력에 대해서 소탕전을 전개해서 내치를 안정시키려하고 있습니다. 이를 바탕으로 다시 한번 일하는 사회, 근검절약하는 사회, 그리고 국제경쟁력이 있는 사회를 만들어야 하겠다는 의지의 표명입니다. 우리는 공직자로서 해야 할 일이 너무도 많습니다.

우리가 어떻게 하느냐에 따라서 국가목표의 달성이 좌우됩니다. 치열한 국제경쟁시대에 외국과의 경쟁은 전쟁이나 마찬가지입니다. 그 전쟁에 승리하기 위해서는 우리 공직자가 선봉에 서야 합니다. 우리가 앞장서지 않으면 전쟁에 지고 마는 것입니다. 과거의 전쟁은 병사가 일선에서 전투를 수행했으나 오늘날은 모든 국민의 총력전입니다. 대통령이 범죄와 폭력에 대한 전쟁을 선포한 지금 우리는 총력전에 나선 병사와 같은 심정으로 적극적으로 동참해서 개인적으로 부여된 사명을 완수해나가야 할 시점에 와있습니다.

우리나라의 지정학적 현실

우리나라는 지정학적으로 대륙과 해양 사이에 있는 반도입니다. 불행히도 우리 주변에는 강대국들이 포진해 있습니다. 북쪽에는 소련과 중국이란 대륙세력이 언제든지 태평양을 향해 내려오려고 기회를 살피고 있고, 아래쪽에는 일본과 멀리 미국이라는 해양세력이 대륙에서 내려오는 세력을 견제하는 역할을 해온 것이 우리가 처한 지정학적인 현실입니다. 여기에서 빚어지는 어려움은 우리들의 숙명이요 시련입니다.

이런 요충지에서 오는 어려움을 이기고 살아갈 길은 두 가지입니다. 탁월한 외교역량과 통상을 통한 길 외에는 생존할 길이 없습니다. 하루 빨리 우리나라를 강력한 힘을 가진 부국으로 만들어 적어도 며칠, 몇 개월 정도는 어떤 강대국이 쳐들어오더라도 초전에 제어할 수 있는 능력을 가지고 있어야 민족자존을 유지할 수 있습니다. 중국의 변방이나 소련의 변방에 있던 많은 민족은 시간이 흐르면서 모두 병합되어 버렸습니다. 소위 자치주라는 제도 아래 존재하고 있긴 하지만 중국이나 소련에 예속되어 있습니다. 힘이 없기 때문에 외국에 병합되어 다른 나라의 일부로 전락해버리고 만 것입니다.

　우리 주변의 현재 상황은 조선시대 말기 1909년도와 거의 비슷합니다. 4개 강대국이 우리 한반도를 놓고 서로 외교적 흥정을 하고 있는 상황입니다. 이때 우리가 정신 차리지 않으면 정말 위기에 처하게 됩니다. 탁월한 외교역량과 튼튼한 내치를 통해서 부국강병을 이루지 못하면 과거와 같은 불행이 되풀이 될 수 있습니다.

　근대화된 무기로 정예화된 훈련을 받아 대규모로 침략해온 일본군을, 전국에서 한두 명씩 모은 포수들로 대응했던 것이 우리의 선조들입니다. 다시는 그러한 우를 범해서는 안 됩니다.

　국제정치에 있어서는 강자가 제일입니다. 힘이 바로 정의인 것입니다. 이라크가 쿠웨이트를 점령했을 때 쿠웨이트는 세계 제일의 부국이었지만 힘이 없었으므로 아무 힘을 쓸 수 없었습니다. 우리는 그런 약소국의 흥망성쇠를 보면서 할 일을 생각해봐야 합니다. 국제정치는 냉엄합니다. 먹느냐 먹히느냐만 존재할 뿐입니다. 여유와 기회를 주고 신사도를 생각하는 것은 있을 수가 없는 일입니다. 힘 있는 자가 승리하는 것이 냉엄한 국제정치입니다. 그래서 우리는 '힘의 균형' 이용해서 탁월한 외교역량으로 우리나라의 생존을 지켜가야 할 입장에 있습니다.

경제상황

한편 우리나라의 경제상황은 어떻습니까. 수출에서는 아시아의 타일랜드, 필리핀, 인도네시아, 말레이시아 등이 저임금으로 우리를 위협하고 있습니다. 일본은 우리가 따라잡을 수 없을 정도의 엄청난 고도의 기술로 고가의 상품을 생산하여 세계시장을 석권하고 있습니다. 자유중국도 앞서가고 있습니다. 전량 해외에서 수입하는 석유가는 40불 선을 유지하고 있습니다. 당초 예상은 배럴당 16불 정도였으니까 우리 경제가 처한 어려움은 이루 말할 수 없이 악화되었습니다.

게다가 다른 여건은 어떻습니까. 기업가는 투자의욕이 사라지고, 근로자는 회사가 망하든 말든 내 몫에만 신경을 쓰고 있는 실정입니다. 그래서 우리나라 상품은 점점 국제 경쟁력을 잃고 있어 수출이 장벽에 막히고 있는 이때, 우리가 살 수 있는 길은 무엇이겠습니까. 부존자원 없이 오직 인력만을 가지고 이끌어 나가는 나라인데, 인건비 상승으로 생산에 지장이 초래될 때, 국제적으로 살아남을 길이없는 것입니다. 큰 힘이 있는 것도 아니고 부존자원이 있는 것도 아니고 그렇다고 주변의 4대강국이 우리를 그냥 두지도 않습니다.

극일(克日)

이렇듯 우리나라의 주변 여건은 어렵습니다. 일본과 우리를 비교할 때, 개별적으로 한 사람 한 사람 만나보면 우리보다 그렇게 우수하지 않습니다. 그런데 모이기만 하면 비교가 안 될 정도입니다. 지난번에 국제대댐학회에 우리 대표단이 수십 명이 갔는데, 그 중에서 회의를 끝까지 경청하면서 메모하고 있는 사람은 우리 공사 직원을 제외하고는 거의 없었습니다. 반면에 일본은 관광을 해도 되는 사람들이 열심히 경청하고 기록하고 있는 것을 보았습니다. 그들은 국내에 돌아가자마자 보고서를 작성합니다. 그것이 모여 노하우가 축적되는 것입니다. 그들은 영어를 제대로 이해하지 못했는데, 영어를 할 줄 아는 사람에게 물어가면서 메모하는 것이었습니다. 알아들을 수 있는데도 듣지 않는 우리와 비교되지 않을 수 없었습니다.

일본의 수자원관리공단은 매년 수많은 책을 출간합니다. 우리는 23년의 전통이 있지만 불행히도 우리 직원이 자기의 경험을 바탕으로 새로운 이론을 도입해서 후진과 동료들에게, 그리고 후손들에게 알릴 만한 기록적인 문서가 하나도 없습니다. 이것이 일본과 우리와의 차이입니다. 대규모 훈련받은 일본군에게 전국의 포수들을 모아 대응하는 정도의 수준을 지금도 그대로 답습하고 있는 것입니다. 이렇게 해서 일본을 극복할 수 있겠습니까? 그들은 정말로 무섭게 공부하고 있습니다.

우리나라 일본은 모두 막대한 에너지를 사용하여 수출제품을 만들면서도 석유가 나지 않는 에너지 빈국입니다. 따라서 석유정책이 국가의 근본이 될 만큼 중요한 문제입니다. 그런데 석유에 대한 대응을 보면 천양지차입니다. 우리는 중동에 페르시아만 사태가 나서 석유값이 오른다고 하자 그때서야 친선사절단을 파견하고 교섭을 시작했습니다. 그러나 일본은 지금으로부터 1백년 전에 사우디에 자국 국민을 보냈으며, 1930년대에도 대량으로 보냈습니다. 그 열사의 나라에 석유가 나오자 바로 국민들을 보낸 것입니다. 일본사람들은 부존자원이 없기 때문에 백년 후를 예측해서 대비하는 혜안을 가졌습니다.

1930년대에 사우디에 간 일본인 중에 하지 하야시라는 사람이 있었습니다. 그는 종교까지 바꾸면서 사우디로 귀화했습니다. 하지 하야시는 오일쇼크가 났을 때 미쯔비시 상사의 창구 역할을 했습니다.

분명히 국적은 사우디 사람인데 사우디보다는 일본의 이익을 먼저 생각했습니다. 일본은 그렇게 미리 준비하고 선점해서 어려움을 이겨냈던 것입니다. 임진왜란 당시 일본이 침략하기 1년 전에 정보원들이 와서 조선의 모든 정세와 장군들의 개개인 성향까지 조사하여 침략했을 때, 우리는 대책 없이 당할 수밖에 없었던 것입니다. 전쟁다운 전쟁 한번 해보지 못하고 당하지 않았습니까.

이것이 일본과 우리와의 차이입니다. 이처럼 무서운 일본이 우리 옆에 있는데도 우리는 여전히 정신을 차리지 못하고 있습니다. 우리가 관리하고 있는 수자원 부문에서, 수자원 개발과 관리 운영에 있어서 과연 일본을 능가할 정도로 일하고 있습니까? 지금 일본과 겉으로는 친선을 이야기하고 있지만 가장 큰 가상 적은 누가 뭐라고 해도 나는 일본이라고 생각합니다. 일본을 뛰어 넘어야 합니다. 극일을 해야 합니다. 그러기 위해서는 진짜 정신을 차려야 합니다.

일본은 지금 최신예 무기를 가진 세계 제2위의 군사력을 가지고 있습니다. 최근에 일본의 가네마루가 평양과 서울에서 한 말이 완전히 다른 것처럼 일본은 항상 두 개의 얼굴을 가지고 있습니다. 우리와는 완전히 차원이 다릅니다. 평화를 거론하면서 무기를 준비하는 것이 일본의 실체입니다. 일본의 군국주의가 다시 일어나고 있습니다. 이제는 국제적으로 군대를 파견하려고 합니다. 조금 있으면 일본군이 다시 들어온다는 말이 나올지도 모릅니다. 1900년 전후에 어떠했습니까. 중국을 끌어들이고 소련을 끌어들이면 살 수 있다고 생각하고 외세를 불러들인 결과가 어떠했는지 생각해보십시오. 우리는 국력을 길러야 합니다.

폭력과 범죄와의 전쟁

국내외적으로 이렇게 심각한 상황에서 대통령께서 폭력과 범죄에 대해 전쟁을 선포했습니다. 우리는 공직자로서 여기에 적극적으로 동참해야 하겠습니다. 내용 가운데 핵심을 보면 모든 국민이 불안에서 벗어날 때까지 모든 범죄를 발본색원할 것을 천명하였습니다. 강력범, 마약조직, 가정파괴범, 인신매매범, 유괴범 등이 이 땅에서 사라지도록 전 국민이 협조해야 하겠습니다. 여기에는 투철한 고발정신이 필요합니다. 우리 모두 범죄 없는 사회를 건설하는데 앞장서야 하겠습니다.

다음은 민주사회를 위협하는 불법과 무질서를 과감히 척결하고 추방하여 모든 질서를 바로잡아 가겠다는 것입니다. 질서라는 것은 사회적 약속입니다. 약속은 지켜져야 하고 그 약속이 지켜지지 않을때 무질서가 되고 맙니다. 무질서는 모든 사람이 불편해지고, 불편은 비능률을 가져오며, 비능률은 국가경제에 막대한 손실을 가져오게 됩니다. 우리가 먼저 질서를 지킵시다.

오늘 저녁 퇴근 시부터 안전벨트를 매어 봅시다. 승용차 운전자는 안전벨트를 매게 되어 있어서 서울에서는 대개 매고 있습니다만 대전은 거의 매지 않습니다. 왜 지키지 않는지 모르겠습니다. 쉬운 것부터, 우리 공직자부터 실천해야 합니다. 안전벨트부터 시작해서 침뱉지 않는 것, 휴지와 꽁초 버리지 않는 것 등 아주 기초적이고 사소한 것부터 지켜야합니다.

어제 TV에서 낙동강이 죽어가고 있다는 특집을 방영했습니다. 물의 원천인 강원도 발원지부터 공장폐수로 강이 썩어가고 있습니다. 우리가 관리하는 안동댐이 순시선과 함께 나왔는데 불행히도 아무일도 하지 않고 놀고 있다는 식으로 보도가 나와 가슴이 아팠습니다. 이런 것을 다른 사람의 탓으로 돌릴 수 없습니다. 법적으로 또는 행정적으로 미비하다고 논할 때가 아닙니다. 수질문제에 관한 한 우리가 적극적으로 앞장서서 일하는 것이 바로 질서를 바로 잡는 것입니다. 우리 모두가 질서 계도원이 되어야 합니다. 그래서 수질문제 등 우리와 관계된 모든 업무를 잡아가야 합니다. 질서라는 것은 상하 간 수평 간에 모두 연결되는 것을 뜻합니다. 질서야말로 아름답고 편리하다는 인식을 확실히 가져야 합니다.

다음으로는 과소비와 투기, 퇴폐와 향락을 근절하여 일하는 사회, 건강한 사회를 만들어 가는 일에 정부의 역량을 총 집결할 것을 천명하고 국민의 적극적인 참여를 호소하셨습니다.

과소비 문제가 나와서 하는 말입니다만 외국에 가보면 한심한 작태가 많이 있습니다. 이번에도 아시안게임에 참가한 사람들이 물건을 많이 사가지고 온갖 추태를 다 부렸다고 합니다. 그것들을 사와 봐야 쓸모 있는 것은 거의 없는 데도 말입니다.

오늘 아침에 체육부 정동성 장관과 만난 자리에서 체육관계로 북경 다녀온 사람들 이야기가 나왔습니다. 도대체 국민의식이 어떻게 된 것인지 외국에만 가면 물건을 사기 위해 난리를 치는지 알 수가 없다고 했습니다. 남들은 어떻든 우리부터 외국에 나가면 중요한 자료를 구하는 데 힘써야 하겠습니다. 중요한 서적을 사면서 꼭 필요한 최소한의 토산품이나 특산물을 사오는 소박한 방법으로 바꾸어가야 할 것입니다. 나 한 사람이 천 불 더 쓰면, 열 사람이면 만 불이고, 백 명, 천 명이면 어떻게 되겠습니까. 이런 것들이 모여서 우리의 외환사정을 어렵게 만듭니다.

일본사람들이 선물하는 것 봤습니까? 그들이 가끔 한국에 와서 저에게 반갑다며 주는 선물을 집에 가서 보면 쌀로 만든 과자입니다. 그들은 우리 돈으로 계산하면 몇 백 원 정도의 선물을 주고받습니다. 일본의 풍토가 바로 그렇습니다. 그들의 선물은 정성입니다. 마음입니다. 우리는 검소한 선물문화가 정착되어 있지 않습니다. 우리부터 앞장서서 근검절약하는 생활을 실천하도록 합시다.

퇴근 후에는 집에 가서 책도 보고 가정에 충실하면서 건전한 취미생활을 해야 하겠습니다. 우리나라 사람들은 모이기만 하면 화투판을 벌입니다. 심지어 비행기 안에서까지 합니다. 들놀이 가서도, 기차 안에서도 합니다. 외국 사람들이 볼 때 한국사람들은 화투에 미쳐있다고 합니다. 참으로 부끄러운 일입니다. 그런 사람들에게 가서 하지 말라고 하면 당신이 뭔데 참견을 하냐고 합니다. 제법 이름이 있다는 친구들까지 그 짓을 합니다. 이제 이러한 놀이문화도 건전하게 바꾸어야 하겠습니다.

여기에 덧붙여 드릴 말씀은 휴식시간에 모여서 이야기할 때도 보다 건설적인 대화를 나누도록 노력해달라는 것입니다. 모이기만 하면 없는 사람 이야기부터 시작해서 과장, 부장, 처장, 본부장, 부사장이 어떻다고 불만을 시작하는 풍토는 없어져야 하겠습니다. 모이면 우리 조직을 어떻게 해야 바람직하게 발전시킬 수 있는 의견처럼 건전한 이야기들이 오갈 때 명실공히 앞서가는 수자원공사가 될 수 있는 것입니다.

끝으로 우리 모두가 솔선수범해서 전쟁에 모두가 참여해야 한다는 신념으로 범죄에 대한 두려움이 없는 사회, 질서 있는 사회, 일하는 사회를 건설하는데 앞장서도록 합시다. 우리 수공가족 모두가 지금이야말로 중대한 전환기 상황에 놓여있다는 인식을 새롭게 하고, 공사간의 행동과 말에 있어서 조금도 흐트러짐 없이 이 국민적 운동에 앞장서서 참여해서 실천에 옮기는 노력을 부탁드립니다.

10

성공의 필수조건 내조

(1991. 5. 30)

훌륭한 내조가 제일가는 남편을 만든다

　여러분 오랜만입니다. 오랜만에 뵈니까 여러분들의 모습이 훨씬 더 아름다워진 것 같습니다. 여러 가지 가사일로 분주하실 텐데 이렇게 가족 여러분을 모시게 돼서 매우 기쁘게 생각합니다.

　우리는 일년 사계절 중 봄을 생동하는 계절이라고 말합니다. 또 일년 열두 달 중에서 5월을 흔히 계절의 여왕이라고 이야기합니다. 하필 왜 왕이라고 하지 않고 여왕이라 했는지 모르겠습니다만 역시 남자 왕보다 여왕이 더 위대하고 훌륭했다는 말이 아닌가 생각됩니다.

　이렇게 좋은 계절에 여러분의 남편이, 또는 여러분의 자제분이 근무하는 아름다운 수공 동산에 한번 오셔서 이 아름다운 분위기를 한번 만끽하시라는 뜻에서 모셨습니다. 또 모처럼 학창시절에 느꼈던 분위기로 되돌아가 보시라고 이 아름다운 곳으로 초대했습니다. 그리고 우리 공사가 도대체 올해에는 어떤 일을 어떻게 하고 있고, 앞으로 어떻게 해 나갈 것인가 하는 것들을 아시는 것도 내조하는데 일조하겠다는 생각이 들어 모시게 되었습니다.

국내외적으로 우리가 처한 여건이 어렵고 복잡하지 않으면 대운동장에서 연예인이라도 불러서 분위기 살리며 즐기는 마당을 마련하려고 했습니다. 가족 여러분들의 신명나고 멋있는 춤솜씨나 노래솜씨를 보면서 뵈야 하는데 지금 여러 가지 국내외 여건이 그런 분위기를 즐길 때가 되지 못한 점을 양지하시기 바랍니다. 이런 저런 눈치를 보느라 교육이라는 명목으로 여러분들을 초대할 수밖에 없었던 점을 송구스럽게 생각합니다.

지난번에도 제가 말씀드렸습니다만 우리나라에서 남자가 행세를 하던 시기는 지금부터 20~30년 전까지가 아닌가 싶습니다. 그 전에는 잘 났든 못 났든 그래도 남자라면 집안에서 제법 대접을 받았습니다. 그래서 조금 속되게 여자를 비하하는 시각이긴 합니다만 옛표현을 빌린다면, 남자가 여자를 데리고 산다고 말했습니다. 만약 요즘 그런 말을 했다가는 아마 출근할 사람이 한 사람도 없을지 모릅니다.

지금은 남자들이 여성을 모시고 살고 있고, 또 그것을 일생일대의 큰 영광으로 알고 있어야 편한 것이 오늘의 현실입니다. 그 결과 여성들 스스로 여성해방운동을 부르짖는 세상이 되었습니다. 제가 언젠가 주부교실연합회 중앙회에 가서 특강을 한 적이 있었습니다. "해방도 여러 가지 있는데 무슨 해방을 하자는 말입니까? 여성해방이란 말이 무엇입니까! 도리어 이제는 남성이 해방을 부르짖을 정도로 완전히 전락했는데 거기에서 또 무슨 소리입니까. 여성해방이라하는 것은 아프리카에서나 할 이야기지 대한민국에서는 맞지 않는다"고 이야기했더니 모두 웃으며 맞는 말이라고 했습니다. 과거와 달리 이미 여성의 권리가 남자를 능가할 정도가 된 지금, 단지 먹고 살기 위한 수단으로 여성해방을 부르짖는 사람도 더러 있다고 봅니다. 시대에 뒤떨어진 시각에서 구태의연하게 말하는 사람들의 말은 귀담아 들을 필요가 없습니다.

제가 이런 말씀을 드리는 것은 다 이유가 있습니다. 한 남성의 일생에서 가장 큰 비중을 많이 차지하는 것은 바로 직장입니다. 학교생활을 마치면 대개 20대부터 직장생활을 하게 됩니다. 그런데 직장생활에서 제대로 능력을 발휘하고 정말 일 잘하는 사람을 보면 반드시 그 이면에 훌륭한 아내의 내조가 있다는 것을 알 수 있습니다. 내조를 잘하는 부인은 절대 남편을 피로하게 만들지 않습니다. 남편이 집에 들어오면 당신이 제일이라고 추켜 세워줍니다. 항상 천상천하 유아독존적인 절대자로서 대접해주는 분도 있습니다. 그렇게 하면 결과가 어떻게 됩니까? 남자가 적극적으로 사회생활을 하게 되어 긍정적인 태도를 갖게 되므로 출세할 수밖에 없습니다.

그런 사람들은 집에 가면 편안하다고 합니다. 적어도 이 세상에서 나를 알아주는 부인이 있다고 생각합니다. 더구나 같이 살아주는 것만 해도 행운인데 인정까지 해주면 신바람나지 않을 수 없지요. 남자는 누가 인정해주면 목숨까지 바치기도 합니다. 여자는 사랑을 위해서 목숨을 버리지만 남자는 인정받으면 목숨까지 버립니다. 폭력 조직에 목숨을 바치는 사람들이 있는 것은 이런 이유 때문입니다.

자질이나 능력이 비슷한 남자가 시간이 지나면서 우열이 드러나는 경우가 있습니다. 사회 초년시절에는 개개인의 능력과 성장환경에 따라 차이가 납니다. 그러나 시간이 흘러 30대 후반쯤 되면, 능력 차이는 개인적인 능력보다 부인의 내조에 따라 달렸다고 봅니다.

그렇게 차이가 나는 까닭은 능력보다 얼마나 적극적이고 긍정적인 사고방식을 갖고 있느냐에 달렸기 때문입니다. 제 개인적인 생각으로 다소 극단적으로 이야기한다면 남자가 능력을 발휘하는 요인, 적극적이고 긍정적인 태도는 90% 정도 내조자의 노력 여하에 달렸다고 봅니다.

아침에 출근해서 업무지시를 내리면 "어려운데요" 또는 "잘 될 것 같지 않습니다"라고 네가티브하게 대답하는 사람이 있습니다. 그런가 하면 아침부터 싱글벙글한 표정으로 주위 사람들을 유쾌하게 만들고 윗사람이 처리하기 힘든 지시를 내려도 "해보겠습니다"라고 대답하는 사람이 있습니다. 만약 여러분이 상사라면 이렇게 상반되는 대답을 하는 부하를 어떻게 평가하겠습니까? 긍정적으로 대답하는 직원은 무엇이든지 지시하면 할 수 있을 것이라고 생각할 것이고, 부정적으로 대답하는 직원은 무엇을 시켜도 해낼 것 같지 않거나 시작부터 제대로 할 수 있을지 의구심을 갖게 될 것입니다. 이런 상사의 시각은 시간이 지날수록 굳어질 것이고 결국 직장생활에서 출세여부를 결정하게 됩니다. 그런데 긍정적인 태도를 갖는 직원의 가정을 살피면 한결같이 내조를 잘하는 아내가 있습니다. 이처럼 내조는 중요합니다. 내조를 잘하면 남자가 편안하게 직장생활에 전념 할 수 있기 때문입니다.

내조에 대해 좀더 말씀드리겠습니다. 내조는 바깥에서 생활하는 남자의 생활, 운명을 좌우합니다. 이렇듯 중요한 내조를 잘하는 구체적인 방법 중 하나는 남자를 이해하고 남과 비교하지 않는 것입니다. 어느 집 애기 아빠는 당신과 같이 입사했는데 처장이고 당신은 왜 과장이냐는 식으로 남편과 남을 비교하는 것은 남편을 졸렬하게 만들고 결국 파멸로 이끄는 가장 좋지 않은 말입니다.

옛날처럼 남편을 몇 명 데리고 살 수 있는 옛날 모계사회라면 여럿 중에서 가장 나은 사람을 고를 수 있겠지만 지금은 그런 상황이 아니지 않습니까. 예컨대 과장에서 더 높은 직위로 승진하지 못하더라도 과장 중에서는 대한민국에서 제일 나은 과장으로 될 수 있도록 내조해 보십시오. 그렇게 되면 항상 직장생활을 안정되게 할 수 있습니다. "당신이 제일이다", "당신 같은 사람이 없으면 회사가 제대로 움직일 수 있습니까"라고 말하면서 기를 불어넣어 보십시오. 그 결과는 행복한 가정, 행복한 아내로 돌아올 겁니다.

지난번에 제가 이런 말씀을 한번 드렸더니, 직원들이 퇴근한 그날 부인 서비스가 참 좋았다고 이야기했습니다. 현관에서부터 예쁘게 단장하고 맞이하는데 신혼기분이 나더랍니다. 그렇게 좋은 기분으로 업무에 임할 때 결과가 어떻겠습니다. 특별히 힘들지도 어렵지도 않은 간단한 말 몇 마디로 우리 수공 직원들이 잠재력을 발휘할 수 있게 됩니다.

사실 정부가 추진하는 새 생활 새 질서 운동이 그리 거창한 것만은 아닙니다. 집에서부터 쉽고 간단하고 가시적인 것을 실천하여 열심히 일할 수 있는 분위기를 조성하는 운동입니다. 우리 일상생활에서 작은 것부터 하나씩 고쳐나가는 것이 새 질서 새 생활 운동입니다.

이제 획일적으로 세운 정부의 시책을 맹목적으로 따라하는 시대는 지났으며 모든 국민이 공감하는 정책이 필요한 시기입니다. 우리공사 임직원도 과거처럼 주어진 일만 수동적으로 해서는 안 됩니다. 전사적으로 추진하는 목표지향적 경영을 실현하기 위해서는 가족 여러분들의 절대적인 성원이 있어야 합니다.

제가 과거 삼성그룹에 있을 때 '사우촌'이라고 하는 데에서 살았습니다. 단독주택으로 이루어진 사우촌에는 모두 삼성그룹 식구들만 살았습니다. 그런데 살다보면 시끄러운 일들이 많이 발생하는데, 분위기가 나빠진 근본적인 원인은 부인들이 "똑같이 출발했는데 당신은 왜 과장이고, 부장이냐"는 불만이었습니다. 그런 불만이 결국 부인들 간의 분위기를 악화시켜 직원들의 직장생활에 문제까지 야기하는 것이었습니다. 그러나 개중에 올바른 사고방식을 가진 몇몇 부인들이 앞장서서 그런 분위기를 일신해서 완전히 달라진 적 있습니다.

이것은 상황을 올바로 인식하고 불화가 되는 요인을 해결하기 위해 앞장서는 부인들의 역할이 얼마나 중요한 지 보여주는 사례입니다.

여러분들이 남편을 내조하기에 바쁘시고 또 애들을 키우랴 살림하랴 바쁘시겠지만, 남편들이 오직 회사 업무에 충실할 수 있도록 노력해주시기를 부탁드립니다.

우리 수자원공사는 평생직장의 개념을 지향하며 이를 위한 평생교육의 일환으로 이런 기회를 자주 가지려고 합니다. 여러분들 모두 잘 하시고 계시지만 사장으로서 여러분의 남편을 우리나라에서 가장 행복한 직장인으로 만들고 출세시킬 수 있는 비법을 알려준다는 의미로 생각해주시면 고맙겠습니다. 오늘 들으신 내용을 메모해서 당장 오늘 저녁부터 한번 실천해 보세요. 몇 개월 후에는 여러분의 남편이, 여러분의 가정이 달라질 것입니다.

제가 직원들 표정을 보면 전날 저녁에 부인이 격려를 해주었는지 또는 바가지를 긁었는지 알 수 있겠다는 생각이 듭니다. 여러분의 남편을 정말 어린애 다루듯이 잘 다루어 보십시오. 때때로 남자는 어린애입니다. 텔레비전에 가끔 나오죠? 남자는 어린애입니다. 아무리 나이 적은 여성이라고 해도 모성애가 있습니다. 그 모성애를 발휘하면 남편이 출세합니다.

어떻게 보면 남편이 불쌍하지 않습니까? 여러분들도 가정에서 힘들고 어렵고 골치 아픈 일을 겪겠지만 남편은 아침 정문에 들어와서 나갈 때까지 일합니다. 특히 신입사원은 이 사람 저 사람에게 인사하다가 시간을 다 보냅니다. 만약 여러분들이 간부회의에 참석해서 사장으로부터 질책 받는 남편의 모습을 봤다고 하면 얼마나 가슴이 아프겠습니까? 아마 월급을 함부로 쓰지 못할 것입니다.

남자들이 직장에서 자기 목표를 달성하기 위해서, 또 한 가정의 가장으로서의 위치를 지키기 위해서 엄청난 고통과 피눈물 나는 노력을 하고 있다는 것을 항상 기억해야 합니다. 한편 여러분들의 가장은 대한민국에서 가장 근무환경이 좋고 가장 훌륭한 직장에서 근무하고 있다는 것을 다행이라고 생각해야 합니다.

언제나 수공가족의 일원임에 긍지를 가지고 자랑스럽게 생각하고 어디가든지 큰소리쳐도 좋습니다. 우리 공사는 어느 기관, 어느 민간기업, 외국 어느 기업에 비해서 조금도 손색없습니다. 이제는 국제적으로도 알아주는 우리 수자원공사입니다. 그러므로 여러분들은 자부심과 용기를 가지시고, 여러분들의 남편이 가정에 대한 근심에서 벗어나 직장에서 전력투구 할 수 있도록 잘 도와주시고 보호해주십시오. 정말 남자는 여자하기 나름입니다. 어린애와 똑같습니다. 나갈 때 용돈좀 주고, 등도 두드리면서 "당신은 참 멋쟁이입니다"라고 격려해 주십시오. 절대 다른 사람과 비교하지 마십시오.

저 키가 별로 큰 편이 아니지요? 그런데 집사람은 아담해서 좋다고 합니다. 팔자가 그렇게 된 것인데 키 큰 사람이 좋다고 해봐야 소용없으니까 그렇게 말하는 겁니다. 좋은 방법이지요. 키 작은 사람한테 "당신은 어떻게 크다가 말았느냐"고 말한다거나 키 큰 사람한테 "수양버들처럼 휘청휘청거린다"고 말하면 안 됩니다. 키 큰 것은 큰 대로 매력 있고, 또 키가 작을 때는 작은 고추가 맵다고 하지 않습니까? 주어진 여건에서 남편으로 하여금 최대한 능력을 발휘할 수 있도록 언제나 격려해주십시오. 나무 키우는 것과 같습니다. 때 맞추어 물도 주고, 전지도 해주십시오. 나무도 인간과 대화를 합니다. 나무에게 자꾸 보기 싫다고 하면 죽어버립니다. 하물며 사람인 경우에는 어떻겠습니까?

여러분이 진심으로 내조를 잘 하겠다고 마음먹는다면, 남편이 직장에 출근하고 난 다음 적어도 1분 동안 기도하십시오. 크리스챤은 하나님께, 마호메트교는 마호메트에게, 불교신자는 부처님께 기도하십시오. 남편이 자기가 맡은 일에 최선을 다하도록, 대한민국에서 제일 가도록, 그 자리에서 소임을 다할 수 있는 훌륭한 사람이 될 수 있도록 기도해보십시오. 자녀들도 그대로 배웁니다. 여러분들이 자녀들 앞에서 교육목적으로라도 기도하시는 주부가 되신다면, 우리 수자원공사는 현재처럼 계속 발전할 것입니다. 그것은 여러분 가장의 발전이며, 여러분의 발전이며, 여러분 가정의 발전인 것입니다. 작은 수고로 우리 모두가 문자 그대로 무한하게 발전할 수 있을 것이라고 생각합니다.

앞으로 다른 교육은 전문강사분들이 잘 하리라고 믿고 조금 지루하더라도 귀담아 들으시기 바랍니다. 현재 우리가 하고 있는 일이 무엇이고 앞으로 어떻게 해나갈 것인지 보다 상세한 내용에 대한 설명이 있으리라 믿습니다. 여러분들이 우리 공사에 대해 너무 많이 아실 필요는 없지만 큰 윤곽은 아셔야 합니다. 적어도 수공 가족들은 수공이 하고 있는 일들이 무엇인지 또 어떤 계획과 어떤 비전을 갖고 있는지 알면 내조하는데 도움이 될 겁니다.

오늘 산뜻한 5월 신록의 계절을 맞이해서 전례 없이 유쾌하고 아름다운 모습으로 나오신 수공가족 여러분들에게 다시 한번 진심으로 환영의 말씀을 드립니다.

오늘부터 돌아가시거든 첫째도 남편, 둘째도 남편, 셋째도 남편, 잘 좀 보살펴 주시고 잘 좀 키워주시기를 부탁드립니다.

전 한국수자원공사 사장 회고록
워토피아를 향하여

III

수자원 정책과 생활

01

수자원의 개발과 관리

제31회 수공학 연구발표회 초청강연 (1989. 7. 28)

1. 서론

물은 생명의 근원이자 지구상의 모든 물질 중에서 인간의 생활과 생존에 꼭 필요한 자원입니다. 태고로부터 인류는 물을 따라 이동하였으며 풍부한 수자원이 공급되는 지역에서 문화가 발전하여 왔습니다. 또한 물은 자연계에서 가장 풍부한 물질이지만 지구상의 물은 대부분 바닷물이고 인류가 자원으로 개발하는 대상인 담수는 극히 한정되어 있으므로 그 질과 양에서 시간적, 공간적 분포의 제한을 받고 있습니다.

수자원 개발의 궁극적인 목표는 계절적, 지역적으로 편재된 수자원을 가장 경제적이고 효율적으로 개발·운영·관리함으로써 장래에 예견되는 각 목적별 수요를 충족하여 산업성장을 지속시키고 국민복지와 사회의 안정을 도모하는 것이라 할 수 있습니다.

인류의 역사를 볼 때 문명의 발달과 인구증가에 따라 하천의 이용은 단순한 농업용수의 공급에서 생·공용수, 주운, 수차의 이용과 함께 위락 공간의 활용 등으로 확장되어 왔습니다. 홍수를 예방하고 생활에 편리하게 하천을 이용하면서 문명과 하천의 관계가 더욱 밀접해져 왔던 것입니다. 하천 개발방식의 흐름을 크게 보면, 과거 방어적 개발에서 적극적인 하천 개조·개발로 전환하게 되었으며, 토목공학을 포함한 과학기술의 발달로 하천은 더욱 유용하게 이용돼 왔습니다.

현대사회의 산업발전이 가속화되면서 도시의 거대화 및 생활수준의 향상 등으로 물에 대한 주민들의 욕구 또한 매우 다양해져서 더욱 풍부하고 깨끗한 물을 요구하게 되었으나, 댐 개발 적지의 부족과 수몰토지 보상 등의 어려움으로 수자원 개발은 점점 어려워지고 있는 실정입니다.

더욱이 근래에 와서는 하천수질 오염문제가 심각한 사회적 과제로 등장하게 되었으며 하천 자정(自淨)능력의 한계를 벗어난 수질오염을 해결하기 위한 어려움이 가중되고 있습니다. 하천오염의 주요인은 도시와 공장으로부터 유입되는 하·폐수이며, 산업발달은 새로운 오염원을 증가시켜 가용 수자원을 감소시킬 뿐만 아니라 자연환경 및 생태계를 파괴시켜 여러 가지 문제점을 야기하고 있습니다.

따라서 수자원개발사업의 목적은 종래의 이·치수 개념에서 환경까지 고려한 광범위한 분야까지 포함하게 되었으며, 한정된 수자원에 대한 종합적인 대책이 요구되고 있습니다. 물 문제를 해결하기 위해서는 수질보전대책과 수자원의 개발·관리가 체계적으로 연계될 수 있도록 종합적이고 거시적인 차원에서 수자원개발계획이 수립되어야 합니다.

2. 수자원의 개발 및 관리현황

우리나라에서 물이 자원으로서의 가치를 갖게 된 것은 1960년대 부터입니다. 즉 60년대에 들어서서 산업화와 도시화가 급속히 추진됨에 따라 수자원 종합개발계획의 필요성이 크게 대두되자 1966년부터 4대강 유역에 대한 조사가 실시되었습니다. 이에 따라 한강, 낙동강, 금강 및 영산강이 지니고 있는 수자원과 주변 토지자원의 특성을 조사함으로써 향후 유역별 하천종합개발계획을 수립하는데 절대적인 역할을 하게 되었습니다.

이어서 정부는 '제1차 국토종합개발계획'(1972~1981) 및 '수자원 장기종합개발 기본계획'(1981~2001) 등을 통하여 다목적댐 및 하구둑 건설, 용수개발 사업, 방재치수사업 등을 추진하여 왔습니다.

특히 우리나라의 하천은 기상 및 지형 등의 요인으로 홍수기와 갈수기의 수량 차이가 심하기 때문에, 갈수기에 안정된 유량을 얻고 일시적인 홍수를 저류할 수 있는 다목적댐 건설이 하천종합개발계획의 핵심이었습니다. 이와 같은 계획 아래 한강수계에 소양강댐을 비롯하여 7개의 다목적댐이 건설, 운영 중에 있으며 현재 임하댐과 주암댐이 건설 중에 있습니다. 이들 9개 다목적댐이 분담하는 유역면적은 21,400㎢로서 국토 총면적의 22%를 점유하고 있으며, 홍수조절능력이 18억톤, 연간 용수공급능력이 90억톤, 발전능력이 연간 22억kWh에 달하고 있습니다.

[표 1] 다목적댐의 주요제원

댐 별	수 계	유역 면적 (km²)	저수 용량 (백만톤)	유효 저수량 (백만톤)	상시 만수위 (EL.m)	저수위 (EL.m)	저수 면적 (km²)	계획 방류량 (m³/sec)	사업기간
소양강댐	소양강	2,703	2,900	1,900	193.5	150	70	5,500	67.4~74.2
안동댐	낙동강	1,584	1,248	1,000	160	130	51.5	3,038	72.9~76.10
대청댐	금강	4,134	1,490	790	76.5	60	72.8	6,000	75.3~81.6
충주댐	남한강	6,648	2,750	1,789	141	110	97	16,000	78.6~85.12
섬진강댐	섬진강	763	466	429	196.5	175	26.5	1,868	60.8~65.12
남강댐	남강	2,285	190	109	37.5	31	23.6	7,460	62.4~70.12
합천댐	황강	925	790	560	176	140	25	6,550	82.4~88.12
주암댐	보성강	1,010	457	352	108.5	85	33	3,717	83~90
임하댐	반변천	1,361	595	424	163.0	137	26.4	3,200	84~91

1970년대 이후 하천이용의 또 다른 형태로서 하천지역의 농업용수를 비롯한 각종 용수공급 목적으로, 한정된 수자원을 고도로 이용하기 위한 하구둑 건설이 활발하게 추진되었습니다. 지금까지 안성천, 삽교천, 영산강 및 낙동강 등 4개의 하구둑이 완공되었으며 1983년에 착공한 금강 하구둑은 현재 건설 중에 있습니다. 그 외에 일부 단일목적댐 또는 소규모 관개용 저수지에 수자원을 일시 저류 시키고 있으나 그 양이 미미하여 아직까지 수자원 확보 및 조절에는 미흡한 형편입니다.

[표 2] 하구둑의 주요제원

하구둑별	유역	유역면적 (km²)	총저수량 (백만톤)	댐높이 (m)	관리	비고
금강하구둑	금강	9,828	138	16.6	-	건설중(농진공)
영산강하구둑	영산강	3,471	253	20	농조	기설
삽교천방조제	삽교천	1,639	84	18	"	"
아산 방조제	안성천	1,634	142	17	"	"
낙동강하구둑	낙동강	23,560	50	20	수공	"

수자원의 개발에는 많은 시일과 막대한 투자재원이 소요되고, 보상비와 이주대책 상의 문제점, 그리고 댐 적지의 부족 등으로 추진에 난항을 겪고 있습니다. 이러한 각종 난관을 딛고 개발한 수자원을 좀더 효율적으로 관리하기 위해서는, 각 수계를 일관한 저수지군의 시스템적 운영과 물관리 체제가 보다 효율적으로 정착되어야 할 것입니다.

우리나라의 주요 하천은 수자원의 관리측면에서 볼 때, 이미 하천이용 고도화 단계에 들어섰음을 알 수 있습니다. 이는 과거에 농업 용수를 대상으로 했던 물 공급과 홍수방재 위주의 관리로부터 하천 환경보전이 새로운 과제로 등장했기 때문입니다.

우리나라의 하천 및 호소는 수자원의 이용목적 및 하천수역에 따라 상수원수 1~3급, 공업용수 1~3급 및 농업용수 등으로 기준등급을 정하여 수질을 관리 중에 있습니다. 현재 전국의 주요 하천의 수질은 악화되고 있는 실정입니다. 주요 하천 중류의 수질은 상수원수 2급(BOD 3ppm이상)을 초과하고 있고, 하류는 대부분은 3급을 초과하고 있는 형편입니다. 또한 하천 상류의 상수원수부터 오염이 심화되고 있어 심각한 상황입니다. 그리고 상수원인 호소 중 일부에서 부영양화 현상이 유발됨에 따라 악취발생 등으로 양질의 물 공급에 큰 지장을 초래하고 있습니다.

환경청 통계자료에 의하면 현재 전국에서 발생하는 하·폐수 배출량은 1일 약 16백만톤으로서 연간 약 12% 증가 추세에 있으며, 이중 생활용수가 63%, 산업폐수가 36%, 축산폐수가 1%를 점유하고 있습니다. 계속되는 하천오염을 방치할 경우 식수원의 고갈 등 국민의 건강과 생존을 위협하는 현상을 초래할 수 있으므로, 도시 하수처리장과 오물처리장의 증설, 그리고 철저한 산업폐수 처리규제와 적정한 하천유지 용수 공급에 대한 검토가 시급한 실정이라 하겠습니다.

1991. 5.10 준공한 주암다목적댐

3. 수자원부존량 및 용수수요전망

한국의 연평균 강수량은 약 1,159mm로서 세계 평균 강수량의 1.2배로 비교적 풍부한 편입니다만, 용수이용 면에서 보면 인구 1인당 연간 총강수량이 약 2,800톤으로 세계 평균치의 1/10에 불과합니다. 지역별 연강수량 분포를 살펴보면 섬진강 유역이 1,344mm로서 가장 많고, 낙동강 유역이 가장 적은 양인 1,106mm를 나타내고 있습니다.

국토 전체에 강하하는 연평균 강수량, 즉 수자원 총량은 1,140억톤입니다. 이 가운데 물의 순환과정에서 손실되는 478억톤을 제외하면 하천 유출량이 662억톤에 달하며, 이 양이 곧 한국의 수자원 부존량이라 할 수 있습니다. 그러나 연강수량의 2/3가 하절기인 6, 7, 8월에 치우치며 하상경사가 급하기 때문에 대부분 홍수로 유출되고 마는 실정입니다. 즉 평상시 유출이 총 수자원량의 23%에 지나지 않아 하천수 이용률이 낮은 편입니다.

수자원 부존량 662억톤 중 각종 용수로 이용되는 수량은 248억톤입니다. 이를 이용원 별로 살펴보면 하천수 이용이 167억톤으로 수자원 총량의 15%, 댐 등에 의한 용수공급량이 65억톤으로 6%, 지하수 이용이 16억톤으로 1%에 그치고 있는 실정입니다.

지하수 부존량은 약 2,320억톤으로 추산되고 있으나 대수층이 얇고 개발하기 위한 기술적, 경제적 타당성이 희박하기 때문에 관정 및 소규모 이외의 지하수개발은 기대하기 어려운 형편입니다. 또한 지역별 수자원의 부존량과 용수수요의 불균형으로 인해 물 부족 현상이 나타남에 따라 유역변경 방식에 의한 광역 용수개발이 불가피해지고 있습니다.

2000년대를 내다본 용수수요의 장기전망을 살펴보면 인구의 증가, 생활수준의 향상 및 산업발전 등으로 인해 '86년도 258억톤에서 2001년도에는 377억톤으로 약 46%의 수요증가가 예상됩니다.

이중 생활용수는 74%, 공업용수는 95%의 높은 증가율을 보일 것으로 예측됩니다. 하천 오염원이 주로 생활하수 및 산업폐수임을 감안할 때 엄격한 수질관리가 이루어지지 않는다면 장래의 하천수질은 더욱 악화될 수밖에 없습니다.

[표 3] 용수수요 전망

구 분	1986	1991	2001
생활용수	43	57	75
공업용수	21	29	41
농업용수	118	135	158
기 타	76	97	103
계	258	318	377

4. 수자원의 개발 및 관리 개선방향

앞에서 말씀드린 바와 같이 근래에 와서 댐건설이 활발하게 이루어져 왔으나 이것만으로 우리나라의 물 문제를 근본적으로 해결할 수는 없습니다. 그러면 수자원의 개발 및 관리가 직면하고 현안 문제점과 이를 해결을 위한 개선방향을 살펴보겠습니다.

첫째, 급증하는 용수수요에 대비하여 각 유역권에 계획된 다목적댐 및 중규모댐을 지속적으로 개발하여 댐 용수 공급량을 확보해야 하겠습니다. 또한 우리나라에는 현재 경제성이 있는 대용량 댐 적지가 부족한 상태이므로 계획된 댐 외에도 비교적 입지조건이 양호한 새로운 지역을 발굴해야 합니다. 그리고 해수의 담수화, 지하수 및 지하댐 개발 등 수자원 개발수법을 다양화함으로써 용수자원을 늘려나가야 할 것입니다.

더욱이 곧 도래할 서해안 시대의 개막에 즈음하여 서해안에 계획되고 있는 공업단지와 배후도시에서 필요로 하는 대량의 용수수요에 대비한 유역간 물 배분계획 및 용수공급 방안 등이 면밀히 검토되어야 하겠습니다.

둘째, 용수수요의 안정적 공급을 위하여 양적인 문제뿐만 아니라 수질보전에 관한 대책이 수립되어야 하겠습니다. 즉 상수원수의 수질관리 강화, 적정 하천 유지용수의 확보, 도시 및 산업폐수에 대한 관리강화 및 농촌 수질오염예방 등을 포함한 거시적인 하천종합관리 방안이 수립되어야 하겠습니다. 특히 식수원을 오염원으로부터 완벽히 차단하여 양질의 상수원수 확보를 위한 수질보전 정책이 최우선적으로 시행되어야 하겠습니다.

셋째, 하천관리의 근대화와 적정화를 기하려면 전국의 수계를 유역별로 네트워크화한 종합적인 하천관리체계와 합리적인 수자원의 이용체계가 정립되어야 합니다. 현재 우리나라는 목적별 이용주체 및 기능별 관리주체가 다원화되어 있기 때문에 수계의 상하류가 연계된 종합적 이·치수관리가 어려운 실정입니다. 영국이 유역관리청(Water Authority)에 권한을 위임하여 각 하천 유역을 효율적으로 총괄관리하고 있는 것이나, 미국이 테네시강을 TVA에서 통합관리하고 있는 것처럼 수자원개발에서부터 하천관리까지 수계별 관리체계가 확립, 운영되어야 할 것입니다.

넷째, 수자원개발을 담당하는 관련 정부부처간의 계획조정과 수자원개발의 강력한 추진을 목적으로, 수자원 종합개발관리를 위한 정책심의기구를 설치하여 물 행정을 일원화시켜야 하겠습니다. 지금까지 우리나라는 용수목적별 개발체제가 다원화되어 용수 수급계획의 총괄 조정이 원활하게 이루어지지 않고 있으므로, 이에 대한 개선방안으로서 복합적으로 수자원 관련문제를 협의, 조정, 심의할 수 있는 기구의 설치가 시급합니다.

다섯째, 경제성장과 생활수준의 향상에 따라 하천이 주민들에게 친숙한 자연공간으로 활용될 필요성이 크게 요구되고 있습니다. 주운, 관광, 휴식 및 레크레이션 등을 포함하여 하천의 이용을 고도화시킬 수 있는 하천종합개발이 실현되어야 하겠습니다.

여섯째, 댐건설로 인한 수몰지역 이주민들의 보상과 이주대책에 관한 제도적 보완이 필요합니다. 현재 사업시행에 가장 심각한 저해 요인은 수몰민의 보상문제입니다. 이를 해결하려면 현행 보상평가방법 및 이주대책을 개선하여 이주민에게 충분한 생계대책을 마련해 주어야 합니다. 이는 근본적인 제도 보완이 선결되어야만 가능한 정책적 문제입니다.

일곱째, 향후 수자원의 최적개발 및 운영을 위해서는 **수문관측 시설의 확충과 신뢰성 있는 수문자료의 축적**이 이루어져야 합니다. 장기적인 수자원 개발계획의 수립과 보완을 위한 체계적이고 주기적인 수자원 조사사업이 시행되어야 하겠습니다.

끝으로, 물의 유한성과 수질보전의 중요성을 국민에게 알려서 물을 **자원**으로 인식하여 아껴 쓰고 오염 방지의식을 고취시키기 위한 적극적인 국민교육과 홍보가 있어야 하겠습니다.

5. 결론

바야흐로 세계는 물 풍요 시대에서 물 부족 시대로 바뀌었습니다. 이제 수자원 확보는 인류의 미래를 좌우하는 세계적인 공통과제로 등장하게 되었습니다.

우리나라의 현재 수자원 이용률은 수자원 총량의 22%에 불과합니다. 유용하게 활용되지 못하고 사라지는 수자원을 이용하기 위해서는 장기적인 측면에서 수자원 개발관리가 가장 합리적이고 효율적인 방법으로 시행되어야 합니다. 수자원 전문인들은 양질의 물을 충분히 공급하여 지역사회 개발의 선도적인 역할을 할 수 있도록 다같이 노력해야 할 것입니다.

현재 건설부와 한국수자원공사에서는 오는 '92년부터 시작될 '제3차 국토종합개발계획'과 연계하여 수자원의 합리적 개발과 효율적 관리를 도모할 목적으로, '수자원장기종합계획'(1991~2011)을 수립할 예정입니다. 향후 20년 동안 추진될 수자원 정책이 원활하게 추진되면, 국가 경제 및 사회 발전에 지대한 효과가 있으리라 믿습니다.

2000년대의 우리 후손들에게 수자원을 통한 복지사회를 물려주는 것의 우리의 의무입니다. 물이 맑고 깨끗한 사회, 물이 다양하고 풍족한 사회, 물의 재해로부터 안전한 사회를 뜻하는 WATOPIA 소망을 구현키 위해서는 온 국민이 지혜를 모아 물문화를 창조해 나가야 할 것입니다.

02

수자원·수질 종합관리 문제점 및 신기술개발 전략

수자원·수질 종합관리를 위한 신기술 개발 세미나 기조연설 (1991. 9. 7)

1. 서론

    물은 인간의 모든 활동의 기본 요소가 되는 꼭 필요한 자원으로서 생명의 근원이자 생명 그 자체라고 할 수 있다. 물과 더불어 시작된

인류의 역사를 살피면, 인간은 물을 따라 이동하였으므로 인류문명과 문화를 창조하는데 있어 불가피한 요소임을 알 수 있다. 인류는 물의 공급이 풍부한 지역을 중심으로 문명을 꽃피웠고 문화를 발전시켜 왔던 것이다.

자연계에서 물은 가장 풍부한 물질 중 하나이지만 실제로 지구상에 있는 물의 97% 이상은 그대로 활용하기 곤란한 해수이며, 자원으로서 개발 가능한 하천수나 호소수로 존재하는 담수는 극히 한정되어 있다. 더욱이 담수는 그 질과 양에서 시간적으로나 공간적으로나 상당히 편중되어 있다.

이러한 물 자원을 효율적으로 이용하고 홍수 조절 및 관개용수 공급을 위하여 수자원을 개발한 이래, 인구증가와 산업화에 따라 생활용수와 공업용수의 수요가 꾸준히 증가했다. 아울러 사회가 고도화되면서 수력발전과 수질관리, 내륙 주운 및 여가활용 등 다양한 목적별로 요구되는 수요가 점증해왔다. 이에 따라 수자원 개발 및 관리의 궁극적인 목표는, 여러 가지 수요에 맞춘 다양한 물을 안정적으로 공급함으로써 산업성장을 지속시키고 국민복지의 향상과 사회의 안정을 도모하는 방향으로 초점이 맞추어졌다.

그러나 물 수급은 현대에 들어오면서 급속한 산업 발달과 인구증가, 그리고 생활수준의 향상에 따른 용수 수요의 대량화로 인하여 불균형이 가중되고 있다. 이를 해결하기 위한 수자원 개발사업에 있어서도 댐 개발 적지의 부족과 보상비의 증가로 인한 막대한 투자재원의 소요, 그리고 개발지역 주민의 반대여론 등 여러 가지 문제점이 대두되어 원활한 사업추진에 어려움을 겪고 있다.

또한 도시와 공장으로부터 유입되는 하·폐수 등에 의한 오염이 심각해지면서 하천은 자정능력(自淨能力)을 상실하고 있다. 그리하여 해결이 더욱 어려워지고 있으며, 급속한 산업화가 새로운 오염원을 가중시켜 가용 수자원을 감소시킴은 물론 자연환경과 생태계를 파괴시키고 있다. 이제 수자원의 이용과 보전은 문명의 발전뿐만 아니라 인간의 생활에 절대적인 과제로 더욱 복잡하게 전개되는 상황이다. 도미노 현상처럼 가속되는 수질오염 문제는 이미 개발된 수자원을 황폐화시켜서 사용할 수 없도록 만드는 한편, 새로운 수자원의 개발을 요구하므로 이중으로 힘들게 작용하고 있다.

2. 수자원 개발 및 관리 현황

우리나라에서 물 자원의 가치를 인식하게 된 것은 산업화와 도시화가 본궤도에 오르기 시작한 1960년대 이후부터라고 할 수 있다. 1960년대 초 국토건설 계획이 처음 도입되고 시행된 제1차 경제개발 계획 기간 중 경제지표로 설정된 공업의 고도화 계획과 식량증산계획 목표를 달성하는데 있어서, 물이 필수적인 기초 자원으로 대두되면서 수요가 급속히 증대했다.

이에 따라 수자원 개발문제는 경제계획의 중요한 사업으로 부각되었고 각종 용수수요를 충당하기 위한 대책이 경제성장의 밑받침이 되었다. 특히 우리나라의 기상 및 지형 특성 상 갈수기에 용수 공급을 위한 사업이 절실해졌다. 그리하여 연중 내내 안정된 유량을 유지하고 홍수에 대비하여 저류시키며 수력에너지를 생산하는 다목적댐 건설이 하천 종합개발의 핵심이 되었다. 이에 따라 한강 수계의 소양강댐과 충주댐, 낙동강 수계에 남강댐, 임하댐, 안동댐 및 합천댐, 그리고 금강수계에 대청댐과 섬진강 수계에 섬진강댐 및 주암댐 등 9개 다목적댐을 건설, 운영하게 되었다.

이들 사업을 통해 홍수 조절능력 17억㎥, 연간 용수 공급능력 89억㎥, 발전시설 용량 96만kw를 확보하는 큰 사업효과를 거두게 되어 우리나라의 연간 수자원 총 이용량 249억㎥의 36%를 다목적댐에서 공급하게 된다.

1970년대 이후 하천 이용의 또 다른 형태로 염수(鹽水) 침입방지와 하류지역의 농업용수와 생활 및 공업용수 공급을 목적으로 한 하구둑 건설이 활발하게 추진되었다. 낙동강 하구둑을 비롯한 안성천, 삽교천, 영산강, 금강 하구에 5개의 하구둑이 건설되어 연간 16억㎥의 용수공급이 가능하게 되었으며, 생활용수와 공업용수 공급 전용댐 11개소로부터의 용수 공급량이 4.5억㎥에 달하고 있다.

다목적댐 및 하구둑을 중심으로 한 주요 수자원 개발은, 증가되는 용수 수요를 충당하고 매년 발생되는 집중호우 및 태풍으로 인한 홍수 피해를 현격하게 감소시켰으며, 부수적으로 수력 전기를 생산함으로써 첨두부하(尖頭負荷) 시의 전력난을 해소시키는 등 산업발전과 국민경제의 향상에 기여하고 있다.

아울러 최근 국민 생활수준의 향상에 따라 맑은 물에 대한 국민들의 욕구는 물론, 휴식공간 및 여가선용과 관련하여 물 공급에 대한 국민들의 욕구가 급격히 증가되고 있다. 그리고 한강 종합개발과 같은 하천 종합개발 사업 및 다목적댐 사업 등의 다양한 수자원 개발사업은 국민정서 함양에도 크게 이바지 하고 있다.

현재 우리나라는 급속한 경제성장과 산업발전으로 인구가 도시로 집중되고 정부의 강력한 산업구조의 고도화 시책이 시행되고 있다. 이에 따라 대단위 공업단지 사업이 계속 추진되고 있어 산업화와 국민 생활수준 향상에 따른 용수 수요는 더 한층 가속화되고 있다. 그러나 산업화와 인구의 도시집중에 따라 각종 공장 폐수와 생활하수가 수자원을 오염시키고 있다. 하천 환경오염이 더욱 심화되고 있으므로 용수 공급원의 상류 이동이 불가피한 경우가 발생하고, 오역화(汚域化) 문제로 취수원이 제한되어 상수도 시설이 대규모로 광역화되는 추세에 있다.

한편 수자원 장기 종합계획을 위한 용수 수요 조사에 의하면 생활 및 공업용수는 1991년 현재 연간 74억㎥에서 2001년에는 37% 증가한 연간 101억㎥로 전망되는데, 이에 따른 수자원 개발비는 91년도 불변가격으로 무려 6조 8천억 원이 소요될 것이라고 한다. 아울러 수자원 개발사업은 장기간의 조사와 개발 시간이 소요된다는 점을 고려할 때 다른 어떠한 기간산업 못지않게 적어도 10년 전부터 재원을 마련 등 장기적 안목에서 계획을 추진해 나가야 할 것이다.

이와 아울러 용수 수요증가로 지역에 따라 심각한 용수난(用水難)

에 직면해 있다. 유역별 수자원 부존량에 상당한 차이가 있는 현실에서 어쩔 수 없이 용수 공급의 유역별 불균형 요소가 내재해 있다. 여기에 댐 건설에 따른 지방자치단체의 반발이 고조되고 있으므로 대규모 수자원 개발은 한계에 도달하고 있다. 더욱이 수자원 개발을 둘러싼 기업환경 변화는 특히 심하여, 수자원 개발에 따른 비용 중에서 개발비와 보상비에 대한 비중에 반전(反轉)되었다. 불과 10여년 전에는 공사비가 주요 사업비를 구성했으나 현재는 보상비 비중이 압도적으로 폭증하고 있으므로 수자원 개발사업에 막대한 비용이 추가되는 상황에 놓여 있다.

또 다른 문제는 댐 개발에 따른 지역특성을 볼 때 댐의 상류와 하류 간의 이해관계가 상충(相衝)되어 상류 주민들 간에는 하류의 수혜자에 대한 피해의식과 보상심리가 증대되고 있다는 점이다.

이와 같이 수자원 개발을 둘러싸고 있는 여러 여건이 급격히 변하는 상황이다. 지방화 시대를 맞이한 정치적인 상황은 이런 문제를 가속시키고 있다. 즉 댐의 상류와 하류 간, 수자원이 충분한 지역과 없는 지역 간의 이해관계가, 각종 압력단체를 통해 영향을 미치고 있다. 결국 수자원 개발에 막대한 시간의 소모와 많은 비용의 추가부담 및 개발기간의 연장이라는 중대한 문제를 가일층 어렵게 하고 있는 것이다.

한편 최근 하천오염의 심화, 용수 수급상의 어려움 및 홍수피해의 지속화, 기타 수리권(水利權)의 미확립, 수문자료(水文資e) 수집 체제의 미비 등 복합적인 수자원 관련 문제들이 등장하여 종래의 수자원 행정제도나 법령만으로는 효과적인 대처가 어렵게 되었다.

　다가오는 21세기에는 이러한 수자원 개발 및 관리상의 제반 문제점이 해소될 수 있도록 개발 관련 행정제도 및 법령의 개선이 요구된다. 특히 수자원 관리에 있어서 각 수계(水系)를 일괄한 저수지군(貯水池群)에 대한 합리적이고 과학적인 물 관리체계가 정착되어야 할 것이다.

3. 수질관리 현황 및 문제점

　수질관리 등 환경문제에 있어 경제성장에 상응하는 정책측면에서 볼 때, 우리나라의 경우 지난 30여년 동안 경제개발 위주의 정책추진에 따라 상대적으로 환경오염 방지대책이 소홀했던 것이 사실이다. 지난 '84~'89 6년 동안 연평균 실질 경제성장률은 10.2%인데 반하여, 산업폐수 증가율은 연평균 20% 이상 상회하는 것으로 나타났다. 여기에다 산업기술의 고도화에 따라 매년 200~300종의 신종 화학물질이 개발되므로 오염현상이 더욱 복잡 다양해지고 있다.

　또한 모든 산업 경제정책이 환경에 직접적으로 영향을 미침에도 불구하고, 환경 행정은 경제개발 정책의 부수적인 것으로 인식되는 것을 부인할 수 없다. 그러므로 환경문제의 근본 원인에 접근하지 못하고 환경훼손이나 오염물질이란 결과만을 처벌하는 사후 관리행정에 치중함으로써 더욱 막대한 처리비용을 지불하고 있는 실정이다.

경제 규모에 상응하는 환경 투자가 미흡한 것도 수자원 확보의 어려움을 가중시키고 있다. '90년도 OECD 자료에 의하면 국민총생산액 대비 공공환경 투자 수준이, 우리나라는 불과 0.15%로써 미국(0.57%), 일본(0.34%), 영국(0.74%) 및 스웨덴(1.69%)등 선진국 수준에 훨씬 미치지 못하고 있다.

정부의 산업화 정책에 따라 생활수준 향상 등 경제적 발전을 이룩한 반면, 일부 환경 분야에서 부작용이 심각하게 대두되고 있다. 산업화 이전에는 간단한 처리만으로 음료수로 사용할 수 있었던 1급수 수준의 한강 및 낙동강 등 주요 상수원이 대부분 2급수 내지 3급수로 수질이 악화되었다. 이는 처리비용의 증대와 국민들 사이에 식수에 대한 불신이 고조되어 국민 상당수가 정수기를 사용하거나 생수를 사마시고 있는 실정이다.

더욱이 대도시 주변에 위치한 금호강, 안양천 및 광주천 등은 농업 및 공업용수로도 사용하기 어려울 정도로 수질이 악화되었다. 지금처럼 수질오염 문제를 방치할 경우 모든 수원은 치유하기 어려울정도로 황폐화 될 것이다.

잘 알려진 바와 같이 영국 테임즈강의 수질오염 문제는 시사하는 바가 크다. 테임즈강의 오염이 심각해지자 영국은 뒤늦게 하수처리 시설을 대폭 확충하는 등 대책을 실시했는데, 25년이 지나서야 하천 생태계가 일부 복원되기 시작하였으며 아직도 깨끗한 물을 공급하는 데는 한계가 있는 것으로 알려져 있다.

지하수는 오염원(汚染源)에 대한 반응이 지표수보다 훨씬 느리지만 한번 오염되면 회복이 거의 불가능하므로 지하수 오염에 대한 대책도 서둘러야 할 때가 되었다. 남한지역의 지층 공극(空隙) 내의 지하수 포장량(包藏量) 중 경제적으로 이용 가능한 양은 약 787억㎥으로 추정되며, 우리나라 연간 강수량의 18%에 해당되는 약 205억㎥가 매년 지하에 스며들어 지하수를 형성하고 있다.

현재 지하수 개발 이용량은 연간 16억㎥로 우리나라 연간 이용 총 수량 249억㎥의 6.5%를 점하고 있는 점을 미루어 보아 앞으로 개발 가능성이 막대하다고 본다. 그러나 지하수 오염은 지표수 오염보다 상상 외로 복구하기가 어려운 점을 고려해야 한다. 따라서 쓰레기의 적지 매립이나 토양관리 등 종합적인 대책을 마련하지 않으면 지하수 오염이 심각한 실정에 이를 전망이다.

한국수자원공사에서 관리하고 있는 소양강댐, 충주댐, 안동댐, 남강댐, 합천댐, 대청댐, 섬진강댐 및 주암댐 등 8개 다목적댐 저수지의 수질은 아직까지 상수원으로써 적합한 1급 내지 2급수의 수질기준을 유지하고 있다. 그러나 상류로부터 도시 하수와 공장 폐수, 축산 폐수 및 농작물 살충제와 비료 등 유해 잔존물로부터 유입되는 오염원의 차단이 시급하다. 이뿐만 아니라 내수면 양식장에 대한 면허 완료시 면허 재발급 중단 등의 조치가 이루어지지 않는 한, 머지않은 장래에 이러한 대형 저수지의 수질도 극히 악화될 것이다. 따라서 현재 각 기관으로 산재되어 있는 다목적댐 저수지의 수질책임과 권한을 한 곳에 부여하여 일관성 있는 정책을 추진할 수 있는 대책이 절실하다.

이와 같은 각종 수질관리 문제는 더 이상 미룰 수 없는 시급한 과제이다. 급격히 증가하고 있는 쾌적한 환경에 대한 국민적 욕구에 부응하고 사회변화에 능동적으로 대처할 수 있도록 수질환경 기준도 점차 선진국 수준으로 강화해야 한다. 수질환경에 영향을 미치는 경제활동 전반에 대해 종합적으로 분석하여, 오염원을 사전에 근본적으로 감소시키는 대책과 이미 발생된 오염물질을 적정하게 처리하는 대책을 중심으로 수질개선 정책을 적극적으로 추진해 나가야 할 것이다.

4. 수자원 기술개발 현황 및 대책

우리나라 수자원 부분의 기술개발은 수문(水文) 조사사업과 유역조사 사업 등 주로 수자원 개발사업에 필요한 기술적인 문제를 해결하는 데 중점을 두어 왔다. 이 같은 정책이 우리나라 경제개발 초창기에는 근대적인 수문 해석기법을 도입하고 기술 인력을 양성하는 밑바탕이 된 것은 사실이다. 그러나 정부의 예산이 부족하여 지속적인 투자가 이루어지지 못했다. 그리하여 수자원의 개발 및 관리에 필요한 조사 사업이 부진해졌을 뿐만 아니라 수자원 관리 기술개발도 낙후되어 있는 실정이다.

게다가 수자원 개발 및 관리의 기초가 되는 수문 자료 중 일부 자료에 대하여는 측정기간이나 측정지점의 부족, 그리고 누락 등 자료의 양적인 면뿐만 아니라 질적인 면에서도 기록된 내용에 여러 가지 문제점을 안고 있다. 수문자료의 관측방법이나 관측망 등을 대대적으로 보완하고 관측 자료의 관리방법을 개선하는 등 보다 근본적이고 획기적인 개선이 이루어져야 한다.

수자원 개발 조사사업과 관련된 분야 이외의 기술투자는 1980년대 초까지는 선진국에 비하여 매우 미흡한 실정이었다. 그러나 1980년대 중반 이후 컴퓨터의 보급과 아울러 다목적댐 등 수자원 시설물의 관리기술 기법에 대한 연구개발 및 인력양성 등 투자에 착안하게 되었다. 그리고 1990년대에 접어들어서는 수문자료의 효율적 관리를 위한 Data Base도 일부 구축이 완료되었으며 순수 국내기술에 의한 다목적 댐의 자체 설계도 가능하게 되었다.

또한 하이테크(High Tech)인 컴퓨터 그래픽을 이용한 다목적 저수지의 실시간 운영관리도 가능하게 되었다. 이에 따라 의사결정 지원 시스템까지 자체 기술로 개발할 수 있는 능력을 갖게 되어 일부실용화 단계에 이르렀다. 이러한 기술개발 사항은 정부가 정책에 입각하여 한국건설기술연구원 등 관련 연구소를 적극적으로 육성하고 한국수자원공사 부설 수자원연구소의 활성화와 아울러 산학협동의 결실로 볼 수 있다.

앞으로는 산업의 고도화와 선진국의 혁신적인 신기술 개발속도에 부응하여 국제 기술사회에서 우리의 입지를 확고하게 다져야 한다. 이런 중요한 시점에 충북대학교의 수자원·수질 연구센터의 창립과 적극적인 연구활동은 매우 고무적이라 할 수 있다. 수자원 관련 연구소들은 주어진 임무와 각자의 특성에 맞는 분야의 연구에 전력을 다하여야 할 것이며, 이들 연구소의 활성화에 정부와 수자원공사 등 공기업이 적극 협력하고 최대한 지원하여야 한다.

한발 및 홍수 등 극심한 자연 조건하에서도 국민생활에 피해나 지장이 없도록 수자원 시설물의 개발 및 관리를 효과적으로 수행하여야 하며, 수자원 환경을 창조할 수 있는 근본적인 기술개발을 중점적으로 추진할 필요성이 점증하고 있다.

수자원·수질 분야의 연구개발 사업은 성격상 지속적인 투자가 필요하다. 이러한 의지와 노력이 정부와 산업체, 대학 및 연구기관 간의 적극적 협조체제와 융합이 될 때, 비로소 수자원 및 수질관리 분야에 직접 활용할 수 있는 새로운 기술이 창출될 것이며 국제 사회에서 우리의 몫을 다할 수 있을 것이다.

5. 개선방향 및 전략

지금까지 우리나라의 수자원 및 수질관리 현황과 문제점, 수자원분야의 기술개발에 대한 현황과 관련 문제점들에 대해 알아보았다. 이제 문제점에 대한 개선방향을 제시하고자 한다. 첫째 수자원의 개발 방향 및 정책, 둘째 수자원 및 수질관리 대책, 셋째 수자원 및 수질 종합 관리, 넷째 환경변화와 국민적 대처, 다섯째 신기술 개발 및 연구 환경 조성 등으로 구분하여 여기에 대한 개선방향과 세부적인 추진대책을 제시하고자 한다.

첫째, 수자원 개발 방향 및 정책적 측면에 있어서는 21세기의 물부족사태에 대비하여 양적인 면과 질적인 면에서 수요를 충족시킬 수 있도록 수자원 개발이 공급주도형으로 전환되어야 한다. 이를 위해서는 정부의 투자비용 확대와 수익자 부담 원칙에 따라 물값의 현실화와 수자원세(水資源稅)의 신설 등 재원마련이 선행되어야 한다.

공급주도형 수자원 개발에 부가하여 수해로부터 국민을 보호하고 수력발전을 통한 투자재원 회수와 증대되고 있는 쾌적한 환경 욕구를 충족시켜 주기 위해서는, 수자원의 다목적 개발이 최상이지만 적지 개발이 불가할 때에는 용수공급을 위한 중규모 댐이나 지하수 개발 등 수자원 개발을 다변화시켜 나가야한다.

둘째, 수자원 시설물과 수질관리 측면에 있어서 현재 우리나라는 수자원 개발이 이미 상당히 이루어진 점을 고려해야 한다. 즉 개발된 시설물의 효율적 운영 및 관리와 수질오염 방지대책이 신규 시설물의 개발보다 오히려 중요시 된다. 이러한 점을 고려할 때 수문 및 수질 관측 시스템을 보다 현대화시키고 관측자료를 Data Base화하여 신기술 개발과 관리 효율화의 기초자료로 활용하여야 할 것이다.

셋째, 수자원 및 수질관리를 위한 장기와 단기 예측기법을 보다 확대 강화시켜서 사후규제와 수습정책 일변도에서 사전 예방적인 측면으로 전환하여야 한다. 현재 다원화 되어 있는 관리체계의 일원화를 위한 종합적인 연구 및 검토가 필요하며, 수자원의 개발 및 관리에 대한 분산된 권한이나 책임 등을 조정하기 위한 수자원기본법의 제정, 그리고 정부 내에 수자원 개발 및 정책 수립에 관한 종합적심의기구를 설치, 운영하는 것이 시급할 것으로 판단된다.

넷째, 수자원 환경변화와 이에 대한 국민의식은 날로 복잡화·고급화되고 있다. 따라서 오늘날 우리가 직면하고 있는 수자원 관리는 물을 다루는 기관이나 사람들만의 노력만으로는 극복하기 어려운 상태가 되었다.

유엔환경계획(UNEP)에서 '91년도 '세계 환경의 날' 캐치프레이즈로 정한 '지구 환경변화에 대응하는 전 인류 공동의 노력'과 같이 우리나라에서도 범국민적 차원에서 물에 대한 중요성을 인식시킬 수 있는 의식개혁운동이 필요하다. 모든 국민이 수질문제에 있어서는 가해자이면서 동시에 피해자라는 의식을 가질 수 있는 범국민적 수질 보존 캠페인을 통한 계몽운동을 전개해야 한다.

이런 국민운동의 일환으로 한국 수자원공사에서는 공사 창립 기념일인 7월 1일을 '물의 날'로 자체적으로 제정, 선포하고 이 날로부터 일주일 간을 '물 주간'으로 지정하여 국민들에게 물의 중요성을 다시 한 번 일깨워 주고 수질보존 의식을 고취시키고 있다. 각계각층이 성황리에 참석하여 물 심포지엄 및 물 사진전, 물 백일장 등 각종 행사를 실시하였으며, 앞으로 보다 광범위하게 물에 관한 문제를 종합적으로 다룰 수 있도록 연례화시킬 예정이다.

다섯째, 수자원 및 수질 종합관리를 위한 신기술개발과 연구환경 조성을 위해서 수자원을 담당하고 있는 정부 부처나 수자원공사와 각 관련 기업체 및 대학교, 연구소 등에서 전문지식을 갖춘 기술자 양성을 위한 투자를 촉진시켜서 이 분야에 대한 연구개발을 활성화 시킬 필요가 있다.

아울러 다가오는 지방화시대와 남북통일에 대비해서 수자원 관련 연구소에서는 각각 특성에 맞는 분야를 집중적으로 육성하고 전문화를 기해야 한다. 또한 정부 및 기업체와 대학 및 연구소의 적극적 협조체제를 구축할 필요성이 절실하다. 그리하여 민관학 모두 합심하여 급속도로 변화하는 국제사회의 기술수준에 접근할 수 있도록 노력해야 한다.

이를 위해서 정부와 기업체는 장기적인 측면에서 연구개발을 위한 투자를 촉진하고, 대학교 및 연구소 등의 연구기관에서는 지금까지의 일부 이론에 치우친 수자원 연구에서 탈피하여 실용화를 위한보다 진지하고 설득력 있는 연구에 가일층 노력하여야 한다.

6. 결언

이미 수자원 개발을 완료한 선진국에서는 기존의 수자원 시설물의 관리문제가 신규 수자원 개발사업보다 훨씬 중요한 역할을 하고 있으며, High Tech를 활용하여 기존 수자원 시설물을 효율적으로 관리하고 있다. 그 결과 용수공급 및 수력발전 등의 편익을 10~20%까지 증대시키고 있다.

우리나라는 1인당 수자원 부존량이 세계 평균값의 1/10에도 미치지 못한다. 이처럼 수자원이 부족한 우리나라 실정에서는 가용자원의 효율적 관리와 이용의 극대화가 절실히 요구된다. 따라서 수자원의 개발이나 이의 효율적 관리에 기초가 되는 수문자료 관측에 대한 투자를 늘려야 할 뿐만 아니라, 최적 운영기법으로 저수지군의 연계 운영 및 수량과 수질을 고려한 저수지의 최적 방류량 결정방법 등의 신기법 개발에 대한 과감한 투자가 필요하다.

다가오는 21세기에는 물이 깨끗한 사회, 물이 다양하고 풍족한 사회, 물의 재해로부터 안전한 사회라는, 수자원을 통한 복지사회인 WATOPIA를 실현하기 위해 국민 모두가 최선을 다해야 할 것이다.

03

수자원 개발과 수환경 관리

　물은 지구상의 모든 생명체가 살아가는데 기본이 되는 필수적인 자원으로서 생명의 근원이자 생명 그 자체라고 할 수 있습니다. 자연철학의 시조 탈레스는 "물은 만물의 근원"며 우주의 근원과 자연의 이치를 물로 설명하였습니다. 인류 문명의 4대 발상지가 큰 강을 중심으로 형성되었듯이 인류역사는 물과 함께 시작되어 물의 이용 정도에 따라 흥망성쇠를 거듭했습니다. 인류와 물이 함께 한 역사는 오늘날에도 이어지고 있어 물이 풍부한 지역을 중심으로 문명의 꽃을 피우고 문화를 발전시켜 나가고 있습니다.

　오늘날 우리가 이용하고 있는 물은 바다, 대기, 육지를 끊임없이 순환하는 자원으로서 우리 후손들이 영원히 이용해야할 할 귀중한 자원입니다.

　이와 같이 중요한 물 자원을 효율적으로 관리·이용하기 위해 우리나라는 지난 60년대부터 수자원 개발 사업을 꾸준히 추진해 온 결과, 한해(寒害)와 수해(水害)를 경감시키고 각종 용수수요의 충족은 물론,

수력발전과 수질관리 등 복합적인 목표를 수행하면서 국민 복지 향상을 도모해왔습니다.

　그러나 현대사회에 들어오면서 산업의 발달과 인구증가에 따른 도시화와 생활수준의 향상에 따른 각종 용수의 대량 수요로 인하여 물 수요의 불균형이 가중되고 있습니다. 그러나 이를 해결하기 위한 수자원 시설의 확충은, 개발 적지의 부족 및 보상비의 앙등, 개발주변 지역주민들의 반대 등에 부딪쳐 점점 어려워지는 실정입니다. 즉 막대한 투자재원이 소요되는 수자원 시설의 부족과 물의 오염 문제가 심화되면서 심각한 사회적 과제로 대두되어 보다 근본적이고 장기적인 대책이 요구되고 있습니다.

　따라서 맑고 깨끗한 물에 대한 국민의 욕구를 충족시키면서 동시에 수자원 시설을 지속적으로 확충하는 것이 물 관리를 위한 지름길이라고 하겠습니다. 그리고 한정된 수자원으로 현대사회의 복잡다양한 물 문제를 해결하기 위해서는 개발위주의 수자원 패턴에서 이제는 양과 질을 동시에 충족할 수 있는 복합적 목표달성이 가능하도록 수자원관리 방식의 변화가 요청되고 있으며 이를 위한 체계적이고 합리적인 수자원정책이 요구되고 있습니다.

1. 수자원 환경

우리나라 연평균 강우량은 1,274mm로 전 세계 평균강우량의 1.3배로 비교적 풍부한 수자원을 갖고 있는 다우지역에 속해 있지만 용수 이용면에서는 세계 평균에 비해 크게 저조한 것으로 나타나고 있습니다. 그 이유는 우리나라 강우량 대부분이 홍수기에 집중되어 있고 하천의 경사가 급하여 대부분의 물이 일시에 유출되기 때문입니다.

양적 측면에서 물 수요 증가와 함께 질적 측면에서 수질 오염이 악화되어 물 문제를 가중시킬 것으로 전망됩니다. 우리나라 4대강의 환경기준 달성률은 절반수준 정도에도 못 미치고 있어 질적인 측면에서도 상당 부분이 미흡한 실정입니다. 도시화, 산업화 등의 역기능으로 인하여 하천의 수질이 급속히 악화되어 가고 있는 상태인 것입니다. 특히 도시 인근의 중소하천은 급격히 증가하는 생활하수로 악취가 발생하는 등 오염상태가 심각하여 하천으로서의 기능을 점점 상실해가고 있는 실정입니다. 상수도 취수원에 있어서도 약 절반가량만 보호구역으로 지정되어 있고 취수원 상류지역의 빈약한 환경 기초시설은 수질의 개선과 보전을 더욱 어렵게 하고 있습니다.

또한 모든 경제정책이 환경에 직접적으로 영향을 미침에도 불구하고 환경행정을 경제개발 정책의 부수적인 것으로 인식하므로 해결책에 접근하지 못하고 있습니다.

개발 및 이용·보전 측면에서 우리나라 수자원 관리체계는 정부각 부처와 지방자치단체, 그리고 여러 공공기관들이 참여하고 있어 매우 다원화되어 있습니다. 이에 따라 수자원을 종합적으로 개발, 관리, 보전할 수 있는 일련의 체계적이고 계획적인 사업수행이 곤란하여 투자와 관리의 효율성이 저하되고 있는 실정입니다.

상수도 급수체계에 있어서도 지방 상수도와 광역 상수도로 이원화되어 있는 등, 다원화에 따라 전국 각 지역의 상수도 공급수준이 매우 상이하며 이에 따라 수도요금도 차이가 심한 편입니다.

2. 수자원 환경 여건의 흐름과 전망

수자원 정책의 시대적 흐름을 살펴보면 50~60년대의 농업용 저수지 및 단일목적 댐의 개발에서 산업 구조의 변화에 따라 60년대말에 특정 다목적댐법의 제정과 함께 한국수자원개발공사가 발족되어 4대강 유역의 조사를 실시하는 등, 수자원 개발의 종합적인 체제를 갖추게 되었습니다. 70~80년대에는 유역별 대규모 다목적댐 건설이 활발하게 추진되어 종래의 단일목적을 위한 수자원 개발에서 이수(利水)와 치수(治水)를 고려한 복합적인 수자원 개발정책으로 전환되었습니다. 그리고 80년대 말부터 경제정책의 기조가 안정과 복지를 구현하기 위한 방향으로 정립되면서 용수 수요가 급격하게 증가했습니다. 아울러 지역 간 물 수급의 불균형, 물의 오염 등 수자원을 둘러싼 제반 여건의 변화는, 과거의 지역 또는 유역 중심이던 협의의 수자원 정책에서 광의의 수자원 정책으로의 이행을 요구하게 되었습니다. 이와 같이 수자원의 환경여건도 매우 복잡한 상황으로 전개되고 있습니다.

더구나 최근의 지방자치제도 실시에 따라 상수원의 오염에 대한 원인자와 수혜자 간의 대립이 심화되고 있으며 지역 이기주의 현상으로 수자원을 둘러싼 이해관계가 첨예화되어 국가 전체 차원에서의 체계적인 관리 및 계획, 통제가 점점 더 어려워지고 있는 실정입니다. '90년에 실시한 국민환경 의식조사 결과에 의하면 2000년대 우리 사회가 직면하게 될 가장 심각한 문제로 국민의 75%가 수질을 포함한 환경오염에 대한 우려를 나타내고 있는데, 이는 미래의 수자원 정책 방향을 제시해준다고 하겠습니다.

수자원부문의 모델국가로 흔히 거론되는 영국은 현재와 같은 수자원 체제를 정립하기까지 오랜 시간이 걸렸습니다. 1847년 최초의 수도법 제정 이후 수돗물 공급이라는 단순한 상수도 체계에서, 수질과 환경보전 측면까지도 포함한 종합적인 물관리 체제를 유지하고, 나아가 중수도(中水道) 도입과 지하수 이용 및 해양개발을 통한 대체수원 확보 등 현재의 수자원 체계 구축까지 약 150여 년이 소요된 것입니다.

우리나라에서도 급증하는 용수수요를 충족시킬 수 있는 양질의 수원 확보를 위하여 기존 수원과 함께 대체수원을 개발할 필요성이 점증하고 있습니다. 이를 위해서 양질의 지하수 개발과 해양 개발을 통한 용수공급의 다양화를 도모함과 아울러 수질오염에 대한 다각적인 대처방안이 모색되어야 할 것입니다.

3. 향후 수자원 개발 방향

이제 수자원 부문은 점차적으로 수량과 수질을 동시에 충족시키며 관리할 수 있는 종합적 수자원 관리체제로의 이행이 불가피할 것으로 판단되며, 수자원 정책도 이를 충족시킬 수 있는 방향으로 전환되어야 할 것입니다. 기존의 지역간 급수 서비스 수준의 심한 격차를 해소하면서 현재 가용 수자원을 최대로 이용해야 할 필요성이 현안 과제로 등장했습니다. 이와 동시에 대체수원인 지하수 개발 및 해양 개발을 통하여 현재의 상수도 시스템과 연계하는 방안을 강구해야 합니다. 향후 수자원 정책은 상수도 부문을 중심으로 수량과 수질을 적극 개선하는 방향으로 나아가게 될 것입니다.

수자원을 둘러싼 환경여건의 변화를 수용은 여러 측면에서 제약요인이 있지만, 앞으로 기존의 다목적 댐 및 협의의 광역상수원 체계에서 벗어나, 수로의 고속도로화와 같은 맥락에서 지역을 초월한 광의의 급수체계 도입을 심도 있게 검토해야 할 것입니다. 즉 기존의 다목적댐과 광역상수도를 중심으로 하여 각 댐과 광역 상수도를 거미집(Cobweb)과 같이 연결한 수로망인 대단위 광역시스템(Large Scale Blk Water System)을 도입할 단계가 다가온 것입니다. 왜냐하면 지역 간 격차 없이 동일한 양질의 풍부할 물을 국토의 구석구석까지 공급해야 할 시대이기 때문입니다.

현재 영국에서는 부분적이긴 하지만 이미 테임즈강을 중심으로한 대단위 광역 시스템과 유사한 'London Tunnel Ring Main'이라는 사업을 추진 중에 있으며 '96년말 완공 예정으로 있습니다. 대단위 광역

시스템의 도입은 상수도에 의한 서비스 수준을 지역간 평준화하며, 아울러 물 부족 지역의 문제를 해소함과 동시에 수원별로 상이한 수질까지도 동시에 관리하는 전천후 상수도 시스템입니다.

그리고 대체수원인 지하수 및 해양 개발을 통하여 용수의 다원화, 풍족화를 기함과 동시에, 해양에서 발생되는 막대한 양의 오존을 Feedback하여 정수처리에 이용함으로써 수자원의 양적인 충족뿐만 아니라 질적인 측면에서까지 고도화하는 방향으로 연구·검토되어야 할 것입니다.

4. 문제점 및 개선방향

우리나라는 물의 목적별 이용주체와 기능별 관리주체가 다원화되어 있어 수계의 상하류가 연계된 종합적인 이·치수가 어려운 실정입니다. 이런 상황은 지방자치시대의 도래로 사업주체 및 관련부처간의 이견이 심하게 대립되어 종합적인 수자원정책 수립의 장애요인이 되고 있습니다.

현행 수자원에 관련된 각종 제도 및 법령은 제정 당시 시대적 필요를 고려했기 때문에 현안 문제 및 앞으로 예견되는 상황을 충분히 반영하지 못하고 있습니다. 따라서 수자원의 본래 기능과 유기적 관련성을 충분히 고려하여 개정할 필요성이 대두되었습니다.

경제개발과 국민경제의 성장에 따라 용수수요는 급증하고 있으나 물의 양은 한정되어 있는데 부족한 용수마저 수질오염으로 심각한 위협을 받고 있습니다. 이제는 수자원 당국 및 전문기관만의 노력만으로는 해결하기 힘든 상황에 놓여 있습니다. 따라서 물은 더 이상 무한정 구할 수 있는 자유재가 아닌 경제재로서 이의 효율적인 이용과 보전을 위한 범국민적 의식전환이 요구되고 있습니다. 이제부터라도 국가적 노력을 기울여 수자원 문제를 개선하고 국민들이 수자원의 중요성을 깨닫고 이에 대한 의식개선에 집중해야 하겠습니다.

지역 간 급수수준 및 급수 서비스에 있어서의 격차는 지역 간 불균형을 초래하는 요인으로 나타나고 있으므로 수자원 시설의 확충이 불가피합니다. 그러나 수자원 시설의 확충은 개발 적지의 부족, 보상비의 증가 및 지역주민의 반대 등으로 매우 어려운 실정입니다.

이러한 수자원의 어려운 환경여건을 극복하여 국민 모두에게 최선의 수자원 서비스를 제공하기 위한 개선 방향을 말씀드리겠습니다.

첫째, 수자원의 지속적 개발입니다. 이는 계획된 다목적댐 및 중규모댐을 지속적으로 개발하여 댐 용수공급량을 확대해 나가면서 계획된 댐 이외에도 기존 단일목적댐 중에서 입지조건이 양호한 것을 선정해서 다목적으로 활용하는 방안을 검토해야 합니다.

둘째, 수계의 유역별 NET WORK화입니다. 현재 우리나라는 물의 이용 및 관리주체가 다원화 되어있어 수계의 상·하류가 연계된 종합적인 이·치수가 어려운 실정입니다. 향후 각 지역의 사회적, 경제적 상호관계 및 유역 특성에 맞는 대단위 권역을 기본으로 한 수역권을 설정하여, 수계를 유역별로 Net Work화하는 종합적인 하천관리 체계와 합리적인 용수의 배분체계가 정립되어야 하겠습니다. 또한 현재의 상수도 급수체계를 물의 배분과 유통 판매 기능으로 이원화 하는 공급체계로 전환해 나가야 하겠습니다.

셋째, 수자원관리 종합정책 심의기구의 설치입니다. 수자원 관련 기관이 국가차원에서 이해관계를 중재, 조정 및 통제할 수 있는 '수자원 관리 종합정책 심의기구'를 설치할 필요가 있습니다. 이러한 기구는 실질적인 수자원 관련 정책결정의 권한을 위임받아야 할 것입니다.

04

남북 수자원회담 제의하라

동아일보 (2002. 3. 22)

  3월 22일은 유엔이 정한 '물의 날'이다. 유엔은 '92년 11월 제47차 유엔총회에서 날로 심각해지는 물 부족과 수질오염을 방지하고 물의 소중함을 되새기기 위하여 이 날을 세계 물의 날로 제정, 선포했던 것이다. 그런데 우리나라는 올해도 예년처럼 봄 가뭄 때문에 일부 지역에서 주민들이 식수난에 허덕이고 있다. 그러나 보다 심각한 문제는 앞으로 몇 년 안에 가뭄이 아니더라도 물의 절대량이 부족해진다는 사실이다.

  유엔의 물 관계 전문기관들은 이미 '93년 한국을 '물 부족 국가'로 분류했으며 현재와 같은 물의 낭비가 계속된다면 2025년에는 물기근국가로 전락, 만성적인 물 부족으로 경제발전과 국민복지가 저해받을 것이라고 경고한 바 있다. 현재 한국의 물 수급 상황을 보면 올해 예상 물 사용량은 333억 톤인데 반해 공급능력은 336억 톤으로 여유분이 3억 톤 정도에 불과하다.

北 물길 돌려 수량 급감

건설교통부는 현재의 추세가 계속된다면 2006년에는 수요가 346억 8,000만톤인데 비해 공급은 345억 8,000만톤에 불과해 1억톤이 부족하기 시작하여 2011년에는 부족량이 무려 17억 9,000만톤으로 안동댐과 주암댐의 저수량을 합친 만큼의 양이 부족할 것이라고 전망하고 있다.

이러한 사태가 발생한 것은 물의 수요면에서는 물의 낭비, 노후 수도관에 의한 누수, 공급측면에서는 댐건설의 중단과 환경오염이 심화된 결과이다. 보다 근본적인 원인은 우리 국민이 아직도 우리나라는 물이 풍부한 나라로 착각하고 물을 '물 쓰듯'하고 있을 뿐만아니라 정부와 국민은 물의 위기를 위기로 생각하지 않고 있다는 데있다.

여기에다 최근 북한이 북한강과 임진강 상류에 댐을 건설한 뒤 태백산맥을 관통하는 지하수로를 건설, 강 하류로 내려오던 물길을 동해안으로 돌리는 바람에 북한강과 임진강의 수량이 현저하게 줄어 수도권의 용수 공급과 전력 생산에 차질을 빚고 있다. 이처럼 용수 공급 부족으로 인한 경제적 손실이 발생할 것이 명백한데도 정부는 적절한 대응책을 마련하지 못하고 있다.

관계당국에 따르면 북한은 최근 10년 동안 북한강 상류에 우리가 금강산댐으로 부르고 있는 임남댐과 포천 1·2댐, 전곡댐, 신명리댐, 조정지댐 등을 완공했거나 건설 중이며, 임진강에는 내평·장안댐이 완공 단계에 있다고 한다.

북한은 해발 300~400m에 위치한 이들 8개 댐에서 태백산맥을 관통하는 총 100km의 지하수로를 만들어 북한강과 임진강 물을 태백산맥 동쪽으로 돌려(유역변경식) 300m의 낙차를 이용, 안변청년 발전소(총 시설용량은 81만kW)에서 전력을 생산한 뒤 원산 앞바다로 물을 빼내고 있다.

금강산댐이 담수를 시작하면서 북한강 상류 화천댐에 유입되는 수량이 5분의 1정도로 줄면서 화천댐의 발전량도 크게 감소했다. 이에 따라 북한강 유역에 건설한 5개 발전용 댐에서 한 해에 생산하는 발전량의 30%인 4억kWh가 줄어들 것으로 예상했는데, 이는 금액으로 300억~400억원 상당이다. 일부 수자원 전문가들은 북한의 댐들이 계획대로 모두 완공돼 동해로 물을 빼내면 2011년 수도권의 물 부족량은 전문기관들이 예상하는 것보다 두 배에 가까운 양이 될것이라고 우려하고 있다.

그 뿐만 아니라 수도권 주민의 용수원인 북한강과 임진강으로 유입되는 물이 감소함에 따라 가뭄 때는 일부 지역의 물 부족이 우려된다. 특히 홍수 시 북한강과 임진강 상류 댐의 수문을 일제히 열경우 하류인 수도권은 큰 피해를 볼 수도 있다.

잃어버린 한강 물 찾아야

남북이 분단된 현 상황에서 국제법상으로 보면 임진강과 북한강은 남북한이 함께 사용하는 공유하천이다. 공유하천은 당사국의 동의 없이 유역변경식으로 물길을 돌려서는 안 된다. 그럼에도 불구하고 북한이 일방적으로 공유하천의 물길을 돌려 대형 댐 하나 정도의 저수량에 해당하는 물을 가져가 버린 것이다. 북한이 국제법을 위반한 셈이다. 공유하천에 대한 이용권을 둘러싼 물 분쟁은 이스라엘과 요르단, 중국과 동남아 5개국 간의 경우처럼 전쟁으로까지 치닫는 심각한 문제이다.

따라서 정부는 '물의 날'을 계기로 북한강과 임진강의 잃어버린 물을 확보하기 위해 북한당국에 남북 수자원회담을 제의, 한강의 유량을 원상으로 회복하기 위한 적극적인 노력을 기울여야 할 것이다.

05

물 기본법 제정 서둘러야

THE ECONOMIST, COVER STORY (1991. 6. 5)

"水資源개발을 위해 다목적댐을 계속 만들어야하고,
수질오염 방지를 위해 범국민적
의식개혁운동을 벌여야 합니다."

■ '물과 인간생활은 불가분의 관계에 있고, 따라서 물의 중요성은 재론의 여지가 없습니다. 물 문제를 전담하는 수자원공사의 사장으로서 물에 대한 평소 생각이 어떤 것인지 궁금합니다.

한마디로 물은 하늘이 인간에게 베풀어준 가장 귀한 자원인 동시에 유한한 자원이란 게 평소 생각입니다. 흔한 이야기지만 물은 생명의 근원이고, 경제활동의 원천인 만큼 지구상의 어떤 자원보다도 중요하죠. 물을 어떻게 다루느냐에 따라 번영과 행복을 누릴 수도있고, 엄청난 재난을 자초할 수도 있습니다. 그럼에도 불구하고 사람들이 그와 같은 평범한 진리를 곧잘 망각하고 함부로 대하는 것같아 안타깝기도 합니다.

가만히 따져보면 물은 우리에게 어떤 질서를 가르쳐주고 있지요. 예컨대 물은 모든 것을 용해하고, 딱딱한 것을 부드럽게 하며, 더러운 것을 씻어주기도 하고 막혔던 것을 뚫어주기도 합니다. 항상 낮은 데로 흘러 겸허하지만 폭포와 강과 바다를 만들 만큼 큰 힘을 갖고 있습니다. 말하자면 물이란 겸허한 생활철학을 배우게 하는 스승이라 할 수 있어요. 그런 것들이 바로 물에 대한 나의 일관된 생각들입니다.

■ '사장님의 경력은 비교적 다채롭지만 물과는 무관했던 것으로 알고 있습니다. 물에 대한 전문지식이 거의 없는 상태에서 말 그대로 어느 날 갑자기 물 전문기관의 사장이 되셨는데 취임 이후 물에 관한 공부를 어떻게 하셨는지요?

물에 관한 전문지식이 빈약했던 것은 사실이지만 전혀 백지상태는 아니었다고 생각해요. 한때 몸담았던 중앙개발도 부분적이긴 하지만 물과 관계가 있었고, 또 부동산 연구로 박사학위를 받았는데 그때 논문을 쓰고 연구하면서 물과 수자원에 관한 기초적인 공부를 했습니다.

그러나 수자원공사 사장으로서 알아야 할 전문지식은 거의 없었다고 볼 수 있습니다. 실제로 사장 취임 이후 새로 공부를 시작했다고 봐야죠. 업무에 관한 전반적인 브리핑을 받으면서 포괄적인 지식을 습득했고, 필요하다고 생각되는 부문에 대해선 회사 안팎의 전문가들로부터 별도로 강의를 받기도 했으며, 기초적인 것들은 국내외의 전문서적을 통해 나름대로 지식을 넓혀 나갔습니다. 부임한 지 만 2년

이 조금 넘었지만 아직도 모르는 게 너무 많아 계속 배우는 입장이라 할 수 있어요.

住岩댐 준공 用水難 해결

■ '수질오염도 문제지만 각종 용수난도 상당히 심각한 것으로 알고 있습니다. 사전에 충분한 준비 없이 공업화, 도시화가 급속히 진행된 결과라고 봅니다. 특히 서해안 지역의 공업용수난은 여타 지역에 비해 두드러지게 심한 것으로 알려져 있는데 특별한 대책이 있습니까?

이번에 주암댐 준공을 서둔 것도 이 지역의 용수난을 해결하기 위

1991. 5. 10, 주암다목적댐 준공식에 참석한 노태우 대통령에게 현장 설명

한 것이었습니다. 실제로 서해안 공단개발에 따른 이 지역의 공업용수 수요가 급증하고 있는 것은 사실이지만 우려할 만큼 심각하다고는 보지 않아요. 지난 65년 준공된 국내 최초의 다목적댐인 섬진강댐이 나름대로 역할을 하고 있고, 영산강 하구둑과 금강 하구둑이 본격적으로 제 기능을 하고 있으며, 주암댐 준공으로 공업용수난은 어느 정도 해결되리라고 봅니다. 앞으로 여천지역 공업용수로가 준공되고, 전북 진안에 건설예정인 용담댐이 만들어지면 큰 문제는 없으리라고 봐요. 그렇다하더라도 우리나라의 수자원은 끊임없이 개발해나가야 합니다.

■ 상식적인 얘깁니다만 댐건설은 적어도 7, 8년의 긴 시간을 필요로 합니다. 그러나 지금 서해안 지역은 시화·아산·대산·군장·고창·대불·하남 등 대규모 공단이 들어서면서 급속도로 공업도시를 형성할 전망입니다. 앞으로 3, 4년 뒤면 예기치 못한 용수난이 또 생길지 모르는데 뒷북만 칠 것이 아니라 미리 대비할 계획은 있는지요.

그런 문제도 이미 충분한 검토가 끝나 계획을 세우고 있습니다. 전북 부안의 부안댐과 전남의 탐진댐 건설계획이 바로 그런 문제에 대한 준비들이죠. 이미 실시설계도 끝났고 보상 후 착공만 남겨 놓고 있는데 조만간 건설이 시작될 것입니다. 그 뿐만이 아니고 각종 공업용수로 건설계획도 함께 마련해 놓고 있어 쫓기다시피 허둥대는, 마치 뒷북치는 식의 시행착오는 없을 겁니다.

不足用水 60億㎥ 물 貧國

■ 이젠 물박사가 다 된 것 같은데, 우리나라의 전반적인 수자원개발전망과 대책·현황 등을 듣고 싶습니다.

올해 우리나라가 필요로 하는 각종 용수는 생활용수 57억㎥, 공업용수 29억㎥, 농업용수 135억㎥, 그리고 하천 유지용수 97억㎥ 등 모두 318억㎥로 보고 있습니다. 그러나 현실적으로는 258억㎥만 확보할 수 있기 때문에 부족한 용수 60억㎥를 신규로 개발하거나, 확보된 수자원을 효율적으로 사용하는 방안을 세워야합니다. 얼핏 생각하면 강도 많고, 비도 자주 오기 때문에 물이 넉넉할 것으로 생각하기 쉽지만, 실제로는 우리나라는 수자원이 상당히 부족합니다.

이를테면 우리나라는 수자원 빈곤국가인 셈이죠. 다목적댐을 더 많이 건설해야 하고 도시주변 하천의 수질오염 방지를 위해 하천유지용수를 대폭 증가시켜야 하며, 주운개발로 관광수입도 얻고 수송비도 절약해야 합니다. 특히 입지선정이 어렵고 보상비가 많이 드는 대규모 댐보다는 비용이 적게 드는 중규모댐을 더 많이 만들어야 합니다.

■ 생각만 있고 실천이 없다면 아무 의미가 없지요. 그와 같은 평소 견해와 나름대로의 포부를 정부당국에 건의합니까?

물론입니다. 정부 당국자와 사석에서 만나 이야기도 하고 수자원공사가 조사검토한 계획을 정책자료로 제공하기도 하죠. 대부분 긍정적인 평가를 받고 있습니다. 그러나 무엇보다 시급한 것은 물과 관계된 행정제도 상의 문제를 해결하는 일이죠. 현실적으로 물에 관한 업무가 정부 부처 간에 너무 중복되어 있습니다. 그게 문제입니다. 예컨대 물 행정은 건설부, 환경처, 보사부, 내무부 등에서 모두 취급하고 있고, 업무의 상당부분이 불필요하게 겹쳐 있어요. 따라서 우리나라 수자원의 효율적 개발과 관리를 위해선 현재 다원화돼 있는 수자원 관리기관의 기능을 조정, 일원화해야 됩니다. 그리고 수자원의 종합적 관리를 위해 물 기본법, 이른바 水法제정을 서둘러야 한다고 봐요. 현재는 하천법, 다목적댐법, 수로법, 환경보전법, 공유 수면매립법 등 물에 관한 법령이 각각 목적에 따라 제정되어 있을뿐 종합적 법령이 없습니다. 영국과 프랑스가 水法제정으로 템즈강과 세느강을 살렸듯이 우리도 水法, 즉 물기본법을 서둘러 만들어야 한다고 봅니다.

水質汚染·用水難 모두의 책임

■ 실제 국민들의 물에 대한 가벼운 인식도 문제라고 보는데요.

좋은 지적입니다. 우리나라 사람들은 물을 너무 헤프게 쓰고, 또 대수롭지 않게 오염시킵니다. 산업체의 각종 폐수방류도 문제고, 행락객들의 생각 없는 수질오염 행위도 큰 문제죠. 멋대로 훼손해서도 안 되고 또 한 방울의 물이라도 아껴 쓰는 범국민적 의식전환 운동이 있어야 합니다. 수자원공사는 수자원의 중요성을 인식시키기 위한 적극적인 계도방안을 마련, 시행하고 있습니다. 그 동안에 홍보영화를 만들어 배포하고, 물 사진 공모전을 열어 관심을 갖게 했으며 수질보호의 모범사례를 찾아 표창도 했어요. 올해부터는 7월 1일을 물의 날로 정해 범국민적 참여를 유도함으로써 선진 물문화 창달에 앞장서려고 합니다. 당장 가시적인 효과는 없다 하더라도 국민들의 잠재의식 속에 수자원의 중요성을 인식시킴으로써 언젠가는 물을 아끼고 보호하는 것을 생활화하는데 기여하리라고 봅니다.

■ 주변 이야기와 각종 자료를 종합해 보면 사장님은 전문경영인 출신답게 취임 후 엄청난 흑자도 기록했고, 노사관계도 원만하게 유지하는 등 수자원공사를 일류기업으로 만든 걸로 알고 있습니다. 무슨 특별한 경영철학이 있습니까?

과찬의 얘깁니다. 경영이 원만해서 흑자를 내고 노사가 단합하고 있다고 해서 저 혼자 잘한 것이 아닙니다. 전적으로 우리 공사 직원들의 건전한 의식과 투철한 국가관 때문이라고 믿고, 임직원 모두에게 감사할 따름입니다. 다만 평소에 강조하는 게 있다면 인화단결과 자율, 책임입니다. 어떤 조직이든 간에 개인의 능력은 상호존중과 신뢰를 통해서 결집돼야만 큰 힘을 낼 수 있습니다. 그렇지 않으면 조직은 무너질 수밖에 없지요. 그리고 자율이 있을 때 적극적 사고와 행동을 기대할 수 있으며, 책임감을 가지고 일하게 됩니다. 그런 분위기 속에선 조직이 활성화되고 능률도 배가 되죠. 간단한 이치입니다. 지금 수자원공사는 자랑 같지만 그런 활기가 충만해 있고, 그덕에 공사 창립 이후 처음으로 2년 연속 1,000억원 이상의 당기순 이익을 기록하고 있습니다.

■ 본사가 大田에 있어서 출퇴근과 개인생활에 불편이 많을 것 같은데요?

한달에 20일은 대전 본사에 있고, 10일은 서울사무소로 출근합니다. 공인으로써 약간의 사생활을 희생하는 것은 당연한 일이라 생각해요. 일에 파묻혀 지내다보니 특별한 어려움은 느끼지 못합니다.

■ 개인적으로 특별히 하고 싶은 일이 있다면 어떤 것입니까?

임기 동안 최선을 다해서 수자원공사를 반석 위에 올려놓는 것입니다. 수질보전과 수자원개발에 대한 좋은 책도 만들고 싶고 선진물문화 창달에 뭔가 기여하고 싶은 게 요즘의 욕망입니다. 하루 빨리 국민들의 마음속에 물을 아끼고 보전해야 한다는 범국민운동에 불을 붙이고 싶은 생각이 강박관념처럼 초조하게 만들기도 합니다. 결국 수질오염이라든가 용수난은 누구의 책임이 아니라 우리 모두의 책임이라고 믿기 때문이죠.

06

'물도 工産品' 인식 확산돼야

대전일보 (1995. 3. 8)

전국이 온통 물난리로 허덕이고 있다. 아까운 줄 모르고 그저 펑펑 써버리기만 했던 그 물이 모자라 이제는 여기저기서 아우성이다. 한때 한국수자원공사 사장을 지내며 우리나라 수자원의 모든 것을 총괄했던 李太教교수(59·한성대)를 만났다.

"이른바 '3수(水) 운동'을 통해 국민 각자가 물의 고마움과 중요성 등에 대해 기존의 인식을 완전히 혁신하지 않으면 안 될 시점에 와 있다고 봅니다."

마치 다짐이라도 하 듯이 그가 꺼낸 첫마디는 이렇게 '3수 운동'으로 시작됐다. 3년 전부터 강단에 서기 시작, 비록 지금은 대학의 행정학과 소속 교수이지만 바로 직전 사장으로써 수자원공사를 이끈 경험 때문이었을까, 최근 도시와 농촌할 것 없이 최대 현안으로 대두된 물 문제를 화두로 꺼냈다.

"먼저 물에 대한 우리 국민들의 인식이 바뀌어야 해요. 지금 당장은 가뭄의 장기화로 나타나는 일시적인 현상쯤으로만 생각할지 모르나, 머잖아 물 부족의 위기는 필연적으로 도래한다는 게 전문가들의 지적입니다."

이미 얼마 전 세계적인 통계보고서에서도 우리나라 국민 1인당 연평균 강수량이 세계평균의 11분의 1에 불과, 세계에서 22번째의 수자원 빈국임이 확인되고 있는 실정이다. 국민 모두가 일종의 위기 의식을 가지고 물을 아껴 쓰지 않으면 안 된다는 주장을, 그는 지론처럼 내놓았다. 그러면서 자신이 수자원공사의 책임자로 재임할 때부터 내건 애수(愛水), 절수(節水), 친수(親水) 등 '3水 운동' 슬로건을 당장 체질화해야 한다고 강조했다. 특히 절수문제에 대해서는 물값을 올려서라도 물을 함부로 낭비하는 의식과 습관을 고치도록 해야 한다는 것이 그의 견해였다. 우리나라 식수의 경우 물값이 t당 1백90원인데 반해, 미국은 1천원이 넘고 유럽과 일본은 모두 7백원이 넘는다고 설명했다.

"무엇보다 우리는 물 자체가 거저 주어지는 자연품이 아니라, 공장에서 생산하는 공산품이라는 인식을 갖도록 바꾸어야 합니다."

물의 고마움도 모른 채 그저 흥청망청 쓰기만 해서는 '물 사랑'은 요원하다며 그는 물에 대한 기본자세의 전환을 촉구한다. 그는 더 나아가 물 남용에 따른 환경오염문제까지 거론했다.

"사람들이 일상생활에서 물을 쓰는 행위는 결국 물을 오염시키는 결과만을 초래할 뿐입니다."

사실 아침에 일어나 밤에 잠자리에 들 때까지 인간의 일상생활 면면을 돌이켜 보면, 물 한번 사용할 때마다 각종 세제의 남용 등으로 우리는 자신도 모르게 물을 오염시키는 가해자가 되고 있지 않느냐는 지적이다. 그는 이 같은 인간 스스로의 깨달음을 통한 물 사랑을 바탕으로, 정부 역시 정책상의 적극적인 대책을 마련해야 한다는 점을 강조했다.

"인간의 생활에 필수적인 衣·食·住 가운데 '食'만큼 중요한 것은 없다고 봅니다. 극단적인 예로, 집은 텐트만 쳐도 되고 도로는 걸어다녀도 되지만 물을 없으면 못 살잖아요."

이러한 물의 중요성에도 불구하고 정부정책 상 수자원개발이나 관리문제 등은 예산배정의 우선순위에서 주택이나 도로건설보다 항상 뒤로 처져 있는 것은, 모순 중의 모순이며 아직도 정부가 물 위기의 심각성을 제대로 못 느끼고 있다는 게 아니냐는 지적인 셈이다.

시간이 한참 흐른 뒤 그가 손수 달였다는 차 한 잔을 들었다. 구수한 맛을 내는 둥굴레차가 입맛을 돋웠다. 그러나 한 잔을 더 들고 싶어도 다기(茶器)에는 더 이상의 물이 남질 않았다. 서로 한 잔씩만 나눌 요량이었던지 그는 정확히 두잔 분의 물만을 끓여 놓았던 것이다.

지난 '61년 연세대 정외과를 졸업하기 전부터 한국일보·중앙일보 등에서 기자생활을 하기도 했던 李 교수는 삼성그룹·동부그룹에서근무하는 동안에도 학업을 계속, '72년 건국대에서 행정학 석사, '85년 한양대에서 행정학 박사학위를 받았다. 수자원공사 사장을 그만 둔지난 '93년부터 객원교수로 지내온 그는 이제 객원이 아닌 정교수 신분이어서인지 표정이 꽤 느긋해 보였다.

"교수로서 능력이 닿는 한, 철학이 있는 후학을 키우는 데 최선을 다하고 싶을 따름입니다."

07

물 죽기 전, 사람이 죽는다

신동아, '물박사'의 물 재앙론 (1997. 5.)

이제 물은 공짜가 아니라 응분의 대가를 지급해야 하는 공산품이다. 물을 '물 쓰듯' 할 게 아니라 '돈 쓰듯' 절약해야 할 때이다. 우리는 물의 오염에 관한 한 모두가 가해자임에도 피해자로 착각하고 있다.

우리는 일상생활에서 "한물갔다"라는 표현을 자주 사용한다. 그 의미는 정상에서 밀려났다는 뜻이며, 생선이 한물갔다는 말은 신선도가 없어졌다는 의미와 오염상태에 돌입했다는 것이다. 물은 이처럼 힘의 원천이요,

인류가 살아가는 통치제도는 물론, 법률·교육·철학 등도 모두가 물의 특성과 신비성에 유래했음을 알아야 한다. 물은 유용성, 융통성, 다양성, 용해성, 순리성(겸허성), 재해성을 지니고 있어 인간의 위대한 스승이자 철학과 사유의 대상이 되어 왔다. 물을 떠난 인간생활은 상상할 수도 없다.

지난 3월 22일 '세계 물의 날'을 맞아 모로코 마리케시에서 열린 '세계 물 포럼'은 앞으로 머지않은 장래에 세계적인 물 기근 사태가 야기될 것이라고 예언했다.

'84년말에는 아프리카 21개 국가가 가뭄이 야기한 심각한 식량 부족으로 고생했다. 기근이라는 죽음의 마수가 아프리카 전역을 덮쳤다. 기근 전선은 에티오피아, 수단을 지나 보츠와나, 모잠비크, 레소토에 이르렀다. 당시 수많은 사람이 목숨을 잃었다. 이 사태는 식량 부족과 더불어 물이 모자라는 데서 비롯되었음을 주목해야 한다.

오랫동안 지속되어온 이스라엘과 중동 국가간의 분쟁은 영토를 더 많이 확보하기 위한 영토분쟁처럼 비치고 있다. 그러나 실제로는 사막에서의 생명수인 수자원을 확보하기 위한 '물꼬싸움'이다.

이스라엘은 물 수급의 대부분을 시리아로부터 빼앗은 골란고원과 팔레스타인 자치예정지인 요르단강 서안의 수자원에 의존하고 있다. 특히 요르단강과 야르무크강이 합류하는 갈릴리해를 주요 수원으로 삼고 있다. 따라서 이스라엘은 요르단과는 요르단강 수자원 공동사용 및 개발을 협의해야 하는 한편, PLO 및 시리아와는 영토반환을 통한 평화확보와 함께 수자원을 보장받아야 할 입장이다. 이 물꼬싸움이 해결되지 않으면 영토반환도 평화협상도 물거품이 될 수밖에 없다.

이렇듯 물은 이제 한 국가의 존립을 결정하는 필수적인 자원이 되었다. 더구나 최근 물이 심각하게 오염됨으로써 물은 안보와 직결되는 전략적 자원으로 등장했다. 전쟁으로 수돗물이 단수되면 지하수

오염으로 식수를 구하지 못한 사람들이 모두 죽을 수밖에 없다는 결론이다. 따라서 우리에게는 유사시 대비해서 군수물자보다 먼저 생존을 위해 식수를 확보하는 대책이 시급해졌다.

물 부족에서 물 기근으로

유엔이 정한 세계 '물의 날'을 맞이하여 수자원 관계자들은 앞으로 산업 경쟁력이 물 확보 여부에 달려 있다고 지적하고, 이에 대비하지 않으면 구조적인 물 위기에 당면할 것이라고 경고했다. 미국의 전문기관도 한국이 현재의 물 부족 국가에서 2050년에는 물 기근 국가로 전락할 것이라고 예측했다.

물 기근국가는 인구 1인당 물 자원량이 1천톤 이하로 떨어진 나라를 말한다. 1인당 연간 강수량이 3천톤인 우리나라가 물 기근국가로 전락한다는 것은 물의 보존과 이용이 잘못되고 있음을 증명하는 것이라 하겠다. 이같이 우리나라는 물의 양과 질 두 가지 면에서 이미 위기상황에 처해 있다.

우선 물의 양적인 면에서 인구증가와 생활수준의 향상, 도시화, 산업화로 물의 수요가 급증했다. 정부 발표에 따르면 올해의 물 예비율은 7.6%(공급량 3백25억t, 수요량 3백2억t, 여유분 23억t)이다. 그러나 2001년에는 수요와 공급이 각각 3백36억t, 3백43억t으로 물 예비율이 1.5%로 줄고 확정된 댐의 추가건설이 없어 2003년부터 물이 부족한 수요초과 현상이 빚어질 전망이다. 더욱이 2011년에는 33억t이 부족, 물 공황이 예상된다고 한다.

현재 삼남지방이 4년째 겨울·봄철 가뭄으로 물 기근에 시달리고 있으며 울산, 포항, 전주 등지에서는 공업용수 부족으로 생산에 차질을 빚고 있다. 올 들어서 강우량은 예년의 77% 수준에 불과하다.

주요 댐들의 저수율을 보면 소양 29.9%, 충주 26.7%, 대청 42.1%, 안동 37%, 임하 24.4%, 섬진강 45.9%, 주암 36.6% 등으로 심각한 부족 상태이다. 수도권의 용인 등 일부 지역의 경우 건설업체들이 땅을 사놓고도 물을 확보하지 못해 주택건설허가를 받지 못하고 있는 실정이다.

중동지역에서나 있음직한 물 없는 도시가 벌써 우리나라에 현실적으로 나타나고 있는 것이다. 그러나 물을 대량으로 공급하는데 필수적인 댐 개발 여건은 날이 갈수록 악화되고 댐 건설에 필요한 보상비가 개발비를 넘어선지 이미 오래이다.

여기에 최근에는 지역이기주의까지 겹쳐 나라의 경제가 어떻게 되든 지역발전에 지장을 준다는 이유로 자기 고장에는 댐을 만들지 말라고 목소리가 높아지고 있다. 물을 확보하는 기초인 댐을 건설하지 못하면 물을 확보할 방법이 없다. 또 물의 확보는 수질 개선에 직결된다. 물이 부족하면 오염된 물을 희석시켜 수질을 개선할 대책이 없는 것이다. 그러기에 물 부족은 수질오염을 가속시키는 악순환을 가중시킨다.

죽어가는 물

보다 시급한 과제가 바로 수질문제이다. 물이 죽어가고 있다. 생명의 원천인 물이 중병에 걸려 신음하고 있다. 우리가 마시는 수돗물의 근원인 댐의 수질이 2급수 수준을 넘은지 오래됐다. 한강을 비롯한 국내 주요 하천의 수질은 최근 들어 더욱 악화되고 있다.

환경부가 조사한 1982~1996년의 수질(COD)변화를 보면 최근 3년간 가장 수질이 나쁜 것으로 나타났다. 수도권의 식수원인 팔당호 수질은 '80년대 초 2ppm에서 1990년대 초 1.7ppm으로 개선됐으나 '94년 이후에는 급격히 악화됐다. 호소 수질기준을 적용할 경우 고도 정수 처리가 필요한 3급수에 육박했다고 한다.

낙동강의 경우 부산의 상수원 취수구인 물금 지점에서는 1982년 4.1ppm에서 1995년 9.5ppm, 1996년 9.2ppm으로 악화되었다. 또한 환경처의 발표에 따르면 전국 지하수의 17%가 오염돼 인체에 해로운 질산, 중금속 등 발암물질이 검출되고 있다.

농업진흥공사는 지난해 전국 저수지의 반 이상이 심각하게 오염돼 농업용수로도 부적합하다고 발표했다. 특히 일부 저수지의 경우 (13%) 구리, 카드뮴 등 중금속이 기준치를 크게 초과, 농업용수로 사용하면 작물의 생육을 저해하기 때문에 사용이 불가하다는 판정을 내렸다.

물이 오염되면 얼마나 심각한 위험에 처하게 되는가를 우리는 아직 잘 모르고 있다. 정부가 공급하는 수돗물을 불신해서 마시지 않는 국민이 대부분이다. 제주도 남단의 마라도에서는 이미 생활하수로 오염된 지하수를 식수로 사용하지 못해 육지에서 배로 물을 실어다 식수를 해결하는 실정이라 한다.

우리나라의 지하수 부존량은 1조 5천억t으로 이중 1백30억t이 개발 가능한 최적량이다. 현재의 이용량은 26억t으로 나타나 있으나 실제는 50억t 정도 될 것으로 추정되고 있다. 그러나 이 지하수가 무분별한 개발과 사후관리 부재, 당국의 무관심 등으로 오염이 심화되어 가고 있는 실정이다.

우리는 영국 국민들이 오염으로 죽은 템스강을 1백년 동안의 노력으로 살려낸 사실을 기억하고 있다. 일본은 1950년대 말과 1960년대에 물 오염으로 엄청난 대가를 치렀다. 메탈수은 오염으로 손발이 마비되고 언어장애를 일으킨 미나마타병, 카드뮴이 원인인 이타이이타이병 등 수많은 물 오염 사건을 경험한 바 있다.

우리는 다행이 외국과 같은 심각한 수질오염을 겪지는 않았으나 1992년 낙동강 페놀오염 사건으로 전국이 온통 들끓던 일을 기억하고 있다.

「물 쓰듯」에서 「돈 쓰듯」으로

물의 위기에 관한 한 우리 국민들은 위기 불감증에 걸려 있다. 물의 위기는 초기에는 보이지 않게 서서히 시작한다. 중기에는 빠른속도로 동시다발로 악화된다. 그러다가 말기에 이르면 손을 전혀 쓸수 없을 만큼 급속도로 치명적 상황을 맞게 되어 대책을 찾기 힘들만큼 악화된다.

일차 문제는 국민들의 물에 대한 인식이 잘못되어 있다는 점이다. 깨끗한 물을 마시기 위해 개인적으로 많은 돈과 시간을 투자하고 있다. 정수기를 달고 생수를 길어오고 먹는 샘물을 사는 데는 돈을 아끼지 않는다. 그런데 우리 국민들은 물값이 조금이라도 올라가면 시비를 걸면서도 질 좋은 물을 요구하고 있다. 외국과 비교할 때 생활비에서 수도요금이 차지하는 비중이 아주 낮음에도 불구하고 수돗물값을 올리는 데는 모두 반대한다.

정부도 맑은 물 공급을 위한 계획을 수립, 실천하고 있지만 정부예산 배정과 투자의 우선순위에서 매년 주택, 도로 등 가시적인 사업에 밀려 뒷전이다. 최악의 경우 집은 천막을 치고 살면 되고 길이 없을 때는 돌아가면 된다. 그러나 물은 하루도 마시지 않고는 생명을 유지할 수 없는 절대적 자원이다. 더구나 전국의 지하수가 거의 오염된 이 시점에 정부가 깨끗한 물을 공급하지 않으면 물을 구할 방법이 없어졌다. 이제 우리는 물 문제에 있어서 수량과 수질을 동시에 해결해야 할 시점에 놓여있다.

먼저 수량을 확보하기 위해서는 새로운 댐을 지속적으로 건설하고 지하수의 개발, 광역 용수공급체계 확대, 기존 댐의 효율적인 관리를 도모해야 한다. 원천적으로 수량이 확보되어야 수질을 개선할 방안을 강구할 수 있다.

이제 더 늦기 전에 물에 대한 위기의식을 가지고 환경우선 정책을 기조로 나라 살림을 꾸려가야 한다. 그러기 위해서는 온 국민이 물에 대한 인식을 전환해야 한다. 이제 물은 공짜가 아닌 응분의 대가를 지급해야 하는 공산품임을 자각해야 할 것이다. 물을 '물 쓰듯' 할 것이 아니라 물을 '돈 쓰듯' 절약해야 한다.

우리는 물의 오염에 관한 한 모두가 가해자임에도 불구하고 피해자로 착각하고 있다. 우리는 잠자리에서 눈을 뜨면서부터 화장실을 이용하고 세수하는 오염행위를 시작해서 눈을 감아야 멈춘다. 모두가 이런 가해자임을 인식하지 못하고 의무는 외면한 채 맑은 물만 요구하고 있다.

三水운동

여기서 물 문제를 근본적으로 해결하기 위해 애수(愛水), 절수(節水), 친수(親水)의 삼수운동(三水運動)을 제창하고자 한다.

첫째, 애수운동은 물을 내 몸같이 사랑하고 보호하자는 운동이다. 애수운동의 효과는 수량과 수질문제를 동시에 해결하는 목적으로 물을 귀하게 여기고 보호하면 물이 물다워진다는 점이다.

애수운동은 우선 가정에서부터 시작해야 한다. 수질오염의 주범인 생활하수를 줄이면 수돗물도 아끼면서 하수를 줄이는 이중효과를 꾀할 수 있다. 한강을 썩게 만드는 폐·하수의 오염부하량 중 생활하수의 비중이 73%나 된다는 사실을 염두에 둘 필요가 있다.

외국의 사례를 통해 애수운동의 필요성을 살펴보자. 스위스 국민들은 국민투표를 통해 맑은 물의 원천인 알프스를 보호하기 위해 외국 화물트럭의 알프스 통과를 금지하기로 결의했다. 외국 화물트럭이 지나가면서 거둘 수 있는 경제적 효과보다 물 오염으로 인한 문제에 더 큰 비중을 두고 있는 스위스의 국민의식을 엿볼 수 있는 대목이다. 그리고 일본에서 가장 살기 좋은 곳으로 선정된 도야마현은 물을 보호하기 위해 등산, 레저 활동에 가져갔던 쓰레기를 반드시 자기 집으로 되가져가는 운동을 전개했다. 그 결과 도심 한가운데에 흐르는 개울에서 사라졌던 고기떼가 다시 노닐게 되었다.

물을 살리는 방법은 애초에 오염행위를 하지 않거나 하지 못하도록 강제하는 방법밖에 없다. 오염의 원인행위를 원천부터 봉쇄하는 방법이 비용을 최소화하는 가장 쉬운 방법이다. 일단 오염된 물을 원상으로 회복하려면 사실상 불가능할 정도로 많은 비용과 오랜 시간이 소요된다. 물을 살리기 위한 범국민운동은 가정, 유치원, 각급학교, 직장을 중심으로 시작해야 한다.

현재 부모가 수질보호에 솔선수범하는 가정이 드물다. 학교에서도 물을 비롯한 환경의 중요성에 대해서 교육은 하고 있으나 배운 것을 실천하는 학교는 거의 보이지 않는다. 직장에서는 "물을 보호하자", "물을 절약하자"는 구호 등만 요란하지 이를 행동으로 실천하는 사람은 찾기 어렵다. 오염된 강은 이미 강이 아니라 환경파괴의 주범이요, 우리 모두의 부담이라는 사실을 깨닫기 위해서는 가정, 학교, 직장 등에서의 총체적인 노력이 절실하다.

일본은 범국가적으로 강을 살리는 운동이 큰 성공을 거두고 있다. 이는 내 고향 시냇가에 송사리 떼가 살게 하자는 운동이다. 이 운동은 농촌을 떠나 도시에서 성공한 사람을 대상으로 자신의 고향마을 작은 시냇가에서 고기 잡던 추억에 호소한다. 이 운동의 핵심은 그들이 희사한 돈으로 고향마을에 몇 가구 단위로 소규모 하수처리장을 건설하는 것이다. 이는 수질 오염을 원천적으로 막는 효과적인 실천수단이라 할 수있다.

둘째, 물을 아끼는 절수운동이다. 정부는 물 공급을 확대하는 적극적인 정책을 펴는 것도 중요하지만 소극적으로 물 수요관리에 나서는 정책도 반드시 실행해야 한다. 물은 곧 돈이다. 물을 돈처럼 아끼는 절수운동은 댐을 신규로 건설하는 효과와 하수량을 줄이는 효과로 수질개선에 기여한다.

현재 1인당 1일 물 사용량을 국제적으로 비교해 보자. 일본 3백 67ℓ, 이탈리아 2백93ℓ, 영국 2백67ℓ, 프랑스 2백11ℓ, 독일 1백96ℓ, 네덜란드 1백95ℓ인데 비해 우리나라는 무려 3백94ℓ나 쓰고 있다.

근본적으로 물에 대한 인식이 잘못돼 있는 데에다 물값이 너무 싸기때문에 물이 아끼는 사람이 적은 풍토에 물든 탓이다. 우리나라 물값은 톤당 200원 수준이지만 미국은 2,330원, 스위스는 1.252원, 일본은 962원으로 우리보다 훨씬 비싸다. 지난해 우리나라 하루 평균 물 사용량은 1,440만톤이었다. 이를 하루 10%만 절약하면 경상남북도민 430만명이 하루를 쓰고도 남는다.

절수운동은 정부에서도 해야 하는데 누수량을 줄이는 것이 그 일환이다. 현재 수도관 관리의 소홀로 하루 평균 280만톤(하루 사용량의 19.4%)의 물이 누수되는 현실로, 말 그대로 밑 빠진 독에 물을 붓고 있는 셈이다. 정부는 누수 방지대책을 세워 이미 확보한 물이라도 효과적으로 활용하는 방안을 강구해야 할 것이다.

결국 절수운동은 다양한 방법으로 실천해야 한다. 물을 절약하기 위해서는 중수도의 장려, 물값의 현실화, 물절약 기업에 대한 세제혜택, 물 절수기기의 개발, 물절약 홍보 등 종합적인 대책이 강구되어야 하는 것이다. 물 절약은 하수량을 줄이고 하수의 감소는 수질오염을 방지하는 지름길이다. 물값이 싸기 때문에 물을 많이 쓰게되고 많이 사용하면 하수량이 증가하므로, 물값 인상은 수질오염을 방지하는 방안이 될 수 있다.

셋째, 온 국민이 물과 가까이하는 친수운동이 필요하다. 친수운동은 인간이 자연의 일부요, 물과 더불어 살아가야 한다는 철학을 우리에게 가르쳐주는 환경운동이다.

예로부터 물에 관련된 공간, 즉 수변공간은 동서양을 막론하고 인간의 정서와 생활환경에 중요한 의미를 지녀왔다. 로마 가로의 곳곳에 솟구치는 분수, 우리 전통한옥의 우물과 연못 등은 물과 인간의 관계가 얼마나 밀접한 지 설명해주고 있다. 따라서 정부는 수변공간을 적극적으로 개발해서 온 국민이 물과 친하게 지낼 수 있는 기회를 마련하는 것이 바람직하다. 각종 수상 레저산업을 육성하여 물과 친근해지도록 유도할 필요가 있다. 물을 이용하고 물과 가까이함으로써 물의 소중함을 알고 물과 더불어 살아가는 생활을 영위해야 할 것이다.

　삼수운동은 범국민운동으로 전개해야만 소기의 성과를 거둘 수 있다. 매월 정부가 실시하는 민방위의 날을 삼수운동의 날로 승화시키기를 제창한다. 오수처리장 하나 건설하는 데 3백억원 이상 몇 천억원이 소요된다는 사실을 감안하면 민방위의 날에 이 삼수운동을 포함시키는 것은 좋은 아이디어의 하나로 생각된다.

08

수자원 위기, 물 절약 관리정책 시급

내외건설신문, 새천년 특별인터뷰, 김광년 편집국장 (2000. 2. 23)

■ '21세기는 그야말로 수자원에 대한 각별한 대비책이 요구된다고 해도 과언이 아닐 만큼 물에 대한 중요성이 강조되고 있습니다. 물의 중요성 및 현황에 대해 말씀해 주시지요.

물은 생명의 원천으로 중요성은 아무리 강조해도 지나치지 않을 것입니다. 이제는 단순히 '물'이라고 말하지 않고 '수자원'이라고 하여 자원의 중요성을 강조합니다. 그만큼 물의 중요성은 21세기 최고의 화두가 될 것입니다. 특히 수자원으로 인식, 앞으로는 깨끗한 물을 공급하는 정책을 얼마나 잘 실행하느냐가 국가경쟁력을 가늠하는 척도가 될 것입니다.

국내 1인당 물 소비량은 4백6ℓ로 네덜란드 2백40ℓ 등 선진 외국에 비하면 2배 이상 높은 실정입니다. 그렇지 않아도 물부족이 예견되는 상황에서 국내 물소비량은 엄청난 수준이라 하겠습니다.

■ '물에 관한 문제점은 무엇입니까?

인간은 물이 없으면 하루도 생활을 영위할 수 없을 만큼 물은 소중한 수자원입니다. 그러나 현재 물은 너무 오염돼 있어 이에 대한 대책 마련이 시급합니다. 제가 대학생들을 대상으로 조사한 바에 따르면 백명 중 세명만 수돗물을 먹는다고 응답했고, 나머지는 생수를 먹는다고 합니다. 물은 정부가 만든 공산품인데, 국민이 물을 먹지 않고있다면 이는 곧 질에 문제가 있다는 것 아닙니까?

양적인 면에 있어서도 물은 연간 사용량의 15% 정도를 추가 비축해야 하나 현재 국내의 초과 비축량을 11% 수준에 불과하므로 물의 질적·양적 문제가 심각하다고 할 수 있습니다. 이 같은 물 부족을 해소키 위해서는 댐 건설이 요구 필수적이지만 환경문제와 관련하여 주민들의 심한 반대에 부딪치고 있어 쉬운 일이 아닙니다.

■ '물 부족과 함께 문제점으로 지적되고 있는 것은 무엇입니까?

지난 60년대부터 국내 수자원개발 정책은 한정된 국토 여건과 자연환경에 대한 훼손 우려 등으로 인해 한계에 달한 상황에 있어 안정적인 용수의 확보가 어려울 것으로 분석되고 있습니다.

특히 현재 우리나라가 봉착하고 있는 수자원 개발 및 관리에 있어서 문제점이 계속 드러나고 있습니다. 우선 더 이상 대규모 댐을 건설하기 위한 용지확보가 어려운 실정에 처해 있습니다. 또 그 동안의 용수개발은 주요 하천 본류를 중심으로 이뤄져 매년 반복적으로 지역적인 용수공급의 불균형이 초래되고 있습니다. 뿐만 아니라 '90년대 들어서 환경 및 지역개발 저해 등을 이유로 지역주민과 각종 환경단체들이 댐 건설 반대를 강력히 주장하고 있는 것도 걸림돌로 작용되고 있습니다.

또한 물 수요 관리시책의 실효성이 미약한 것도 시급히 개선돼야할 사안입니다. 즉 새로운 수자원 개발이 한계에 봉착해 있는 상황에서는 국토계획을 용수의 공급보다 수요에 비중을 두어야 실효가 있습니다. 물론 근본적으로 물 절약이 가능한 시스템을 구축하는 방안이 적극 검토돼야 할 것입니다.

■ '효율적인 수자원 개발 및 관리를 위한 방안을 제시하신다면?

정부 정책에 의해 중점 추진되고 있는 21세기 수자원 정책 기조는 '21세기 물의 IMF를 대비하기 위한 기반 조성'입니다. 이를 위해 충분한 수자원과 깨끗한 수질 확보는 물론 지역개발과 환경보전을 동시에 고려한 다양한 수자원 개발이 이뤄져야 할 것입니다. 앞서 언급했습니다만 21세기는 물의 깨끗함 정도가 국가경쟁력을 알리는 바로미터가 될 것입니다.

특히 수자원 개발의 다양화가 요구되는데 다목적댐의 지속적 건설과 함께, 다목적댐이나 광역 상수도 공급이 곤란한 지역에는 용수전용 댐 또는 저류용 댐 건설이, 도시형 홍수방재를 위해서는 하천변에 지하저류 댐 건설이 필요합니다. 그리고 수질오염사고 시 비상급수를 위한 1도시 1개 댐 추진 등이 좋은 방안입니다.

현재 지역주민과 환경단체들의 강력한 반대에 부딪혀 댐건설의 어려움이 가중되고 있는데 국토계획과 연계한 수요관리는 물론 방재와 환경보전을 조화시켜 생태계를 보전하는 노력도 정부가 해야 할일입니다. 이와 함께 지하수 관리의 효율화도 적극 추진돼야 할 사안입니다. 물의 공급 확대는 물론 철저한 수요관리가 촉구되고 있습니다.

■ '수자원 수요관리의 중요성을 강조하셨는데 좀 더 말씀해 주시지요.

지난 '70~'80년대를 석유시대라 한다면 앞으로는 물의 시대라 해도 과언이 아닐 것입니다.

하이테크 산업으로 불리는 현재 및 미래의 산업은 물과 밀접한 관계에 있습니다. 즉 물의 품질이 우수해야 질 좋은 제품이 생산되는 것입니다. 그리고 환경친화적인 댐 건설 등이 앞으로 역점을 두어야 할 부분입니다.

한국은 물 소비량이 선진외국에 비해 2배 높은반면 물값은 세계에서 제일 저렴한 나라가 아닌가 싶습니다. 물값의 현실화는 물론 한번 사용한 물을 재사용하는 등 소비를 줄여나갈 수 있는 물 절약 방안들이 적극 모색돼야 합니다.

더불어 무엇보다도 국민들의 인식전환이 시급합니다. 과거에는 "돈을 물 쓰듯 한다"고 말했지만 이제는 "물을 돈 쓰듯 해야 한다"고 바뀌어야 할 정도입니다. 예를 들어 일본 주부들은 물 절약이 생활화 되어 있습니다. 세수한 물을 걸러 세탁에 사용하고, 이를 다시 걸러 세차를 한다든가 화단에 물을 주는 등 거의 버리는 물이 없을 정도로 절약하고 있습니다.

쌀뜨물 한 컵을 버릴 경우 정화하기 위해선 600배의 물이 필요한 것을 비롯하여, 된장국 1컵은 720배, 우유는 15,000배의 물이 있어야 정화되며, 마요네즈는 240,000배나 필요합니다. 그러므로 "환경이 죽으면 나도 죽고, 물이 죽으면 나도 죽는다"는 인식전환이 촉구됩니다. 물을 아껴 쓰면 댐 건설도 적게 할 수 있습니다.

■ '국내 제도적인 문제 및 정부의 역할을 강조하신다면?

물을 국민들이 사용하기까지는 댐 건설 및 수질관리 등 개발과 관리에 따른 많은 단계를 거치는데 정부 부처 역시 건설교통부를 비롯 환경부·보건복지부 등 여러 부서가 물 관리에 관계되어 있으며 각 부처마다 역할이 제 각각입니다. 이로 인해 개발과 관리가 다원화돼 있으므로 일관적이고 효율적인 협조와 이해가 부족합니다. 각부처는 물 관리 책임을 서로 전가하는 현상마저 있는데, 이를 개선하여 유기적으로 합심하고 수자원 개발과 관리·보호를 위한 적극적인 노력이 촉구됩니다.

■ '수자원공사 사장 재직 시 투철한 경영철학으로 많은 일을 수행하신 것으로 압니다. 자랑 좀 해주시지요.

국영기업체의 최고 사령탑으로 소신을 갖고 열심히 일했던 것이 좋은 평가를 받았다고 생각합니다. 공기업이 국가경제에 미치는 영향은 무척 큽니다. 당시 공기업의 장으로서 사기업 경영방식을 도입하여 공익과의 조화에 주력했습니다. 수자원공사를 국내 최고의 공기업으로 만들 수 있다는 확신과 노력은, 국내 정부 투자기관 경영평가에서 2년 연속 1위를 기록한 것으로 결실을 맺었습니다.

또한 정부투자기관 경영평가에서 노사협조 모범기관 1위 수상, 정부시책 홍보모범기관 수상, 한국능률협회 주관 한국산업교육대상 관리교육상 등을 수상해 4관왕의 영예를 안은 것이지요.

■ '업무 추진 시 애로사항도 많았을 텐데요.

제가 부임할 당시 수자원공사의 분위기는 "안정된 직장에서 편안하게 보낼 수 있다"는 정도였을 것입니다. 그러나 공기업의 중요성은 국민들에게 최고의 서비스를 제공하고 질적 제고에 앞장서는 심부름꾼의 역할을 수행하는 것이며, 직원들이 국가경제에 미치는 영향을 충분히 인식하는데 있다고 판단했습니다.

제일 먼저 공정한 인사정책을 실행하여 전 임직원들의 신뢰를 받는 것이 중요했습니다. 국내는 물론 세계적인 공기업으로 인정받겠다는 각오가 있었기에, 우선 능력 있는 자가 적재적소에 배치될 수 있도록 장래성 있는 인재 발탁부터 시작했습니다. 가히 혁신적이었다고 할 수 있지요. 어떠한 외부청탁과 압력을 일체 배제한 채 오직 공정하고 투명한 인사였습니다.

특히 최고 사령탑은 리더로서 비전과 철학을 제시해야 합니다. 그래야 발전이 있는 것이지요. 국내에 머물지 않고 세계 속의 수자원 공사를 만들기 위해 월남·중국 등에서 연구조사를 수행하고, 몽골에서는 지하수 개발에 참여하는 등 다각적인 기반 마련에 주력했습니다.

전국 댐은 안 가본 곳 없이 매사에 솔선수범, 정말 열심히 일하고 열심히 공부했습니다. 사장이랍시고 자리만 지켰다면 그 같은 성과가 없었겠지요. 강력한 리더십이 필요했습니다. 이와 함께 '물 이야기'를 저술하여 국민계몽과 홍보에 일익을 담당한 것으로 평가받고 있습니다. 모두의 노력이 합심된 결과겠지요. 최고 경영자로서 후회없는 역량을 발휘했다는 생각입니다.

■ '끝으로 당부의 말씀이 있으시다면?

　현재 수자원은 양적 부족과 질적 저하로 커다란 위기에 봉착해 있습니다. 그러나 더 큰 위기는 국가와 국민이 이 같은 문제를 위기로 느끼지 못하고 있다는데 있습니다. 물은 국민의 생활에 절대적이며 안보와 직결된 전략적 자원입니다. 국민들의 의식전환이 선결돼야 할 과제임은 물론, 국가도 적극적인 지원과 노력을 아끼지 말아야 할 것입니다. 모두의 합심된 노력이 요구됩니다.

이태교 프로필

학력
1961년   연세대학교 정치외교학과 졸업
1978년   서울대학교 경영대학 최고경영자과정 수료
1985년   한양대학교 대학원 행정학 박사

경력
1960년   한국일보 정치부기자(최고회의, 외무부, 국회 출입기자)
1965년   중앙일보 정치부기자(청와대 출입기자)
1968년   삼성그룹 회장 비서실 근무
1970년   삼성그룹, 삼성에버랜드(주) 기획조사실장
1972년   토지평가사, 공인감정사, 공인중개사 시험출제위원
1980년   동부그룹, 종합조정실 부사장
1984년   동부그룹, (주)한국자보서비스 대표이사
1989년   한국수자원공사 제5대 사장
1992년   한국수자원공사 사장 연임
1993년   한국대댐학회 회장
1995년   한국부동산분석학회 회장
1995년   한성대 대학원 원장(경영, 행정, 통상정보, 예술대학원장 겸직)
1998년   영천 이씨 대종회 회장
1999년   (사)한국부동산연합회 회장
1999년   세계부동산연맹(FIABCI) 한국대표부 회장 겸 이사회 부회장
2000년   21세기 국정자문위원회 운영위원
2001년   민주평화통일자문회의 상임위원
2002년   서울신문 명예논설위원
2002년   부동산 타임즈 명예회장
2003년   부동산TV 명예회장
2003년   삼성에버랜드(주) 경영고문
2003년   서울부동산포럼 회장
2008년   서울사이버대학 석좌교수
2009년   영국 왕립평가사협회(RICS)펠로 회원

상훈

1991년   은탑산업 훈장 수상(대통령)
1991년   정부투자기관 경영평가에서 노사협조 모범기관으로 수상(부총리)
1992년   23개 정부투자기관 경영평가에서 최우수(1위)기관으로 선정(부총리)
1992년   정부투자기관 중 정부경제시책 홍보 모범기관으로 수상(부총리)
1992년   한국능률협회 주관 한국산업교육대상 관리교육상 수상
2016년   부동산 산업발전에 기여한 공로표창 수상(국토교통부 장관)

주요저서

1975년   부동산투자요령, 진명문화사
1976년   동산관리·부동산관리·기술제휴, 대하출판사
1978년   부동산투자의 전략, 경진사
1984년   부동산중개업법령 및 중개실무, 화학사
1985년   부동산마케팅, 경영문화원
1985년   부동산투자요령, 경영문화원
1992년   재미있는 물 이야기, 현암사
1992년   두 번째 재미있는 물 이야기, 현암사
1997년   부동산마케팅(공저), 법문사
1999년   부동산중개론, 부연사
2000년   물·환경·인간, 법문사
2006년   토지정책론, 법문사, 2001, 제2판
2003년   부동산업 성공비결33계명, 도서출판 대한공인중개사협회
2012년   부동산정책론(공저) 법문사

논문

1985년   한국의 토지투기에 관한 연구(박사학위논문), 한양대 대학원

워토피아를 향하여
Towards Watopia

초판 1쇄	2025년 7월 16일
초판 발행	2025년 7월 18일

지은이	이태교
발행인	김재광
편 집	바다, 임성희
디자인	임성희
발행처	솔과학
등 록	제10-140호(1997년 2월 22일)
주 소	서울특별시 마포구 염리동 164-4 삼부골든타워 302호
문 의	전화 02-714-8655 팩스 02-711-4656
	E-mail_ solkwahak@hanmail.net

ISBN 979-11-7379-019-5 03800

ⓒ 솔과학, 2025
값 20,000원

이 책은 저작권법에 따라 보호받는 저작물이므로 무단전재와 복제를 금지하며, 이 책의 내용 전부 또는 일부를 이용하려면 반드시 저작권자와 도서출판 솔과학의 서면 동의를 받아야 합니다.